中国金融安全问题研究

（2019）

金融安全协同创新中心
西南财经大学中国金融研究中心 著

中国金融出版社

责任编辑：王效端　张菊香
责任校对：李俊英
责任印制：丁淮宾

图书在版编目（CIP）数据

中国金融安全问题研究 . 2019/金融安全协同创新中心，西南财经大学中国金融研究中心著 . —北京：中国金融出版社，2019. 10

ISBN 978 – 7 – 5220 – 0193 – 7

Ⅰ. ①中…　Ⅱ. ①金…②西…　Ⅲ. ①金融风险—风险管理—研究—中国—2019
Ⅳ. ①F832. 1

中国版本图书馆 CIP 数据核字（2019）第 152509 号

中国金融安全问题研究 . 2019

Zhongguo Jinrong Anquan Wenti Yanjiu. 2019

出版
发行　**中国金融出版社**

社址　北京市丰台区益泽路 2 号
市场开发部　（010）63266347，63805472，63439533（传真）
网上书店　http://www. chinafph. com　（010）63286832，63365686（传真）
读者服务部　（010）66070833，62568380
邮编　100071
经销　新华书店
印刷　保利达印务有限公司
尺寸　185 毫米×260 毫米
印张　11
字数　240 千
版次　2019 年 10 月第 1 版
印次　2019 年 10 月第 1 次印刷
定价　42. 00 元
ISBN 978 – 7 – 5220 – 0193 – 7
如出现印装错误本社负责调换　联系电话（010）63263947
编辑部邮箱：jiaocaiyibu@ 126. com

编　委　会

序

  金融安全是金融学研究的基本问题，也是现代国家安全的重要组成部分。2017 年 4 月 25 日，中共中央总书记习近平在主持中央政治局第四十次集体学习时强调，金融安全是国家安全的重要组成部分，是经济平稳健康发展的重要基础，维护金融安全是关系我国经济社会发展全局的一件带有战略性、根本性的大事。金融活，经济活；金融稳，经济稳。必须充分认识金融在经济发展和社会生活中的重要地位和作用，切实把维护金融安全作为治国理政的一件大事，扎扎实实把金融工作做好。

  自 2000 年成立并获批教育部人文社会科学重点研究基地以来，西南财经大学中国金融研究中心一直致力于金融安全领域的研究。经过长期的培育与探索，2012 年 8 月 25 日，由西南财经大学倡议并牵头，以西南财经大学中国金融研究中心为工作主体，联合中国人民大学、武汉大学、国家审计署、原中国银行业监督管理委员会等发起成立了"金融安全协同创新中心"（以下简记为"中心"）。本着"深度融合、动态开放、优势互补、资源共享、持续发展"的建设原则，中心紧密结合国家金融安全领域的重大战略需求和学术前沿发展，提供高水平研究成果，推动高层次拔尖创新人才培养，提升国内金融学科实力，为中国金融业的科学发展及风险防范提供智力支持。

  自成立以来，中心在不断建设高水平人才队伍的基础上，搭建了五大研究平台，每年编制《中国金融安全报告》，完成了若干重大科研成果。其中，中心每年都会就中国金融安全领域的热点问题和重大事件进行课题招标，展开专题研究，以期对涉及我国金融安全的重大及热点问题保持及时、深度的跟踪与分析。相关课题结项后，中心将研究成果结集出版，形成系列专著，并统一命名为《中国金融安全问题研究》。

  值此《中国金融安全问题研究（2019）》出版之际，是以为序，与读者共飨。

目　录

中美贸易冲突及对中国金融的影响[①]

姜 凌 余 啸 晏 辉 刘 赛

【摘要】 本报告从美国对华贸易保护的原因入手，分别从经济基本面、汇率波动、资本流动等方面，分析了中美贸易冲突对中国经济特别是金融的影响。本报告认为新一轮中美贸易冲突的本质是新兴崛起大国与在位霸权国家的博弈关系，这一矛盾具有长期性和曲折性。受中美贸易争端影响，2018 年中国经济增速放缓。就目前情况观察，虽然贸易冲突对市场的直接影响总体趋于消化，但应当看到未来可能存在的风险。本报告着重从我国的跨境资本流动和人民币汇率等不同视角，分析了中美贸易冲突对我国金融安全可能带来的冲击，并就当前及今后一段时期，为应对中美贸易冲突带来的金融风险，我们应从稳阵脚，扩内需，把夯实宏观经济基本面作为保持我国在世界经济大潮中定力的基石；加大产业升级力度，优化我国参与全球化分工的模式；加大全方位经济开放力度，拓展我国对外经济贸易的渠道完善收入分配机制；深化金融和人民币汇率改革，坚持发展、改革和风险防范并重；关注资本流动和市场监管的有效性等不同方面，做好金融风险防控。

2018 年 3 月 26 日，美国根据"301"调查结果，宣布对中国实施单方面贸易保护措施。在双方多轮协商和博弈的背景下，中美新一轮贸易摩擦升级并加剧。美国贸易保护是特朗普政府的非理性行为，还是深思熟虑的结果？美国对华贸易保护对我国的经济及金融将会产生怎样的影响？本文试图从中美贸易冲突的原因入手，并基于 2018 年 3 月至 11 月的相关数据，从经济基本面、汇率和资本流动等方面进行分析，阐述可能存在的影响，并提出相应的建议。

1 中美贸易冲突及其原因分析

1.1 中美贸易现状

美国和中国是世界上最大的两个经济体，根据国际货币基金组织（IMF）公布的数据，2018 年美国和中国的 GDP 分别为 20.5 万亿美元和 13.6 万亿美元，两国的经济总量合计接近世界的 40%，对世界经济发展有着广泛的影响。

美国是世界上最大的经济强国，经济增速快于其他主要发达经济体，拥有世界上最大

---

① 本研究报告乃西南财经大学金融安全协同创新中心 2018 年度课题研究成果。

的资本市场，美元是世界上最主要的国际货币。由于中美双边巨大且密切的经济联系，美国对华经济政策对中国有着较大的影响。目前，美国是中国最主要的贸易伙伴之一，据美国商务部统计，2017 年全年，美国与中国双边货物进出口额为 6 359.7 亿美元，增长 10.0%。其中，美国对中国出口 1 303.7 亿美元，增长 12.8%，占美国出口总额的 8.4%；美国自中国进口 5 056.0 亿美元，增长 9.3%，占美国进口总额的 21.6%。美国对华出口的主要商品为运输设备（包括航空航天器、车辆等）、机电产品、植物产品和化工产品，2017 年其出口额分别为 295.1 亿美元、250.0 亿美元、149.3 亿美元和 111.9 亿美元。中国对美出口以机电产品为主，2017 年其出口额为 2 566.3 亿美元，占中国对美出口总额的 50.8%，较 2016 年增长 13.4%。美方认为，美中贸易逆差 3 752.3 亿美元，增长 8.1%。

1.2 中美贸易冲突的发展及演进

2008 年国际金融危机以后，在经济增长乏力、需求萎缩、失业率上升等情况下，美国新贸易保护主义抬头。由于中美两国间巨大的贸易量，以及美国对华贸易逆差问题，美国对华贸易保护政策明显增多。2017 年 1 月 20 日，特朗普就任美国总统后，中美两国的贸易摩擦进一步加剧。

2018 年 1 月 23 日，美国宣布对进口太阳能电池和太阳能板以及大型家用洗衣机征收临时性关税，2018 年 3 月 8 日宣布对进口钢铁和铝分别课以 25% 和 10% 重税。在此基础上，2018 年 3 月 26 日，美国依据"301"调查结果，升级中美贸易摩擦。2018 年 6 月 15 日，白宫对 1 102 种产品合计 500 亿美元商品分两批次征收 25% 关税；中国当即发布对美出口来华同等数额的商品加征关税。从 2018 年 5 月 3 日至 9 月，中美双方先后三次磋商沟通，向着解决问题的方向迈进。但美国政府置中美双方多次磋商达成的共识于不顾，出尔反尔，使得中美贸易冲突愈演愈烈、不断升级。2018 年 9 月 18 日，美国政府再度宣布实施对从中国进口的约 2 000 亿美元商品自 2018 年 9 月 24 日起加征关税税率 10%，2019 年 1 月 1 日起加征关税税率提高到 25%。还称如果中国针对美国农民或其他行业采取报复措施，将对约 2 670 亿美元的中国产品加征关税。为捍卫自由贸易和多边体制，捍卫自身合法权益，中方不得不对已公布的约 600 亿美元清单商品实施加征 10% 或 5% 关税的措施。尽管 2018 年 12 月 1 日在阿根廷 G20 峰会期间，中美就经贸冲突达成共识，双方决定停止升级关税等贸易限制措施，着手解决双方的经贸问题，对缓解贸易摩擦带来的冲击，增强市场对未来经济转好的预期带来契机，但中美贸易冲突的迅速扩展和升级，以及由此产生的两国乃至全球经济的影响，依然成为 2018 年中美经济关系乃至世界经济中举世瞩目的焦点。

1.3 美国对华贸易保护原因的相关文献分析

针对美国对华贸易保护的动机，国内外部分观点认为主要源于美国由公平贸易取代自由贸易、偏重双重标准和单边标准主义，且利益集团对贸易政策的重要影响。同时由于美国国会的代言制度，其对政府的巨大影响，造成美国对华贸易保护的原因错综复杂，交织着经济、政治等多种因素。通过梳理相关文献我们发现美国对华贸易保护的原因，既有贸易保护主义的一般性，也有其特殊性。

1. 世界经济增长乏力引起反全球化。唐宜红、符大海（2017）认为，2008 年国际金融危机后，全球经济复苏乏力、高收入国家经济疲软、不平等加剧，引发了贸易、投资、金融等方面的保护主义。①

2. 美国财政赤字诱发贸易保护政策。持此观点者认为财政问题是美国经济政策的根源，而贸易赤字是新一轮美国贸易保护的诱因。黄建忠（2018）提出，由于美国政府面临大规模减税后的税基问题，因此美国贸易保护的短期目标是促使美国资本和制造业回流，通过对华贸易保护政策迫使在华美资企业回流，并制造中国后续发展不安全、不稳定的预期，短期使中国资本流向美国，以形成新的税基和税收，弥补联邦政府财政赤字。②

3. 美国国内利益集团博弈。这种观点认为，美国的贸易保护主义是由于之前的美国经济政策使国内利益分配失衡引起。根据斯托尔帕—萨缪尔森定理（Stolper – Samuelson Theorem，SS 定理，1941），自由贸易仅有利于要素充裕并密集使用该要素的所有者，而不利于要素稀缺并密集使用该要素的所有者。而美国利益集团对政府的游说，导致自由贸易与保护贸易的交替出现。于春海、刘成豪（2018）提出，离岸外包使美国的资本在全球范围内获取高额利润，制造业部门却出现劳动需求下降和工资水平增长停滞的情况，美国国内贫富差距因此迅速扩大。美国通过贸易保护限制制成品进口，同时用减税鼓励制造业回流，以此达到增加就业的目的。因此，短期中，美国贸易政策是资本利益与劳动利益的博弈。但在长期中，这种措施不可持续。③同时，林斐婷、张伟（2017）也提出，美国的贸易保护政策目的是提升就业率。

但梁碧波（2009）通过对美国制造业贸易保护的实证分析，提出美国的核心利益是决定贸易保护程度的主要变量，利益集团对美国贸易政策的影响为边际性的，没有证据显示利益集团左右了美国对外贸易政策。④

4. 通过贸易保护重构经济规制。持有这种观点的学者于春海、刘成豪、张帆（2018）提出，美国进行贸易保护措施是美方施压的手段，利用贸易保护主义措施或相关威胁来积累谈判筹码，并以此来试探规制的界限和贸易伙伴的底线，从中获利或按美国利益重构国际经济规制。

5. 中美产业技术竞争理论。这种观点认为美国对华贸易保护是因为中国对美国新技术产业的潜在竞争力所引起。通过这种技术竞争，引起国家福利与未来产业制高点的争

---

① 唐宜红，符大海. 经济全球化变局、经贸规则重构和中国对策——"全球贸易治理与中国角色"圆桌论坛综述［J］. 经济研究，2017（5）.

② 刘建丰. 加快经济转型和改革开放应对中美贸易争端——2018 年第二次"经济学人上海圆桌会议"专家观点［J］. 上海交通大学学报（哲学社会科学版），2018（5）.

③ 于春海，刘成豪. 对美国贸易政策调整性质的思考［J］. 国际贸易，2018（1）.

④ 梁碧波. 美国贸易保护："国家利益"决定抑或"利益集团"导向——基于美国制造业的实证分析［J］. 国际贸易问题，2009（9）.

夺。在国家技术竞争力与福利水平研究方面，Hayato Kato 和 Toshihiro Okubo（2018）通过构建不同市场规模和非固定工资（non - constant wage rates）的三国贸易与地理模型，研究发现如果大国（市场规模较大）与中等国家（中等市场规模）签订自由贸易协议后，会出现其国内制造业的完全聚集（full agglomeration）的崩溃，以及离岸外包（offshoring），从而引起福利损失。并且，中等国家的规模与大国越接近，大国的制造业外包效应越明显，并建议大国应当与小国而不是中等规模国家签订自由协议。[①]

而在国家技术竞争方面，Brezis、Krugman 和 Tsiddon（1993）提出"国家间技术领导地位的周期理论"（A Theory of Cycles in National Technological Leadership），认为在重大技术创新的冲击下，原技术落后国家由于较低的工资水平，采用新技术的动机将大于原技术领导国家，久而久之就会实现对原技术领导国家的超越。[②]美国经济学家 David Autor 认为，自 2001 年中国加入 WTO 开始，代表美国前沿技术的美国企业的专利就开始下降，在此方面受到中国的竞争压力。张军生、李俊、王颖（2009）也认为，中国作为后起追赶型国家，未来将在多种产业与美国形成竞争关系。黄建忠、钟宁华、向明勋（2018）提出，依靠中国财政支持的产业政策，短期内使部分高科技行业对美国形成竞争。因此，美国政府试图通过对华贸易保护政策减少从中国的进口，遏制中国的国际竞争力。[③]

通过对中美两国近年来的产业政策"中国制造 2025"与"美国先进制造战略计划"涉及的主要行业进行梳理，其中信息技术、机器人技术、材料技术等行业均为中美产业政策涉及的重叠行业。而通讯、互联网、机器人技术等产业正是美国"301"调查的重点行业。而限制我国企业在美投资尤其是并购高技术企业，也会抑制我国战略性新兴产业的成长速度，并抑制我国企业利用"走出去"的契机提升本土企业的生产率进而实现整体产业的升级。

6. 中美金融博弈引起贸易争端。根据中美贸易谈判美方提出的要求，美方要求我国开放金融业，并对大宗商品的人民币交易持有强烈质疑。钟宁华、周振华、丁剑平（2018）认为由于中国部分挑战了美国及美元的金融地位，美国因此试图通过贸易摩擦促使中国开放产业、开放金融。而在日美贸易摩擦中，美国正是通过逼迫日元升值及金融开放来解决贸易逆差及自身经济困局。美国贸易保护主义也反映出一种事实，即国际金融危机以后，全球新的经济增长点动力不足，世界经济增长乏力。现有贸易保护主义既是对利润的重新分配，也是为新一轮技术革命创造条件，同时也包含中美在科技与金融上的博弈因素。

1.4　我们对中美贸易冲突起因的认知

上述文献从不同视角分析了美国对华挑起贸易冲突的原因，有其合理性。基于这些分

① Hayato Kato, and Toshihiro Okubo. Market size in globalization [J]. Journal of International Economics, 2018 (111): 34 - 60.

② Brezis, Krugman, and Tsiddon. Leapfrogging in International Competition: A Theory of Cycles in National Technological Leadership [J]. American Economic Review, 1993: 1210 - 1219.

③ 刘建丰. 加快经济转型和改革开放应对中美贸易争端——2018 年第二次"经济学人上海圆桌会议"专家观点 [J]. 上海交通大学学报（哲学社会科学版），2018 (5).

析，我们认为中美贸易冲突的起因可从以下几个方面加以认知。

（一）经济全球化进程中的国际收支失衡，是导致中美贸易冲突的国际背景或直接原因

经济全球化在带来国际分工深化发展及资源优化配置的同时，亦带来了全球经济在不同国家和地区发展不平衡的加剧。起自 20 世纪 90 年代的全球经济失衡主要表现为：以美国、欧洲为代表的部分国家经常账户赤字庞大，债务增长迅速；而中国、日本和亚洲一些主要新兴市场国家对美欧国家持有大量贸易盈余。据美国商务部数据，作为全球收支失衡中主要逆差国的美国，2017 年商品和服务贸易进口额为 28 953 亿美元，出口额为 23 293 亿美元，全年贸易逆差 5 660 亿美元，创 2008 年以来新高。而据国家外汇管理局 2018 年 3 月公布的数据，自 1993 年以来作为全球国际收支失衡中主要顺差国的中国，2017 年经常账户顺差（1 649 亿美元）与非储备性质金融账户顺差（1 486 亿美元）。

特朗普把中美贸易失衡归咎于中国，并恶意挑起贸易摩擦。但是中美贸易严重失衡责任并不在中国，究其原因主要在于：

1. 全球化时代的全球价值链分工决定中美贸易格局。在全球化时代的全球价值链分工背景下，中国逐渐成为世界工厂，以加工组装方式向全球输出商品。但中国在跨国公司国际分工中主要居于其全球价值链的中低端，而产品的创新研发和国际市场销售等获利丰厚的价值链高端，却主要被以美国为代表的发达国家掌控。据中国商务部 2017 年 5 月《关于中美经贸关系的研究报告》，中国货物贸易顺差 59% 来自外资企业，61% 来自加工贸易。中国从加工贸易中只赚取少量加工费，而美国从设计、零部件供应、营销等环节中获益巨大。在全球价值链中，贸易顺差反映在中国，但利益顺差在美国，总体上双方互利共赢应当是不争的事实。

2. 美国过度消费的低储蓄模式与中国过高的储蓄率是导致双边贸易失衡的另一个原因①。储蓄率与贸易顺差具有比较强的相关性，二者呈现出同向变化的关系。当储蓄率下降时，贸易逆差也随之增加。美国的消费意愿始终大于储蓄意愿，在世界范围内的贸易赤字已成为常态。而中国的储蓄率常年处于较高水平，导致国内消费需求不足，经济快速增长形成所谓的"过度生产"，并引致中国制造的产品对国际市场的严重依赖，使得出口大于进口成为常态。高储蓄成为中国经济呈现"内需不足、高顺差"的一个重要原因。国际货币基金组织关于全球经济失衡问题的一项研究（IMF，2005）认为，20 世纪末以来，中国、日本和其他亚洲国家的净储蓄弥补了美国的储蓄不足，支撑了美国的国内需求和经济增长；相应地，美国作为世界上最富有的国家，因而成为世界上最大的资本输入国和债务国。相反，像中国这种发展中国家，却不断地向外输出资本，同时积累起大量的对外债权。显然，所谓全球经济失衡，在现象上指的是各国间经常项目的不平衡，在更深刻的意义上，它指的是世界各国国内的储蓄和投资的失衡；而储蓄与投资的失衡，显然根源于各

---

① 姜凌. 经济全球化条件下的中国国际收支失衡及其应对研究［M］. 成都：西南财经大学出版社，2013.

国国民经济的总体失衡。

3. 与黄金脱钩后的美元仍保持主要国际货币地位，是美国长期贸易失衡得以延续的条件。第二次世界大战后确立了以美元为中心的布雷顿森林体系，即美元与黄金挂钩、各国货币与美元挂钩。在美元与黄金挂钩时，美国经常账户失衡具有自我纠正机制，即逆差导致美元发行收缩，降低国内总需求和物价，增加出口减少进口。而在美元与黄金脱钩后的 1976 年，美国对外贸易开始持续逆差，且逆差规模越来越大。在 20 世纪 80 年代，美国贸易逆差主要是对日贸易逆差；到 20 世纪 90 年代后，则主要是对中国的贸易逆差。尽管与黄金挂钩已不复存在，但作为迄今世界最主要贸易结算、投资和储备货币的美元，利用其在当代国际货币体系中的霸主地位，成为美国获取世界其他国家资源和物质财富的源泉，亦成为美国长期贸易逆差得以存在的原因。

4. 美国对华高新技术出口等限制亦抑制了其对华出口的扩大。高新技术行业是美国最具出口竞争力的行业，但是美国长期以来对军工产品和可能转为军事用途的高科技民用产品对华出口，有专门的法令予以限制。这些举措无疑抑制了其对华出口的扩大。有美国研究机构发现，如果美国放宽上述领域对华出口管制，对华贸易逆差可减少 35% 左右。

（二）美国巨额财政赤字和政府债务的非可持续性，是美国挑起中美贸易摩擦的另一重要原因

2008 年以后，美国银行业率先降低了银行杠杆率；美国房地产市场经过多年调整，风险得到较大释放；美国企业创新能力明显优于欧洲和日本；且相对于欧洲央行而言，美联储更有可能采取力度较大的货币政策来应对经济与金融风险。从这些角度看，美国经济形势中长期内可能继续好于欧洲和日本。未来数年美国经济增长有加速可能。

但在过去的 45 年当中，美国有 41 年出现财政赤字。截至 2018 年初，美国国债累计超过 21 万亿美元，人均负债约 7 万美元。用美国前财长盖特纳的话来说，美国花费的每 1 美元，有 43 美分是负债而来的。二战后所确立的以美元为中心的国际货币金融体系的运行机制，使得这种状况得以维持。随着美国金融危机的发展和美国经济地位的相对下降，美元在当代国际货币金融体系中的霸权地位削弱，这种潜在的危险或威胁存在向现实性转化的可能。来自潜在金融风险的压力，使得通过发行美元获取其他国家资源和商品的模式难以长期维系。追求国际收支贸易平衡，开始得到美国的重视。

（三）除了上述经济方面的因素，打压中国的崛起及对美国世界地位的潜在威胁，则是美国挑起中美贸易摩擦的另一个根本性原因

作为按 GDP 总量衡量的当今世界第二大经济体，2017 年中国 GDP 达 12 万亿美元，相当于美国的 63%。按照目前中国 6.5% 的经济增长率，远高于美国不到 3% 的潜在经济增长率。如此再有十年左右，即大约在 2027 年前后，中国有望取代美国成为世界以 GDP 衡量的第一大经济体，重回世界之巅。在此背景下，试图重演 20 世纪 80 年代美日贸易摩擦对日本赶超的成功遏制，以遏制崛起的中国对美国世界头号经济大国地位的超越，自然成为美国主流社会的代表性共识。

此外，在美国 2018 年国会中期选举前，特朗普也意图通过打"贸易保护牌"这种方式，转移国内矛盾视线，拉取选票，以继续维持共和党在参众两院的优势地位并争取未来连任。

由此可见，中美冲突的本质是新兴崛起大国与在位霸权国家的博弈关系问题。这一矛盾具有长期性和曲折性。全球化时代当代国际经济联系的密切交融，又使得彼此的依赖不可或缺，在矛盾中前进、在博弈中发展，是中美经贸关系的长期态势。

2　中美贸易冲突下我国经济基本面的情况

2018 年 3 月 26 日，新一轮中美贸易摩擦开始升温，在过去的近 10 个月，这场冲突对中国经济基本面特别是包括汇率、资本流动和人民币国际化等在内的金融方面有什么样的影响，是本报告探讨的重点所在。

根据国家统计局公布的最新统计数据，2018 年前三季度 GDP 为 650 899 亿元，同比增长 6.7%。其中，第一季度 GDP 为 198 783.1 亿元，同比增长 6.8%，第二季度 GDP 为 220 178.0 亿元，同比增长 6.7%，第三季度 GDP 为 231 937.7 亿元，同比增长 6.5%，经济增速放缓。从三大产业的前三季度数据来看，第一产业增加值 42 173 亿元，同比增长 3.4%；第二产业增加值 262 953 亿元，同比增长 5.8%；第三产业增加值 345 773 亿元，同比增长 7.7%。

根据 2018 年 10 月 12 日海关总署发布的我国前三季度进出口数据，2018 年前三季度进出口总额为 34 319.3 亿美元，同比增长 15.7%；其中出口总额为 18 266.5 亿美元，同比增长 12.2%；进口总额为 16 052.8 亿美元，同比增长 20.0%。进口增速快于出口增速，贸易差额相比 2017 年同期下降 690 亿美元。2018 年前三季度，我国对欧盟、美国和东盟进出口分别增长 7.3%、6.5% 和 12.6%，三者合计占我国进出口总值的 41.2%。

2018 年前三季度，我国经常账户逆差 743 亿元，资本和金融账户顺差 3 911 亿元，其中，非储备性质的金融账户顺差 6 924 亿元，储备资产增加 2 990 亿元。2018 年第三季度我国经常账户顺差 1 087 亿元，资本和金融账户（含当季净误差与遗漏，下同）逆差 1 087 亿元，其中，非储备性质的金融账户（含当季净误差与遗漏）逆差 1 278 亿元，储备资产减少 203 亿元。对比 2018 年 9 月 28 日国家外汇管理局发布的《2018 年上半年中国国际收支报告》，2018 年我国经常账户第一季度逆差，第二季度转为顺差，第三季度为顺差，总体为逆差；非储备性质的金融账户持续顺差。

2.1　2018 年前三季度，我国国际收支情况呈现的特点

1. 经常账户顺差继续回升。2018 年第三季度，经常账户顺差 160 亿美元，较第二季度增长 200%。分项目看，货物和服务贸易顺差 186 亿美元，其中，国际收支口径的货物贸易顺差 1 008 亿美元，服务贸易逆差 822 亿美元。初次收入由第二季度逆差 207 亿美元转为顺差 11 亿美元，主要是第三季度我国对外各类投资收益增加较快。二次收入呈现逆

差 37 亿美元，略有下降。

2. 非储备性质的金融账户呈现逆差。2018 年第三季度，非储备性质的金融账户逆差 188 亿美元。其中，直接投资净流入 13 亿美元，具体看，对外直接投资净流出 230 亿美元，外国来华直接投资净流入 243 亿美元。另外，据不完全统计，第三季度证券投资呈现近 500 亿美元净流入，存贷款等其他投资呈现 100 亿美元左右净流出。

3. 储备资产略降。2018 年第三季度，我国储备资产因国际收支交易（不含汇率、价格等非交易因素影响）减少 30 亿美元，其中，外汇储备减少 31 亿美元。

总体来看，2018 年第三季度我国国际收支继续保持平衡。在我国经济运行延续稳中有进态势、转型升级深化发展以及质量效益稳步提升的背景下，未来我国经常账户差额将保持在合理区间，跨境资金也仍将保持双向流动、总体平衡的局面。

我国经常账户趋向平衡，说明我国内需对拉动经济增长的作用显著增加，也反映出我国产业结构的调整，有利于提高我国宏观调控的主动性。随着服务业等领域对外开放逐步深化，资本市场的国际投资者参与度也会继续提升，我国经常账户差额将继续保持在合理区间。而中国经常项目的失衡，下一步也会进行结构调整。宏观经济政策提供了有利条件，从经济基本面来看，中美贸易摩擦迄今尚未对中国经济产生显著的影响，反而会迫使我国加大经济改革开放的力度，寻求更加平衡稳健的经济发展。

2.2 中美贸易冲突对中国经济基本层面的影响

当前我国经济呈现稳中向好的态势，供给侧结构性改革深入推进，内需稳步扩张，为应对中美贸易争端奠定坚实的物质基础。2018 年 10 月 14 日，中国人民银行行长易纲在 2018 年 G20 国际银行业研讨会上发言指出，预计 2018 年中国能够实现 6.5% 的经济增长目标。[①] 中国经济增长已主要由国内需求推动，消费和服务业成为主要驱动因素，对外盈余不断缩小。但中美贸易摩擦将造成的负面预期和不确定性，会在今后反映出来，贸易摩擦给经济带来的下行风险巨大。IMF 通过相关模型，预测了贸易摩擦对主要经济体和全球的负面影响。贸易冲突导致的负面预期和不确定性，使市场产生紧张情绪。中美贸易冲突将会对中国经济的结构性产生影响。尽管就目前情况而言，由中美贸易摩擦直接带来的就业岗位净减少的规模及经济增长速度的阻碍还比较有限，风险在可控之中。但也要看到：

1. 中美贸易冲突及磋商谈判，缩小中美贸易逆差成为必然。这虽然有助于缓解中美贸易摩擦冲突，但对我国相关产业势必造成较大冲击。我国将进一步放宽市场准入，为外资进入中国提供便利的同时，国内相关行业企业的市场竞争势必更加激烈。

2. 美方对我国上千种、金额分别为 500 亿美元和 2 000 亿美元的商品加征 25% 和 10% 的关税[②]，将实质性改变这些商品的对美贸易条件，影响这些商品的生产企业和贸易企业

---

① 2018 年中国 GDP 增速为 6.6%。

② 2018 年 11 月加征关税情况。

及其上下游关联企业的生产和经营，并推升国内物价的上涨。

3. 对中国的科技进步和产业提升，乃至中国的崛起，客观上会带来消极影响。

2.3 中美贸易冲突关系的展望

1. 影响我国高端制造业同时推升中美两国的通胀。中美贸易摩擦全面升级，对中国高端制造业发展及经济增长将产生不利影响；但同时也将势必增加中美两国的生产和生活成本，推升通胀，制约消费，给全球经济复苏带来阴影。从中美的贸易结构看，中国主要对美出口电机电气音像设备（包括家电、电子）、纺织服装、家具灯具、玩具鞋帽等；中国从美国进口的主要为中间产品和零部件，以大豆、飞机、汽车、集成电路和塑料制品为主。中国贸易顺差较大的行业主要是机电音像设备（包括家电、手机等）、杂项制品（家具玩具运动用品等）、纺织鞋帽；中国贸易逆差较大的行业主要是大豆等农产品、汽车飞机等运输设备、矿产品等。两国贸易冲突中关税水平的提高，实际上等同于向两国的生产者和消费者加征关税，势必增加厂商的生产成本或民众的生活成本，推升通胀水平，制约生产和消费。

2. 显然，当今世界最大的两个经济体的博弈将会是长期的，两国的贸易摩擦、冲突是难免的，且具有长期性和波折性。特朗普"商人"总统的特质，无非加剧了这场"世纪对决"中的反复性和不确定性。展现在我们面前的不仅是贸易摩擦，还是经济、政治、文化、科技、网络、意识形态等领域的全方位综合实力较量。我国的对手是有着贸易摩擦（对世界诸多国家）、货币金融（汇率）战（对日本）、资源战（对欧洲）的多维打击经验和手段的头号超级大国，因而必须要有充分的思想准备和完备的政策应对。

3. 中美的贸易冲突存在进一步升级的可能。中美贸易摩擦目前主要限于经贸投资领域，但已由刚开始只限于局部行业（美国贸易制裁中国高端制造业，中国贸易制裁美国部分农产品），逐步升级波及科技等更多的行业。中美贸易冲突如果管控失当全面升级，不排除后续扩大到金融、资源和地缘等不同领域。尤其是货币金融领域的冲突，很可能是继贸易冲突、高科技冲突之后，中美大国博弈新的焦点。动用二战以来建立的世界霸权体系从贸易、科技、金融、汇率、地缘军事等方面全方位遏制中国崛起，是中美贸易摩擦发展演绎的可能逻辑。

3 中美贸易冲突下的人民币汇率

3.1 人民币汇率总体波动情况

2018 年初至 12 月，人民币兑美元汇率呈现出三阶段走势。2018 年初至 2018 年 2 月初，人民币兑美元汇率由 6.5 左右升值至 6.3 左右；2018 年 2 月中旬至 2018 年 4 月中旬，人民币兑美元汇率在 6.3 上下盘整；2018 年 4 月下旬至 2018 年 12 月，人民币兑美元汇率迅速贬值，由6.3左右贬值至目前的6.95左右，贬值幅度超过10%。同期内，人民币兑CFETS货币篮子指数则呈现两阶段走势。2018年初至2018年5月中旬，该指数由不到95上升至接近98；2018年5月下旬至12月，该指数由接近98下降至92上下。2018年，人民币兑美元与兑篮子汇率呈现出"双贬"态势，而这一局面我们仅在2016年曾经面对过。

图3-1　人民币兑美元汇率与人民币兑CFETS篮子指数走势

2018年初，美元指数延续上年跌势，但第二季度以来强势反弹，主要经济体对美元普遍贬值。贸易摩擦、主要经济体货币正常化等因素引发全球金融市场动荡，部分新兴市场经济体出现股市、债市、汇市联动下跌，发达经济体股指也出现一定波动。当前的人民币兑美元汇率形成机制是"昨日收盘价＋盯住一篮子汇率＋逆周期调节因子"的三因子模型。在一定程度上，人民币兑美元汇率的走势也会受到美元自身强弱的影响。2018年4月以来人民币兑美元汇率的显著贬值，与2018年4月以来美元指数的显著升值密切相关。

数据来源：Wind资讯、平安证券研究所。

图3-2　人民币兑美元汇率与美元指数走势

2018 年 4 月中旬至 12 月，美元指数由 89.5 左右上升至 97.0 左右，升值幅度达到 8.4%。然而，与 2016 年相比，在 2018 年人民币兑美元汇率的贬值幅度要显著超过美元指数的升值幅度。[①]

（一）美元指数反弹

2017 年 12 月 29 日至 2018 年 11 月 30 日，美元兑人民币汇率中间价由 6.5342 下降至 6.9357，贬值约 6.14%。其间最高升至 6.2771，最低濒临 "破 7"。国际清算银行（BIS）计算的人民币名义有效汇率与实际有效汇率分别贬值了 0.56% 和 0.37%。美元升值依旧是人民币贬值的主要压力，但从波动率来看，2018 年为 2015 年汇改之后波动幅度和波动率最大的一年。经济与金融周期不同步、金融脆弱性增加是主要原因。美元兑人民币中间价从最高点 6.2771 跌至最低点 6.9670，波动近 7 000 点，远超前三年 3 800 ~ 4 900 个基点的区间。[②]

表 3-1　　　美元兑人民币汇率双向波动区间宽度（基点）与标准差

（截至 2018 年 11 月 30 日）

时间	中间价：全年涨跌幅	中间价：全年波动区间	标准差（%）	在岸即期：全年波动区间	标准差（%）	对中间价的背离幅度
2015 年	3 746	3 857	13	3 055	9	0
2016 年	4 434	4 943	14	4 957	14	-125
2017 年	-4 028	4 529	13	4 940	13	222
2018 年 11 月	4 015	6 906	25	7 138	26	-79

注：波动区间 =（最高值 - 最低值）×10 000。

资料来源：Wind 资讯、申万宏源研究。

美国数据继续向好，经济依然处于扩张周期，美联储加息的概率增大。美国 2018 年 11 月零售销售环比 0.2%，预期 0.1%，前值 0.8% 修正为 1.1%。美国 11 月零售销售（除汽车）环比 0.2%，预期 0.2%，前值 0.7% 修正为 1.0%。美国 11 月零售销售（除汽车与汽油）环比 0.5%，预期 0.4%，前值 0.3% 修正为 0.7%。2018 年美国零售数据增长好于预期，美国经济继续扩张，美联储为控制经济过热，加息概率陡然变大，美元指数强势上涨，创下了自 2017 年 6 月以来的新高，有挑战 100 的势头。

（二）逆周期因子重启与双向波动

逆周期因子自从正式得到应用以来，对于人民币中间价的形成机制便具有极其重要的影响。综观 2018 年人民币汇率走势，逆周期因子重启有关键作用。

2018 年 1 月 9 日迎来第一次调整：逆周期因子暂停，"归零" 意味定价回归至 "参考收盘价 + 一篮子货币变化" 的机制。2018 年 8 月 24 日第二次调整：逆周期因子重启。此后，人民币对美元双边汇率弹性显著增强。

---

①　张明. 宏观金融研究，《东方财经》约稿文章.

②　李一民. 2018 年人民币汇率走势回顾与展望：跨过山和大海 [J]. 中国货币市场，2018（12）.

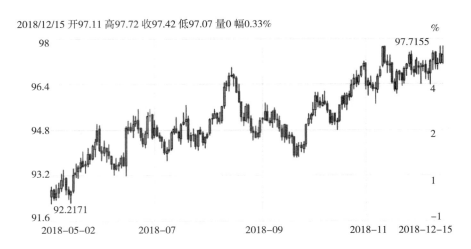

2018/12/15 开97.11 高97.72 收97.42 低97.07 量0 幅0.33%

资料来源：中国人民银行。

图 3 - 3　美元兑人民币即期汇率图

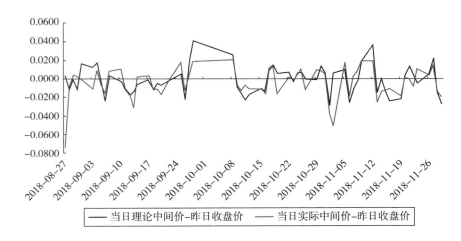

资料来源：Wind 资讯、申万宏源研究。

图 3 - 4　逆周期因子影响下理论中间价与实际中间价

通过一篮子价格与收盘价，对比理论中间价与实际中间价，可以倒算出逆周期因子，发现其总体呈现出一定的随机游走。通过一个月的移动加权平均计算，可以发现汇率双向浮动的规律。

2017 年至 2018 年 1 月，逆周期因子一个月移动平均明显为负数，说明在这段人民币贬值区间，逆周期因子在起"调升"作用。这成功地调节了市场对人民币汇率的悲观预期。

2018 年 1 月初，移动平均逆周期因子出现了正值，人民币走势走向升值通道，此时，央行宣布逆周期因子暂停。逆周期因子在 2018 年 5 月呈现双向变动，并且波幅相对 2017 年时较小。在这个区间内，人民币汇率基本由市场决定，波动明显较大，逆周期因子确实回归了中性。

2018 年 8 月 24 日，人民币承压呈现趋势惯性，逆周期因子重启。可以看到，2018 年 7 月起逆周期因子又重新走进负区间，人民币又存在调升的压力。此后贬值幅度明显放缓，进入小幅波动区间，说明逆周期因子在重新启用后，对维持人民币的稳定发挥了一定的作用。

综上，从方向来看，2018 年逆周期因子重启以后，每日预测中间价普遍高于公布中间价，主要是应对人民币的贬值压力。

此外，通过观察逆周期因子前后的变化，发现大部分时间逆周期因子调整了理论计算上隔夜汇率产生的波动，但只是改变波动的幅度，并没有改变波动的方向。

（三）市场预期变化

2018 年 9 月 18 日，美国总统特朗普正式宣布对中国出口 2 000 亿美元商品加征新关税，中美贸易冲突进一步升级。从 8 月 24 日逆周期因子重启作为节点来看，人民币虽然整体贬值幅度并不大，但这是在外汇交易中心宣布重启人民币中间价逆周期因子，且美元指数出现一波小幅调整情况下取得的，从侧面也可以看出购汇情绪对人民币汇率的影响。

当然各方仍忌惮央行出手维稳，大幅推低人民币汇价意愿不强，特别是在美元指数处于相对疲软时期；境内美元/人民币各个期限隐含波动率整体持稳，和 7 月底的高点均有一定距离，显示市场对人民币走势不确定性忧虑并没有明显上升。但从风险逆转指标看，市场看贬人民币的情绪继续积累。

3.2　近期人民币汇率变化原因分析

（一）人民币对外币值稳定表现为对一篮子货币汇率基本稳定

官方的表述是人民币"参考一篮子货币汇率"，而不是"盯住"。保持人民币币值稳定是央行的货币政策目标之一，币值稳定应该包含对内稳定和对外稳定两个方面。

对外的币值稳定体现为人民币对一篮子货币汇率保持基本稳定，其第一层含义是，人民币的名义有效汇率围绕一个中枢，区间波动。2017 年以来，中国外汇交易中心（CFETS）人民币汇率指数的均值是 94.6，高点为 97.9，低点为 92.3。基本呈现以 95 为中枢，在 ±3% 的区间内波动，而非盯住某一个数值。

人民币对一篮子货币基本稳定的第二层含义是，人民币兑美元汇率与篮子货币走势呈现密切的相关关系："美元（指数）强，人民币（兑美元）弱；美元弱，人民币强。"换句话说，对一篮子货币基本稳定，也就意味着人民币兑美元单一货币的波动性上升。

（二）央行通过逆周期宏观审慎管理来影响人民币汇率走势，避免市场恐慌和市场失灵

央行保持人民币汇率弹性，发挥好宏观审慎政策的调节作用，将远期售汇业务的外汇风险准备金率从 0 调整为 20%，重启中间价报价"逆周期因子"，在香港发行中央银行票

据。发布《关于进一步明确规范金融机构资产管理业务指导意见有关事项的通知》，稳步推动资管新规平稳实施。通过优化 MPA 指标结构，鼓励金融机构落实资管新规和债转股相关工作。稳健中性的货币政策取得了较好成效：人民币汇率保持了合理均衡水平上的基本稳定；金融风险防控成效显现，金融市场运行总体平稳，宏观杠杆率趋于稳定，市场信心得以提振。[①]

（三）经济基本面冲击同时影响货币政策操作和外汇市场供求，从而影响人民币汇率走势

2018 年 3 月中旬以来，中美贸易冲突开始进入公众的视野，此后持续发酵。中美贸易冲突的不断演进通过两个渠道影响外汇市场供求状况，从而影响人民币汇率走势：一是货物贸易渠道。对中美贸易冲突的担忧自然加剧投资者对于未来外汇供求状况改变和人民币汇率走弱的恐慌情绪。二是国际资本流动渠道。招商宏观此前的研究发现，中美 10 年期国债收益率之差与中国的国际资本流动和外汇市场供求状况关系更为密切。2018 年第二季度中美长债利差处于低位，叠加其他因素的影响，2018 年 8 月代表零售外汇市场供求状况的银行结售汇出现 1 017 亿元的逆差，逆差规模较 7 月扩大 387 亿元，一定程度上体现利差收窄带来的影响。

3.3　人民币汇率的未来走势

未来中国经济面临的外部不确定性，突出表现在以下几个方面：

1. 国际利率水平上升。美联储加息和长端利率的上行给新兴市场特别是依赖国际资本和外债流入的国家带来较大压力。中国虽然并不依赖外债，但并非不受全球利率水平上升的冲击。

2. 强美元的负面影响。2018 年 4 月以来，美元指数上涨近 8%，一度接近 97 的水平。包括中国在内的大部分新兴市场货币近期都出现了不同幅度的贬值，新兴市场货币指数从年初高位的 71.9 回落到 61.5，回落幅度达 14.5%。在此情况下，为应对贬值及其带来的通货膨胀，土耳其和阿根廷等新兴经济体需要大幅提高政策利率，这将损害其经济增长前景。

3. 国际资本外流。国际清算银行的研究报告认为，强美元（美元广义有效汇率的上升）和美元计价的跨境银行贷款存在负相关关系（美元强，资本外流），与新兴经济体的实体投资动能负相关（美元强，投资动能减弱）。强美元引发离岸美元荒，进一步引发国际资本流出新兴经济体，从而使其陷入"美元走强，资本外流"的负反馈。

4. 贸易保护主义的威胁。中美贸易冲突不仅仅影响中国的出口，也会影响中国的投资和消费。而且如果中国对美出口减少，也将意味着中国从其他经济体的进口相应减少，中美贸易摩擦对全球贸易的螺旋式收缩作用值得警惕。此外，国际清算银行认为，贸易摩擦可能导致美国通胀水平超预期的上升，带来更高的美元利率水平和汇率水平，使得新兴经济体融资条件恶化。并且，强美元可能进一步导致美国贸易状况恶化从而引发变本加厉

---

① 中国人民银行《2018 年第三季度中国货币政策执行报告》。

的贸易保护主义行动，使得贸易保护和强美元之间形成一个恶性循环。

面对美国的极限施压，通过人民币适度贬值来承担部分关税上升带来的压力，这似乎是一个不错的选择，例如 2018 年 6 月中旬人民币兑美元汇率从 6.4 左右快速贬至 6.9 附近；但是如果人民币仅因为贸易摩擦而跌破 7 关口，则市场单边贬值预期可能被激发，可能引发市场信心崩塌、资本外流等负面影响，最终得不偿失。

人民币汇率在 2018 年 8 月逼近 6.9 元关口后，监管层连续推出稳定市场预期举措，包括将远购风险准备金调升至 20%，限制部分人民币资金外流和重启人民币中间价定价机制中的逆周期因子，这些举措表明监管层不希望人民币偏离基本面而过快下跌，汇率也不是应对贸易摩擦的工具。

但这并不意味着人民币就一定会死守 6.9 或者 7 元关口，死守的结果就是重回盯住走势，在贸易摩擦升级的背景下，更容易遭遇攻击，进而引发汇率超调。如果美元指数后续表现强劲，人民币对应下跌，汇价下破 6.9 甚至 7 元关口，只要市场语言可解释，那么市场自然不会恐慌，这就要求人民币大体跟随美指波动，不能自己走出独立的贬值行情。

当然人民币贬值压力也可以通过人民币汇率指数上行来部分承担外部压力，双边汇率则以较小的跌幅来应对，确保双边汇率相对稳定。另外逆周期因子持续发挥作用，过滤市场的羊群效应，以时间换空间的方式，等待有利于人民币表现的时机到来。

除了汇率政策本身，加速金融对外开放，配合相对宽松的货币政策，一方面吸引资金流入，对冲资本外流压力，另一方面稳定中美利差，助力缓解贬值压力，人民币有希望熬过艰难的时刻。

5. 中美贸易冲突对汇率短期影响有限，需应对长期风险。中美贸易冲突是 2018 年第二季度以来人民币汇率大幅波动的主要原因。从贸易冲突的重要节点来看，上半年国内普遍认为中美贸易摩擦不会真正发生，两国之间的相互威胁只是为下一步谈判争取筹码，金融市场没有形成悲观预期。直至 6 月中旬，中美正式宣布互征关税，投资者迅速调整预期。7 月 6 日，美国宣布对 340 亿美元的中国产品加征 25% 的关税，8 月 23 日征税范围扩至 500 亿美元。中美贸易争端形势的恶化引发同期人民币汇率大幅贬值。[①]

除中美贸易冲突外，新兴市场动荡、美元指数走强、美国经济基本面向好、中美货币政策分化等一系列因素也对人民币汇率形成了一定程度的影响。

不同于 2015 年和 2016 年，本轮人民币汇率虽大幅贬值，但在较短时间内止跌回稳。从人民币无本金交割远期合约（NDF）和风险逆转指标表现来看，贬值压力并没有转化成明显的贬值预期。短期内，贸易摩擦对人民币汇率的影响主要表现为心理冲击，尚未对汇率基本面产生实质性的影响，风险基本可控。

外汇市场风险情绪的快速修复得益于一系列政策和市场因素的共同作用。首先，政府应对短期汇率大幅波动的调控能力不断增强，通过采取掉期市场调节、重启外汇风险准备

---

① 中国金融四十人论坛。

金和逆周期因子等措施，及时稳定市场预期和信心。其次，当前汇率形成机制已具备一定的弹性空间，外汇市场能够通过较充分的定价调整，释放部分贬值压力。市场结售汇也更趋理性，价格杠杆发挥出调节作用。再次，企业对汇率风险的管理意识增强，提前释放外汇资产配置需求，并通过提前偿还外债，逐步改善货币错配状况，主动降低汇率风险敞口。最后，近年来，境外机构通过债市、沪港通、深港通等渠道不断增持人民币资产，一定程度上缓解了人民币汇率下行压力。

即便如此，需积极应对中美贸易冲突对人民币汇率带来的长期风险。美国发起的贸易冲突不是简单的市场竞争和贸易摩擦，而是战略竞争和制度摩擦，根本目的在于打压"中国制造2025"，遏制中国的"国家资本主义"，从而维护美国的全球霸权地位。另外，美国两党对待中国问题的态度渐趋统一，从这个意义上看，此轮贸易冲突不是特朗普现象，而是时代现象，中美经济对抗的根本矛盾长期存在。因此，在未来中美贸易冲突极有可能进一步升级的情况下，未来人民币汇率走势存在很大的不确定性。

3.4　中美贸易冲突下汇率变动对我国金融安全的影响

汇率对金融安全指标影响的传导路径如下：

1. 汇率变动对进出口影响。本币贬值一方面使得出口商品在国外市场价格降低，增强出口商品在国际市场上的竞争力；另一方面使进口商品和原材料的国内价格升高，加大了原材料进口商的经营成本，对依赖进口零部件进行生产经营的企业有较大损害。总体上，促出口抑进口。相反，本币升值时，出口商品国际竞争力降低，出口额降低，进口商品国内价格降低，竞争力提高，进口额增高。

2. 汇率变动对资本流动的影响。本币形成贬值预期时，跨国资本为避免预期实现造成汇兑损失将快速向境外流动，造成外汇市场上本币过度供给，本币贬值预期实现甚至加大；相反本币升值预期，导致资本流入国内套取汇率升值带来的收益，本币需求加大，本币升值预期实现甚至加大。

3. 汇率变动对外汇储备的影响。汇率变动一方面直接引起外汇储备账面价值的变动，另一方面引起国际收支的变动进而引起外汇储备变动。本币贬值会增加外汇储备的本币计价账面价值，本币升值，减少外汇储备账面价值。此外，本币贬值如果能有效刺激出口，会扩大贸易顺差、增加国家外汇储备，而贸易顺差又能形成本币升值预期，导致资本项目顺差，进一步增加外汇储备。相反，本币升值形成贸易项目和资本项目的双逆差，减少外汇储备，而外汇储备又影响到外汇市场上对本国的信心，进一步加剧汇率变化。

4. 汇率变动对企业资产负债的影响。汇率变动对企业资产负债的影响包括两方面：一是汇率变动直接影响境外资产负债余额，引起企业资产负债率、外债债务率等相关二级指标变动；二是间接影响企业清偿力、违约概率等二级指标。[①]

---

① 张春雷. 汇率变动对金融安全的影响——基于压力测试方法的研究 [J]. 金融理论与实践，2016（2）.

基于上述传导路径，在中美贸易冲突持续波折且具有长期性这一大的背景下，中短期内人民币汇率兑篮子货币相对平稳，而兑美元则更多的可能是稳中有降。人民币汇率这一变动趋向的影响，在我国进出口贸易方面，主要表现为在增强出口商品国际市场竞争力而部分抵消美国对华出口商品加征关税效应的同时，使进口商品和原材料的国内价格升高，对依赖进口零部件进行生产经营的企业和国内部分消费有较大损害；在资本跨国流动方面，主要表现为资本外流加快，造成外汇储备减少，外汇市场供求出现供不应求；在企业汇率风险方面，则主要表现为企业资产负债和跨国贸易、投融资的汇兑风险，汇兑风险因人民币汇率波动而加大。

4　中美贸易冲突下我国的跨境资本流动

中美贸易冲突的持续升级可能引发我国跨境资本流动风险。一是中美贸易摩擦的升级可能会在一定程度上抑制我国未来的出口以及外商直接投资（FDI）。二是美元已经进入加息周期，很大程度上会促使全球资本的回流，我国企业持有外汇资产意愿上升，造成跨境资本大规模流出。三是当前美国经济增速虽然有所改善，但是生产率并未提高。[①] 这种由减税与信贷扩张所刺激的经济增长的持续性有待进一步观察。中美贸易冲突一定程度上会抑制美国的经济改善，甚至会引发一系列金融风险，造成中美两国资本流动。为了防范未来可能引发的金融安全问题，当下必须重视跨境资本流动的状况与风险。

4.1　我国跨境资本流动现状

（一）波动加剧、顺周期性与预期性增强成为目前我国跨境资本流动新常态，同时短期跨境资本流动已经取代经常项目与 FDI 流动成为资本流动变化的主导因素

自 2008 年国际金融危机爆发以来的十年间，国际资本流动无论在形势上还是在管理政策上均发生了重大的变化。一方面，国际资本流动出现了剧烈的波动趋势，包括中国在内的新兴市场国家也涉及其中。另一方面，国际社会对跨境资本流动管理的态度和立场发生改变，IMF 提出了包括宏观审慎和资本流动管理在内的跨境资本流动管理的政策框架。[②] 正是在这样所谓"后危机时代"的国际背景下，中国跨境资本流动在剧烈波动的同时，管理层面也得到了充分优化。

如图 4-1 所示，2008 年到 2013 年五年间，我国的国际收支总体现状表现为经常项目与资本项目的"双顺差"局面，经常账户累计顺差 14 000 亿美元，跨境资本流入 8 700 亿美元，外汇储备资产增加 22 500 亿美元。[③] 2014 年到 2018 年四年间，我国国际收支总体

---

① 汤柳. 防范中美贸易冲突中的金融风险 [J]. 中国金融，2018（15）.
② 管涛. 危机十年我国跨境资本流动管理回顾与前瞻 [J]. 国际金融，2018（5）.
③ 数据来源：国家外汇管理局。

体现为经常项目顺差与资本项目逆差的"一顺一逆"局面，同时由于总体跨境资本外流超过经常项目顺差，外汇储备资产大幅下降，经常账户累计顺差 9 100 亿美元，跨境资本净流出 14 500 亿美元，外汇储备资产减少 5 800 亿美元。[①] 资本项目逆差超过经常项目顺差，成为我国外汇储备下降、人民币汇率贬值的主要原因。如图 4-2 所示，自 2014 年起，人民币兑美元汇率进入贬值通道，直至 2017 年 5 月缓和。这也意味着人民币汇率逐渐具备了资产价格的特性，面对经济冲击很容易产生顺周期波动，并且伴随着预期的作用会产生一定的汇率超调现象[②]，表现为过度贬值与升值状态。

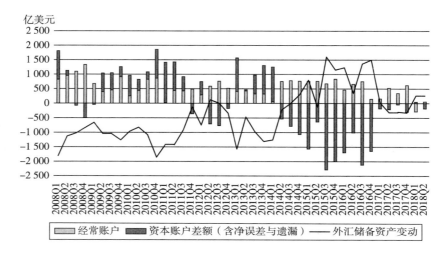

数据来源：国家外汇管理局。

图 4-1 2008—2018 年中国国际收支状况

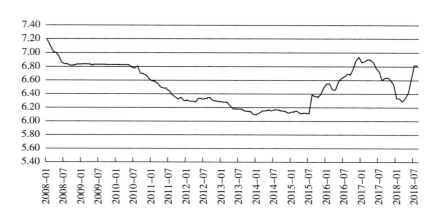

数据来源：CEIC 数据库。

图 4-2 2008—2018 年人民币/美元汇率

---

① 数据来源：国家外汇管理局。
② 管涛. 危机十年我国跨境资本流动管理回顾与前瞻 [J]. 国际金融，2018（5）.

与此同时，我国跨境资本流动在危机后十年间表现为剧烈波动状态，特别是短期跨境资本的流动方面。本文选取国际收支口径的证券投资差额、其他投资差额、金融衍生品差额、净误差与遗漏之和来衡量短期跨境资本情况。[①]

如图4－3所示，2008年到2013年五年间，短期跨境资本流入与流出大体相抵，五年间短期跨境资本净流出1 475亿美元，相当于基础性国际收支顺差的6%。因此，这一时期外汇储备资产的增加主要是来自经常项目顺差和FDI净流入，而非热钱流入。2014年到2018年四年间，我国短期跨境资本流动大体表现为净流出，且流出规模大于当期基础国际收支顺差，四年间短期资本净流出累计达17 200美元，相当于同期基础国际收支顺差的150%。特别地，虽然我国2017年对跨境资本进行了一定程度的管控，但是中美贸易冲突又加大了短期跨境资本流出的趋势。

因此，这一时期外汇储备资产的减少主要是来自短期跨境资本净流出。

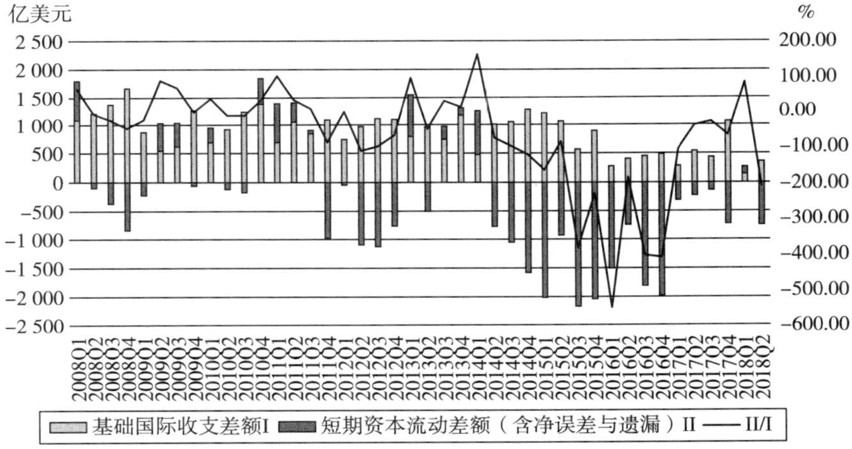

数据来源：国家外汇管理局。

图4－3　2008—2018年中国短期跨境资本流动状况

（二）受外部冲击影响，金融市场联动性增强，外汇储备、利率、汇率和资产价格超预期回落，将进一步加大跨境资本流出压力，并且此状况未来难以得到根本性改善

自2018年3月22日，美国总统特朗普签署了针对中国贸易的总统备忘录以来，中美贸易摩擦始终朝着负面的方向剧烈发展。

1. 跨境资本持续流出，自2018年3月起，我国的资本流动大量流出，短期跨境资本由3月的86.59亿美元直降至4月的－453.6亿美元，5月有所回升。

2. 外汇储备持续缩小，3月底中美贸易冲突爆发，4—10月我国外汇储备累计减少

---

① 刚健华等．短期跨境资本流动、金融市场与系统性风险［J］．经济理论与经济管理，2018（4）．

895 亿美元，8—10 月连续三个月下跌，10 月单月下降 339 亿美元，创 2016 年以来最大跌幅。虽然一定程度上推动了贸易失衡的改善，但也说明我国一定程度上出现了跨境资本大规模流出的现象。

3. 美国持续"加息"与"缩表"直接导致中美利息差降低。数据显示，2018 年 9 月，美国十年期国债收益率震荡上升到 3.069%，最高达到 3.115% 左右。中国十年期国债由最高的 4.071% 回落到 3.655%。中美利差已持续出现收窄局面，同时，美国政府出台一系列诸如减税的经济刺激政策，美国经济增长势头强劲，2018 年经济增速可维持在 3% 以上。受中美贸易冲突影响，跨境资本必然较大规模从中国流回美国进行投资或避险活动。

4. 2018 年人民币对美元汇率呈较大幅度贬值，最高贬值 11%。这虽在一定程度上缓解了贸易冲突带来的出口下滑，但同时也推动了我国跨境资本的大规模流出。

5. 受我国当前经济环境影响，资产价格大幅度下滑，诸如中国股市的上证指数一度由 3 587 点降到 2 600 点以下[①]。这在一定程度上也推动跨境资本大规模外流以寻求安全投资或避险。

图 4－4 显示，自 2018 年以来，银行代客涉外收支差额急转直下，一直保持逆差状态，这与从国际收支平衡表得到的结论基本一致，从另一个侧面佐证了中美贸易冲突后我国跨境资本外流的压力。图 4－5 显示，银行结售汇差额在 2018 年 4 月之后也急转直下，6 月再次出现负的状态，说明企业和居民购买外汇、持有外汇资产意愿上升，也印证了人民币汇率贬值的预期压力。这无疑也进一步印证了中美贸易摩擦以来我国跨境资本外流的压力。

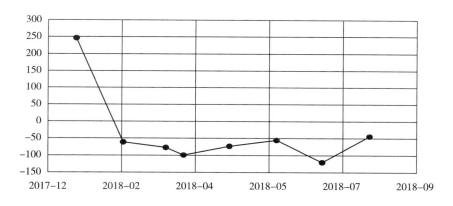

数据来源：国家外汇管理局。

图 4－4　银行代客涉外收付款差额

综上所述，受外汇储备、利率、汇率、资产价格超预期等因素影响，加之金融市场联

---

① 本文选取 2018 年 1 月 26 日上证指数最高点 3 587 点与 10 月 15 日跌破 2 600 点进行说明。

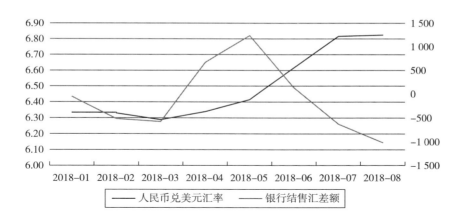

数据来源：国家外汇管理局。

图 4 - 5　银行结售汇差额、人民币兑美元汇率

动性增强，未来一段时间由短期跨境资本流出主导的我国跨境资本大规模流出趋势可能成为大概率事件。

4.2　中美贸易冲突下跨境资本流动状况可能引发的金融稳定性[①]问题

（一）跨境资本流动对汇率和利率的冲击可能引发金融机构系统风险

金融机构稳健运营、金融市场平稳运行、金融资产价格保持稳定，是一国金融安全的重要内容。基于我国经济架构，银行机构是金融机构核心，进而也是金融机构系统风险的焦点所在。如图 4 - 6 所示，理论上看，跨境资本流动从银行信贷、货币供应量、资产价格、汇率与利率四个传导机制对银行机构稳定性造成影响。一旦跨境资本流动因经济冲击发生逆转，以上四个顺周期因素会反向变化，银行信贷紧缩、汇率贬值与利率的波动加剧、货币供应下降、资产价格下降，进而造成银行不良贷款上升，引发银行系统危机。[②]

1. 信贷规模区间内正常浮动。跨境资本流动引起的银行信贷规模变化对银行系统稳定性产生重要冲击，银行体系具有顺周期性特征，主要表现为在经济繁荣时不断扩张信贷规模，一旦跨境资本流动发生逆转，使得国内流动性下降，进而引发银行系统性风险。如图 4 - 7 所示，近期一年内，我国的信贷当月新增量与增长率均没有较大的变动。特别是在 2018 年 3 月中美贸易冲突爆发前后，我国信贷始终在一定区间内正常浮动。因此，信贷水平并未随着贸易摩擦事态的扩大而显现出大起大落的局面，在一定程度上避免了银行系统性风险的产生，进而避免了一些金融安全问题。

2. 货币供应量运行平稳。跨境资本流动会通过货币供给渠道对我国银行体系的稳定性产生重要影响，一旦跨境资本流动发生逆转，资本外流也会通过影响央行基础货币供给

---

① 贺力平. 从国际和历史角度看国际资本流动与金融安全问题 [J]. 国际经济评论，2007 (6).

② 伍志文. 中国银行体系脆弱性状况及其成因实证分析 [J]. 金融研究，2001 (12).

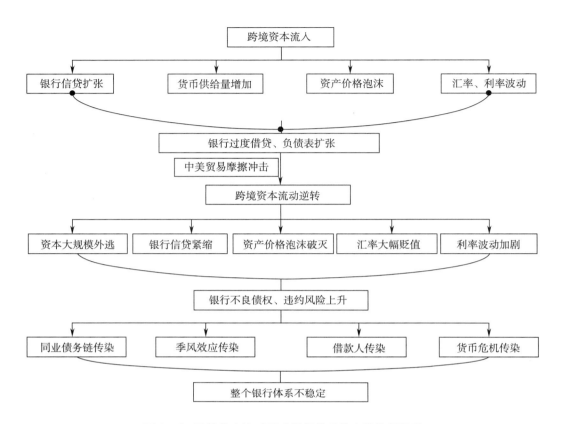

图4-6　跨境资本流动影响银行体系稳定的作用机理

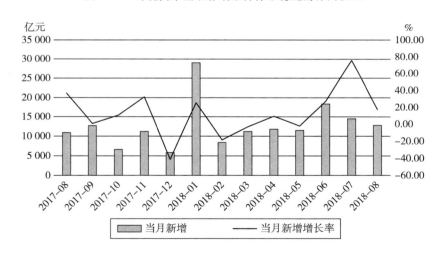

数据来源：中国人民银行。

图4-7　信贷增长变化

从而对流通中的货币供应量产生影响，致使市场流动性迅速下降，进而引发银行系统性风险。如图4-8所示，最近一年来我国货币供给量增速维持在平稳的状态，货币供应量未受到中国贸易摩擦事件的冲击。因此，中美贸易冲突所产生的跨境资本流动逆转不会通过货币供应渠道对银行系统稳定性造成冲击。

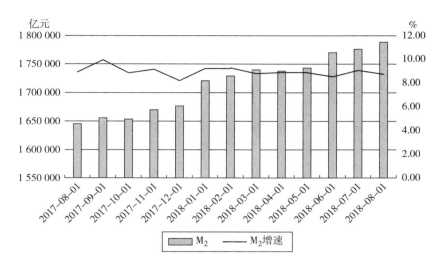

数据来源：中国人民银行。

图 4 - 8　货币供应量变化

3. 汇率过度贬值。跨境资本流动可以通过汇率渠道对我国银行稳定产生影响，跨境资本的大规模外流会导致我国资本金融账户出现大量逆差，国际收支状况急剧恶化，人民币汇率的贬值压力骤升（见图 4 - 9），并且此现象在上述的数据中已经得到了印证。汇率贬值预期的强化和汇率的超调现象可能引发货币危机和债务危机，使得银行体系的稳定性受到剧烈冲击。作为金融系统的中心环节，银行体系的不稳定也会对整个社会经济安全和金融稳定产生极大影响。因此，现阶段有必要进行一定的政策调整来缓解人民币汇率的贬值以及超调压力，因而缓解银行系统非稳压力。

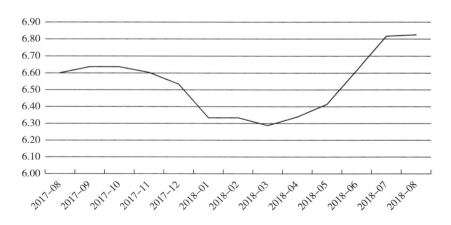

数据来源：国家外汇管理局。

图 4 - 9　人民币兑美元汇率

4. 利率呈现上升趋势。短期跨境资本流动会对我国利率水平产生影响，而利率水平变化将对银行稳定产生重要冲击，随着跨境资本流动的逆转，国内市场流动性急剧紧缩，为满足监管部门对资本充足率的监管要求，降低杠杆率，导致利率水平上升。利率水平上升造成银行不良债权增加，并通过危机传染效应冲击整个银行体系的稳定性。如图 4 - 10 所示，在中美贸易摩擦爆发前后，无论是贷款利率还是存款利率均出现了较大程度的上升，说明跨境资本流出使得银行监管层面迫切进行降杠杆的工作，从而一定程度上造成了利率的上升，在一定程度上会影响银行系统的稳定性。因此，受中美贸易摩擦的冲击，跨境资本流动逆转已经通过利率渠道在一定程度上影响了银行系统的稳定性，进而出现金融安全问题。

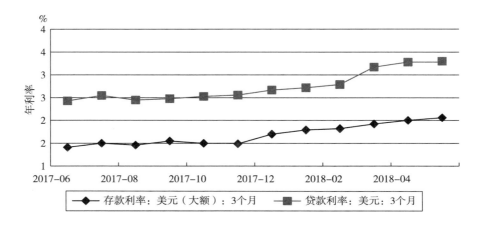

数据来源：CEIC 数据库。

图 4 - 10　存款利率与贷款利率（美元大额 3 个月期）

（二）跨境资本流动对同业市场拆借利率的冲击可能引发货币市场风险

货币市场是我国金融市场稳定性的"晴雨表"。如图 4 - 11 所示，随着金融开放进程的不断加快，跨境资本波动对我国货币市场稳定性的冲击也不断加强。货币市场是连接中央银行与整个金融市场以及实体经济的重要渠道，货币市场利率波动水平是反映其稳定性的重要指示器。

理论上，当受到跨境资本流动冲击时，货币市场的流动性更加紧张，流动性供给出现缺口，致使货币市场利率上升。此时，虽然央行也会通过各种公开市场操作进行货币投放，从而在一定程度上缓解利率上升压力。图 4 - 12 选取的数据为银行间同业拆借利率，在一定程度上可以显示货币市场利率的变化。图 4 - 12 显示，同业拆借利率在中美贸易摩擦爆发后剧烈波动并下降，但之后保持平稳。根据上述外汇储备与货币供应量的数据，货币供应量的稳定极大可能是通过消耗外汇储备获得的，从而缓解了跨境资本外流冲击对货币市场的影响，在一定程度上缓解了货币市场的金融安全问题。此时，虽然货币市场稳定性得到了一定的保障，但是却对人民币汇率贬值造成压力。现阶段有必要考虑通过其他公开市场业务作为替代政策在稳定货币市场同时，进一步缓解人民币贬值压力。

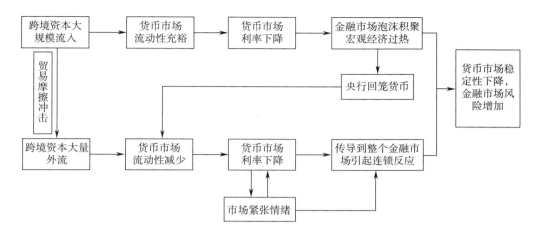

图 4 – 11 跨境资本流动对货币市场稳定的传导机制

数据来源：CEIC 数据库。

图 4 – 12 我国银行间同业拆借利率

（三）跨境资本流动对资产价格的冲击可能引发资本市场风险

资本市场是反映国民经济的"晴雨表"，如图 4 – 13 所示，随着金融开放进程的不断加快，跨境资本波动对我国资本市场稳定性的冲击也不断加强，当受到经济冲击使得跨境资本流动发生逆转时，投资者心理预期下降，市场恐慌情绪上升，造成资本市场震荡加剧。

由于我国股市是我国资本市场的重要组成部分，通过观测中国股市的变化，进而可以观察跨境资本流动对资本市场的冲击。如图 4 – 14 所示，上证综指在中美贸易冲突爆发后出现了很大程度下滑，并且伴随剧烈的波动。理论上，受中美贸易摩擦冲击，跨境资本流动发生逆转，出现资本市场流动性紧缩，投资者心理预期下降，市场恐慌情绪上升，导致资产价格不断暴跌，资本市场震荡加剧①。资本市场是金融市场的重要组成部分，其剧烈波动将通过"多米诺骨牌效应"蔓延至整个金融体系，从而对整个金融系统产生严重危害。因此，现阶段有必要出台相关政策以稳定我国资本市场。

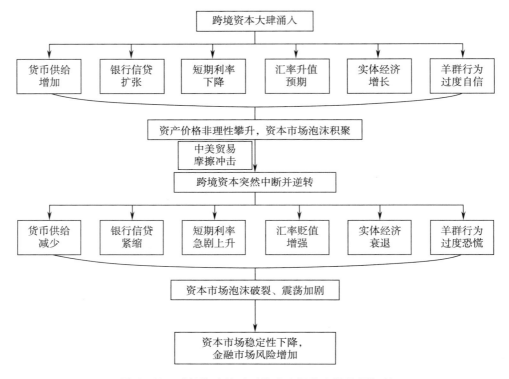

图 4-13　跨境资本流动对资本市场稳定的传导机制

数据来源：CEIC 数据库。

图 4-14　2018 年上半年我国上证指数

---

① 赵进文．人民币汇率、短期国际资本流动与股票价格——基于汇改后数据的再检验［J］．金融研究，2013（1）．

（四）跨境资本流动造成人民币持续贬值可能引发外汇市场风险

由于外汇供求原因，跨境资本流动与外汇市场之间的联系十分密切。如图4－15所示，跨境资本流动和汇率之间存在着明显的"共振"关系，当跨境资本流动突然发生逆转时，本币会随着贬值，造成金融恐慌，进一步强化贬值预期。

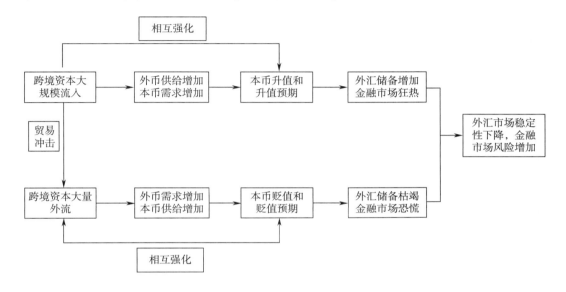

图4－15　跨境资本流动对外汇市场稳定的传导机制

从外汇政策层面看，此时的情况依然服从"不可能三角"（即汇率稳定、外汇储备不变、资本自由流动不可能同时满足）。短期内，银行结售汇数据可以很好地显示短期外汇供求状况。自中美贸易冲突爆发以来，银行结售汇差额迅速衰减，说明短期跨境资本出现大规模流出，同时伴随着人民币兑美元汇率不断贬值。这在一定程度上表明，受中美贸易冲突影响，跨境资本迅速流出，使得我国外汇市场受到一定程度的冲击，进而对我国的金融安全造成一定的影响。现阶段，相关部门有必要考虑协调"不可能三角"的关系，以期达到外汇市场最优，来保证外汇市场稳定性。

4.3　未来中美贸易冲突会持续加大跨境资本流动对金融稳定的冲击

1. 我国跨境资本未来依然会持续出现大幅波动现象。当前无论在国际还是国内背景下，如果出现诸如贸易冲突等超出市场运行预期的事件，极大可能引发跨境资本短期波动，由此也就演变为持续大规模流出。2018年初受中美贸易摩擦冲击，2018年4月外汇储备单月下降179亿美元，5月外汇储备单月下降142亿美元。人民币汇率方面，未来也会出现"人民币贬值预期增强—资本加速流出—外汇储备下降—贬值预期进一步强化"①的负向循环，对我国金融稳定问题造成影响。

---

① 宿玉海等．短期资本流动、人民币国际化与汇率变动关系研究［J］．经济与管理评论，2018（2）．

2. 我国跨境资本波动未来依然会持续造成国内跨市场联动风险的加大。资本外流与人民币汇率相互作用，影响国内的货币供应量、信贷规模、利率以及金融资产价格等指标，造成了各个金融市场与金融机构的联动效应，同时汇市、股市、楼市等也容易通过信心和资金流动等渠道相互联系与传导。当前，面对中美贸易冲突的不断升级，外汇市场上，人民币的贬值结果很可能持续波及其他金融市场，特别是资本市场，造成金融资产价格的大幅下滑。

3. 我国跨境资本流出未来依然会持续加剧国内流动性管理的难度。相信未来一段时期，央行外汇占款大幅下降，使得这一基础货币投放方式无法满足市场对流动性的需求。央行的做法可能会通过降准、降息等措施来维持银行系统流动性，保持市场利率稳定，但一系列操作在面对外汇持续流出情况下也会显得苍白无力。因此，在保持国内经济平稳增长、优化企业融资的前提下，必须考虑国内外利差情况，以缓和跨境资本的剧烈波动。

4. 我国跨境资本流出未来依然会持续压低国内金融资产价格，造成企业融资困难以及提高市场资金链破裂风险。受到国际金融危机启示，微观层面特别是资金链状况必须得到重视与阐释，未来一段时间，受跨境资本波动影响，金融市场整体无风险并不代表单个金融机构或企业没有金融风险，如资金偿付困难。部分金融机构或企业如果经营恶化、资金链紧张与外部融资较高叠加，也可能通过连锁反应对我国金融稳定造成影响。

5　结论与政策建议

5.1　结论

2008 年国际金融危机后，全球经济复苏乏力、高收入国家经济疲软、不平等加剧、全球经济平衡发生重大转变等情况，引发了贸易、投资、金融等方面的保护主义。而中国经济的高速稳步发展，产业结构的提升，专利及高科技行业的发展，开始与美国在部分领域形成竞争关系，甚至有可能出现弯道超车的可能。而人民币在国际上的稳步发展，特别是在"一带一路"国家和地区的稳步推进，未来可能对美元及美国金融地位造成一定的影响。因此，美国利用贸易保护主义措施或相关威胁，试图迫使或引诱中国在产业政策和金融开放方面进行让步，并利用贸易保护主义重构国际经济秩序。现有贸易保护主义既是对利润的重分配，也是为新一轮技术革命创造条件。

新一轮中美贸易争端以来，美国对华贸易保护对中国的冲击趋于收敛。各项指标在可控范围内，尚未出现较为剧烈的波动。2018 年第三季度经济基本情况相较于第二季度，趋于稳定。在中国加大经济开放和深化改革的背景下，市场预期可能也将趋于稳定，为中国经济改革赢得时间。

2018 年以来人民币对一篮子货币汇率基本稳定，汇率预期总体平稳。但未来存在不确定性，还可能导致美国通胀水平超预期的上升，带来更高的美元利率水平和汇率水平，使得新兴经济体融资条件恶化。汇率变动对企业境外资产、企业资产负债率，外债债务率造成影响，从而间接影响企业清偿力、违约概率。并且，强美元可能进一步导致美国贸易状况恶化从而引发变本加厉的贸易保护主义行动，使得贸易保护和强美元之间形成一个恶性循环。稳定中美利差，助力缓解贬值压力，人民币还是很有希望熬过艰难的时刻。

受中美贸易摩擦冲击，跨境资本波动很大程度上导致人民币汇率大幅波动，进而对我国金融安全造成影响。[①] 受贸易争端的冲击，我国跨境资本持续快速流出，导致国际收支出现新的变化，加大了人民币汇率贬值压力，加剧了我国金融平稳性风险。未来一段时间内，将会出现跨境资本短期内大幅波动现象，也会出现"人民币贬值预期增强—资本加速流出—外汇储备下降—贬值预期进一步强化"的负向循环。跨境资本波动还会造成国内跨市场联动风险的加大。面对中美贸易摩擦的不断加剧，外汇市场上，人民币的贬值结果很可能持续波及其他金融市场，特别是资本市场，造成金融资产价格的大幅下滑。未来央行外汇占款大幅下降，使得这一基础货币投放方式无法满足市场对流动性的需求。央行的做法可能会通过降准、降息等措施来维持银行系统流动性，保持市场利率稳定。在保持国内经济平稳增长、优化企业融资的前提下，必须考虑国内外利差情况，以缓和跨境资本的剧烈波动。部分金融机构或企业如果经营恶化、资金链紧张与外部融资较高叠加，也可能通过连锁反应对我国金融安全造成影响。

中美贸易争端的持续，一方面会使人民币国际化程度出现波动，投机性需求的减少会使人民币国际化程度减弱，另一方面由于美国紧缩性货币政策，又会增加其他国家对人民币的需求。因此，加强国际金融合作显得至关重要。

中美贸易冲突的本质是新兴崛起大国与在位霸权国家的矛盾冲突。从过去几百年新兴大国崛起的历史来看，当前所面临的贸易冲突具有长期性和复杂性，必须清醒面对，保持全方位的战略定力和灵活的执行力。

5.2 政策建议

1. 稳阵脚，扩内需，把夯实宏观经济基本面作为保持我国在世界经济大潮中定力的基石。为应对中美贸易冲突的负面影响，当前我国应继续采取一系列可行的措施，完善收入分配机制，扩大内需，改变我国国内的储蓄投资和消费的比例，以减少贸易顺差，促进经济转型。扩大消费、减少储蓄重点在于扩大政府的消费和降低企业储蓄在 GDP 中所占的比重，这就要求我国实现财政转型，由建设型财政转向服务型财政。在加大供给侧结构性改革、实现高质量增长的同时，应重点加强政府在宏观收入分配中的调节作用，改善民生，加大国民收入分配向中低收入群体的倾斜力度，缩小贫富差距；并且不断发展资本市场，拓宽投资渠道，以较大程度地释放国内近 14 亿人口的消费需求。

2. 以加大产业升级力度优化我国参与全球化分工的模式。国际收支失衡根源于全球

---

① 宿玉海等. 短期资本流动、人民币国际化与汇率变动关系研究 ［J］. 经济与管理评论, 2018（2）.

金融体系的失衡和全球生产结构的调整。我国内外经济失衡是全球因素和我国内部因素共同作用的结果。当前及今后相当一个时期，应逐步优化我国参与全球化分工的特有模式，加大本国产业升级力度，通过包括结合出口贸易结构的调整推动产业结构升级；加强内需拉动对我国产业结构调整的引导作用；把生产性服务业的发展置于重要地位；突破价值链的关键环节，进行价值链升级，提升制造业的竞争力；加快生产要素结构调整。要集中财政和货币等政策资源向企业部门，尤其是民营企业倾斜。通过降低企业运营成本、改善企业融资环境、完善企业技术创新的制度环境和扶持政策等措施，增强企业自主创新能力，壮大民营经济，培育出一批具有全球竞争力的本土企业。

3. 加大全方位经济开放，拓展我国对外经济贸易的渠道。对中国而言，2017 年中国经济的复苏很大程度上与出口的改善有较大关系。而中美贸易冲突的发展对中国出口乃至整个经济总量的负面影响，在未来一个时期将会逐渐显现。基于欧洲、日韩、东盟经济总体复苏的态势，扩大对上述国家和地区的进出口，以缓释来自美国的贸易保护压力，是非常必要的。中国应本着平等互利的原则积极推进"一带一路"倡议的落实，扩大国际区域经贸和金融合作，以及中日韩、中国与东盟等区域经济一体化的实施。在中美贸易谈判的过程中，应坚持核心利益不妥协，在保持金融自主权的前提下，经济谈判内容不设限。在市场准入、出口补贴和知识产权保护等方面，更好地与国际市场规则接轨。积极推广复制开放型经济新体制的前期试点经验，不断提升自由贸易试验区的水平，积极探索建设自由贸易港，进一步完善国家级新区、经济技术开发区、高新区、保税区等园区建设，既要从全局上改善中国的营商大环境，又要在特定范围内因地制宜地创造更加有竞争力的营商小环境。

4. 完善金融制度、发展金融市场。完善的金融制度和开放发达的金融市场是提高人民币国际吸引力和竞争力的关键。进一步加强金融市场建设，稳步推进资本账户可兑换和汇率市场化，完善人民币跨境使用的政策框架和基础设施，提高金融体系运行效率和市场监管的有效性。推动人民币金融产品创新，鼓励金融机构提供更多的风险对冲工具，为人民币国际化的深入推进创造有利条件。完善人民币国际化的基础设施建设，拓宽人民币跨境投融资渠道和货币互换，深入推进大宗商品的人民币交易和人民币汇率市场化改革。不应被美国的施压打乱阵脚，也不应夸大各项指标的信心作用。同时，还要提高金融资源配置效率，完善金融调控机制。加快发展外汇市场，坚持金融服务实体经济的原则，为基于实需原则的进出口企业提供汇率风险管理服务。稳步推进人民币资本项目可兑换，完善人民币跨境使用的政策框架和基础设施，坚持发展、改革和风险防范并重。密切关注国际形势变化对资本流动的影响，完善对跨境资本流动的宏观审慎政策。

5. 深化汇率市场化改革。继续推进人民币汇率制度的改革，使人民币汇率更加灵敏地反映市场供求变化、更加富有弹性。完善以市场供求为基础、参考一篮子货币进行调节、有管理的浮动汇率制度，加大市场决定汇率的力度，增强人民币汇率双向浮动弹性，保持人民币汇率在合理均衡水平上的基本稳定。但同时推进步骤应考虑自身经济、金融的稳定发展，还要兼顾国内产业调整和劳动力就业的压力。人民币汇率变动应妥善协调好经济增长、充分就业、物价稳定、国际收支平衡、经济结构调整等各项目标的关系。需持续优化人民币汇率形成机制的市场基础，进一步增强人民币汇率弹性。当人民币汇率波动超过预设范围时，政府必须采取必要的市场化干预，尤其当贸易摩擦冲击可能加剧人民币贬值浮动过大时，利用外汇储备，果断采取资本管制等措施，保证汇率不发生剧烈的波动。同时，进一步发展汇率衍生工具，灵活对冲汇率风险，从严监管转向市场化的头寸管理，使海外企业、银行和金融机构在我国外汇交易中心实现集中，从而实现对人民币购售交易和资金头寸的统一管理。

6. 做好金融风险防控，坚持发展、改革和风险防范并重。密切关注国际形势变化对资本流动的影响，完善对跨境资本流动的宏观审慎政策。在面对中美贸易摩擦冲击导致的跨境资本波动情况下，政府和学者需对贸易摩擦的前景给出清晰的判断和对策，并与市场及时沟通，正确引导市场预期，避免企业和居民部门出于对未来的不确定性和避险情绪导致资金大量外流。在必要时对跨境资本流动予以适当管理，及时化解外部冲击导致的汇率市场大幅波动，遏制市场做空情绪和跨市场风险联动。中国企业与金融机构应主动积极应对跨境资本流动的新动态，做好自身的风险防范。在资金配置方面，应当注重避免债务累积和汇率风险的恶性循环，积极优化本外币资产负债结构，调整"资产本币化、负债外币化"的顺周期财务运作模式，降低自身杠杆率，减少外债，尤其是短期债务规模，防范货币错配和期限错配风险。在经济去泡沫化的过程中，应充分进行预评，在加强监管的同时，稳步推进，减轻出现经济政策引起的金融震荡。同时，要做好应对美国金融风险出现的准备，美国巨大的财政赤字是美国国债问题的根源，如果美国国债风险持续加大，会引起金融市场的蝴蝶效应，因此应适当采取外汇储备多元化，利用"一带一路"的投资优势，适当减持美国国债，以确保我国的金融安全。

参考文献

［1］鞠建东等 . 中美贸易的反比较优势之谜［J］. 经济学（季刊），2011（4）.

［2］唐宜红，符大海 . 经济全球化变局、经贸规则重构和中国对策——"全球贸易治理与中国角色"圆桌论坛综述［J］. 经济研究，2017（5）.

［3］刘建丰 . 加快经济转型和改革开放应对中美贸易争端——2018 年第二次"经济学人上海圆桌会议"专家观点［J］. 上海交通大学学报（哲学社会科学版），2018.

［4］于春海，刘成豪 . 对美国贸易政策调整性质的思考［J］. 国际贸易，2018（1）.

［5］梁碧波 . 美国贸易保护："国家利益"决定抑或"利益集团"导向——基于美国制造业的实证分析［J］，国际贸易问题，2009（9）.

［6］姜凌 . 经济全球化条件下的中国国际收支失衡及其应对研究［M］. 成都：西南财经大学出版社，2013.

［7］中国社科院学部委员余永定 . 人民币汇率局面有序可控［N］. 经济观察报，2018 - 09 - 16.

［8］中国人民银行前行长周小川接受 CNBC 采访实录（文字实录）.

［9］中国人民银行. 2018 年第二季度中国货币政策执行报告.

［10］仪伟. 人民币汇率趋势分析——中美贸易战背景下的走势特点及思考［J］. 贸易金融, 2018（2）: 71 – 87.

［11］张春雷. 汇率变动对金融安全的影响——基于压力测试方法的研究［J］. 金融理论与实践, 2016（2）: 15 – 20.

［12］中国金融四十人论坛（CF 40）高级研究员管涛采访实录（文字实录）.

［13］徐文芹, 赵艳萍, 欧阳玉秀. 新形势下我国金融安全预警及安全策略［J］. 中国安全科学学报, 2004（9）: 34 – 39.

［14］郎永峰, 尹翔硕. 中国—东盟 FTA 贸易效应实证研究［J］. 世界经济研究, 2009（9）: 76 – 80.

［15］管涛. 危机十年我国跨境资本流动管理回顾与前瞻［J］. 国际金融, 2018（5）.

［16］刚健华等. 短期跨境资本流动、金融市场与系统性风险［J］. 经济理论与经济管理, 2018（4）.

［17］贺力平. 从国际和历史角度看国际资本流动与金融安全问题［J］. 国际经济评论, 2007（6）.

［18］宿玉海等. 短期资本流动、人民币国际化与汇率变动关系研究［J］. 经济与管理评论, 2018（2）.

［19］杨国中. 完善跨境资本流动管理、维护国家金融安全［J］. 中国外汇, 2017（7）.

［20］赵进文. 人民币汇率、短期国际资本流动与股票价格——基于汇改后数据的再检验［J］. 金融研究, 2013（1）.

［21］伍志文. 中国银行体系脆弱性状况及其成因实证分析［J］. 金融研究, 2001（12）.

［22］汤柳. 防范中美贸易冲突中的金融风险［J］. 中国金融, 2018（15）.

［23］姜凌, 支宏娟. 新一轮逆全球化浪潮下的南北经济一体化关系走向［J］. 四川大学学报（哲学社会科学版）, 2017（5）.

［24］A. Lopez、姜凌、luis. A. International Trade and National Systems of Innovation in the Globle Economic Development［M］. University Press of the South（USA）. 2016, 10.

［25］Hayato Kato, and Toshihiro Okubo. Market size in globalization. Journal of International Economics［J］. Journal of International Economics, 2018（111）: 34 – 60.

［26］Brezis, Krugman, and Tsiddon. Leapfrogging in International Competition: A Theory of Cycles in National Technological Leadership［J］. American Economic Review, 1993: 1210 – 1219.

［27］Acemoglu, D., Antras, P. and Helpman E. Contracts and Technology Adoption［J］. The American Economic Review, 2007, 97（3）: 916 – 943.

［28］Andrew Caplin and John Leahy. Trading Frictions and House Price Dynamics［J］. Journal of Money, Credit and Banking, 2011（43）: 283 – 303.

［29］Yan Zhao, Shen Guo and Xingfei Liu. Trading frictions and consumption – output comovement［J］. Journal of Macroeconomics, 2014（42）: 299 – 240.

［30］Cai, Charlie X; Hillier, David; Hudson, Robert; Keasey, Kevin. Trading Frictions and Market Structure: An Empirical Analysis［J］. 2008（3）: 563 – 579.

［31］Qiping. The US Financial Regulatory Reform, Causes of Financial Crisis and Its Enlightenment on China［J］. Frontiers of Law in China, 2011（4）: 553 – 576.

［32］ Mervyn King. Lessons from the global financial crisis ［J］. Business Economics，2018（2）：55 – 59.

［33］ Marc Deloof and Tom Vanacker. The recent financial crisis，start - up financing and survival ［J］. Journal of Business Finance & Accounting，2018（7 – 8）：928 – 951.

［34］ Junmao Chiu，Huimin Chung，Keng – Yu Ho and Chih – Chiang Wu. International Review of Economics & Finance ［J］. 2018（55）：21 – 36.

［35］ Haoyuan Ding，Haichao Fan and Shu Lin. Connect to trade ［J］. 2018（110）：50 – 62.

僵尸企业金融错配的效应研究

李长青　吕小锋　周　静

【摘要】基于国务院反复强调抓紧处置僵尸企业的现实背景，本文通过 CSMAR 数据库中的企业数据，利用双边随机前沿模型（Two－tier SFA）测算僵尸企业带来的银行资金错配效应，利用异质性面板随机前沿模型来研究僵尸性金融错配对企业生产效率损失的影响。研究发现：（1）银行和僵尸企业对僵尸性贷款都有一定影响力，僵尸性贷款偏离最优规模，平均幅度约为 32.91%；（2）僵尸性金融错配造成企业生产效率损失，该影响具有时滞性；（3）僵尸性金融错配在财政政策宽松期对生产效率造成的损失显著大于其在财政政策稳健期造成的影响；（4）国有企业金融错配造成的效率损失明显大于非国有企业；（5）政治关联企业金融错配造成的生产效率损失明显大于不具有政治关联的企业。

1　引言

　　僵尸企业（Zombie Firm）是由 Kane 于 1987 年提出的概念，指的是那些扭亏无望，但又可以通过获得银行贷款或政府的补贴而免于倒闭的高负债企业。这些僵尸企业主要依靠政府"照顾"与银行"输血"得以"僵而不死"。美国（Kane，1987；Wessel & Carey，2005）、日本（Fukuda & Nakamura，2011；Imai，2016；Kwon & Machiko，2015）、欧盟（Bruche & Llobet，2014）都存在"僵尸企业"。近年来"僵尸企业"的相关问题也得到了我国政府的高度重视。2015 年 9 月李克强总理提出要推动企业兼并重组，抓紧处置"僵尸企业"、长期亏损企业和低效无效资产，提高国有资本配置和运行效率。同年李克强总理在国务院常务会议上又多次提出要加快推进"僵尸企业"重组整合或退出市场。2017年 7 月 24 日召开的中共中央政治局会议强调，要坚定不移深化供给侧结构性改革，深入推进"三去一降一补"，紧紧抓住处置"僵尸企业"这个牛鼻子，更多运用市场机制实现优胜劣汰。2018 年李克强总理在政府工作报告中指出"加大'僵尸企业'破产清算和重整力度，做好职工安置和债务处置"。

　　僵尸企业存在的主要原因是政府或银行的金融支持。一方面，地方政府出于对税收、就业或 GDP 增长等的考虑，有保护僵尸企业的动机，不断给濒临破产的僵尸企业提供补贴或贷款担保（聂辉华，2016）。同时，金融部门长期由商业银行特别是国有银行主导，容易受政府行政干预的影响，如在地方政府的施压下，一些金融机构更倾向于对企业逾期贷款及其利息提供展期，甚至减免等优惠政策（黄益平，2016）。

　　但比较遗憾的是，国内罕有学者对中国僵尸企业的市场扭曲效应进行系统的研究，这一缺憾让地方政府只看到了僵尸企业的短期绩效，而忽视了僵尸企业潜在的长期危害。因此，本文通过实证研究僵尸企业的市场扭曲效应，阐明僵尸企业的危害，促使地方政府下决心治理僵尸企业，也为国务院倡导的"有序推进僵尸企业重组或退出市场"提供理论基础和实证支撑，因此具有重要的现实意义。

2　文献回顾

僵尸企业对经济的不利影响主要体现在僵尸企业扭曲了正常的市场机制，导致整体经济绩效的下降（Jaskowski，2015）。目前对僵尸企业市场扭曲效应的研究主要集中于劳动力资源的错配效应、投资挤出效应和经济增长损失效应，很少有学者研究市场扭曲中的金融错配效应。（1）僵尸企业会导致劳动资源错配。僵尸企业是指靠银行贷款或政府的补贴而免于倒闭的高负债企业，因此僵尸企业的存在就反映了金融资源的错配（Kwon & Machiko，2015）；僵尸企业不仅导致了金融资源的错配，还导致了劳动力的错配。Hoshi（2006）利用1997—2001年日本企业的数据进行研究，发现与非僵尸企业相比，僵尸企业倾向于雇用更多的劳动力，但是由于资源错配，行业内的非僵尸企业未能获得足够的资源扩大生产、增加劳动力，因此导致整个行业创造就业的能力不足。因此僵尸企业一方面吸纳了过多的劳动力，另一方面又阻碍了整个行业的就业创造。Caballero等（2008）采用日本1996—2002年的产业层面和企业层面的数据，发现僵尸企业不仅会抑制就业创造（job creation）还会抑制就业消失（job destruction），行业中僵尸企业的比重增大，将导致该行业中非僵尸企业吸纳就业的能力下降。Tan等（2016）利用中国工业企业2005—2007年的数据，发现政府对僵尸企业的资助虽然会暂时增加总就业，但是由于资源错配，会牺牲将来更多的就业机会。（2）僵尸企业挤出非僵尸企业的投资。Tan等（2016）利用中国工业企业2005—2007年的数据，发现政府投资会增加僵尸企业的比率，挤出私营企业的投资。僵尸企业占用了大量无效率的银行贷款，导致其他正常企业获得贷款概率减小，降低了正常企业的投资积极性（Caballero et al.，2008），同时由于僵尸企业大多处于产能过剩行业，维持僵尸企业使得产业产能过剩加剧，压低了同行业产品的市场价格，从而使得正常企业的市场份额减小，收益变小，也就很难进行扩张性投资（Ahearne & Shinada，2006）。Kwon等（2015）采用1981—2000年日本制造企业数据，发现金融资源错配给僵尸企业，导致其他非僵尸企业不能获得足够的贷款扩大生产。Imai（2016）利用1998—2008年日本中小企业的数据，发现金融机构贷款给低效僵尸企业，导致非僵尸企业投资减少。谭语嫣等（2017）采用1998—2013年的中国工业企业数据进行分析，发现僵尸企业比例越高的行业、地区，非僵尸企业的投资规模越小，且这一挤出效应对私营企业尤为明显。（3）僵尸企业降低了经济绩效。僵尸企业会拉低行业生产率，拖累经济增长。Ahearne和Shinada（2005）利用1981—2001年日本产业层面和企业层面的数据进行研究，发现资源的错配导致行业生产率较低，僵尸企业聚集程度高的行业生产率增速低；资源错配和僵尸企业的无序竞争导致行业效率偏低。Kwon 等（2015）利用一般均衡模型进行的反事实分析（counter - factual analysis）表明，金融资源如果没有错配给僵尸企业，日本的经济增长率将提高一个百分点。Tan 等（2016）利用中国工业企业 2005—2007 年的数据进行研究，认为清退僵尸企业将会导致工业产出增加 2.12 个百分点，就业增长 0.84 个百分点，全要素生产率提高 1.06 个百分点。

由上述文献回顾可以发现，现有关于僵尸企业的研究主要以日本为背景，讨论僵尸企业的特点、形成的原因及经济后果（Ahearne et al.，2005；Hoshi et al.，2010；Caballero et al.，2008；Kwon et al.，2015；Imai，2016）。随着近年来我国供给侧改革的进行，国内也有部分学者开始用描述性的数据从政策层面关注这一领域（何帆等，2016；朱舜楠等，2016；聂辉华等，2016），聂辉华等（2016）和申广军（2016）对僵尸企业成因的分析较为深入，但没有讨论僵尸企业对其他企业投资行为的影响。谭语嫣等（2017）开始采用规范的实证研究讨论僵尸企业对私营企业投资的挤出效应。但比较遗憾的是，国内罕有学者对中国僵尸企业的市场扭曲效应中的金融错配效应和生产效率损失效应进行研究，这一缺憾容易让地方政府忽视了僵尸企业潜在的长期危害。基于此，本文将通过 CSMAR 数据库中上市企业数据，利用双边随机前沿分析（Two - tier SFA）探讨僵尸企业造成的金融错配效应，利用异质性面板随机前沿模型分析僵尸企业造成的生产效率损失效应。

3　僵尸企业的识别

3.1　僵尸企业的定义

（一）僵尸企业的标准

学者提出了一些方法来鉴别僵尸企业。Caballero 等（2008）（简称为 CHK）提出以是否获得信贷补贴为核心判断标准，认为依靠信贷补贴得以存活的企业是僵尸企业，具体衡量标准是企业实际支付的利率低于假定的市场无风险利率（hypothetical risk - free interest）或利率支付下限。但是这种标准有可能产生两个错误：可能将一个能以较低利率获得贷款的优质企业误判为僵尸企业，也可能将一个贷款利率较高的僵尸企业误认为是非僵尸企业。CHK 又附加了"发行债券标准"和"持续性标准"来修正基础标准可能带来的错误识别问题。为了避免 CHK 识别带来的问题，Fukuda 和 Nakamura（2011）（简称为 FN）在 CHK 的识别标准基础上进一步引入了"盈利性标准"和"长期借贷标准"，通过这两个附加标准，大大降低了错误识别僵尸企业的概率。

本文对僵尸企业的识别以 CHK 标准和 FN 标准为基础，并根据中国上市公司的具体情况对识别方法进行修正。CHK 标准将无风险利率支出 $R_{i,t}^{*}$ 定义为

$$R_{i,t}^{*} = rs_{t-1} BS_{i,t-1} + \left(\frac{1}{5} \sum_{j=1}^{5} rl_{t-j} \right) BL_{i,t-1} + rcb_{5year,t} \times Bonds_{i,t-1}$$

其中，$BS_{i,t-1}$、$BL_{i,t-1}$ 和 $Bonds_{i,t-1}$ 分别是企业 i 在 $t-1$ 年的短期银行贷款余额（小于 1 年）、长期银行贷款余额（大于 1 年）和对外发行债券余额（包括可转换债和附认股权证债券等）。rs_t、rl_t 和 $rcb_{5year,t}$ 分别是 t 年的短期借款最优利率、长期贷款最优利率和 t 年前五年内最优的长期贷款利率的平均值。无风险利率支出 $R_{i,t}^*$ 可被用来检验企业是否属于僵尸企业。如果企业实际支付利息低于 $R_{i,t}^*$，按照 CHK 的基本准则，初步判断该企业为僵尸企业。

中国上市企业有两个特殊情况：（1）地方政府出于稳定就业的考虑可能会对资不抵债的企业进行政府救助（王红建等，2015），这时中国僵尸企业的成因和认定不同于日本之处（张栋等，2016）。（2）根据监管要求，如果上市公司连续三年亏损会被暂停上市，因此业绩不佳的公司往往会采取盈余管理，以避免退市。常见的手法是通过对款及报表的调整，使公司在某年出现巨额亏损、将利润后移，使后续年份出现微薄盈利，进而出现两年亏损、一年微利的周期特征（冯芸、刘艳琴，2009；黄少卿、陈彦，2017）。鉴于这两种情况，本文在考虑政府补贴和上市企业三年的综合盈利状况的情况下，修正了 FN 的盈利性标准。具体来讲，在计算企业真实利润时用企业的息税前利润减去政府补贴，同时参考黄少卿、陈彦（2017）的方法，分别对连续三年扣除补贴后的利润进行加总，如果 $t-2$ 年至 t 年、$t-1$ 年至 $t+1$ 年以及 t 年至 $t+2$ 年的三个连续三年的利润总和中有一个小于 0，就认为该企业不符合盈利性标准。

（二）无风险利率的计算

CHK 模型是用过去的利率来估计每年假定的利息支出下限 $R_{i,t}^*$，其问题在于，如果当年利率大幅下降导致企业实际贷款利率不同于年初利率时，该方法可能会将经营状况良好的企业误判为僵尸企业（张栋等，2016）。如果利率变化不大时，误判的可能性就较小。由于要计算无风险利率支出下限 $R_{i,t}^*$，因此这里均取当年的基准利率的最小值。由于中国长短期贷款基准利率变化不大，因此基于 CHK 模型判断中国企业的僵尸性问题时，利率对结果的准确性影响较小。在具体计算短期最优贷款利率 rs_{t-1} 和长期最优贷款利率 rl_{t-1} 时参考了黄少卿和陈彦（2017）的方法，短期贷款最优利率采用 6 个月（含）和 6 个月至 1 年（含）的贷款基准利率年化平均后得到的短期最优贷款利率，长期贷款最优利率采用 1 年期、1~3 年期、3~5 年期和 5 年以上贷款基准利率的算术平均。计算企业债券利率 $rcb_{5year,t}$ 时，参考了张栋等（2016）的方法，利用巨潮资讯网公布的企业发行债券利率。由于不同年份、不同企业发行债券利率差异较大，因此考虑到各年度数据的可比性，本文选取信誉可靠、预期稳定的国有电力公司（主要包括华能电力、国家电网、大唐电力）发行的债券的利率作为基准利率。企业的短期贷款额 $BS_{i,t-1}$、长期贷款额 $BL_{i,t-1}$、应付债券总额 $Bonds_{i,t-1}$ 和企业实际利息支出的数据来自 CSMAR 数据库。

3.2　僵尸企业的特征分析

（一）僵尸企业的行业分布

表3-1揭示了各行业僵尸性企业出现的频数。其中电力、煤气及水的生产和供应业中仅有26.13%的企业是非僵尸性企业，其余73.87%为僵尸性企业或僵尸企业，该比率全行业第一。房地产业、建筑业也是僵尸企业的高发区，其非僵尸企业比例分别为33.52%和34.48%，表明这两个行业中65%以上的企业都是僵尸性企业或僵尸企业。特别是房地产和建筑业中分别有48家和50家企业整个7年的样本区间内、连续7年为僵尸性企业。当然有些行业僵尸企业比例较低，比如教育100%为非僵尸企业、科学研究和技术服务94.51%为非僵尸企业、信息传输、软件和信息技术服务业85.30%为非僵尸性企业。

表3-1　　　　　　　　　　　　僵尸性企业在各行业出现的次数

行业	僵尸企业出现的频次								总计	非僵尸企业比例（%）
	0	1	2	3	4	5	6	7		
住宿餐饮	55	20	4	0	0	0	0	0	79	69.62
信息传输、软件和信息技术服务业	731	57	47	8	0	7	7	0	857	85.30
农、林、牧、渔业	162	30	32	18	30	14	0	0	286	56.64
制造业	7 110	866	826	483	571	356	184	116	10 512	67.64
卫生和社会工作	22	0	0	0	0	0	0	0	22	100.00
居民服务、修理和其他服务业	19	1	0	0	0	3	3	3	29	65.52
建筑业	140	36	45	57	38	26	14	50	406	34.48
房地产业	304	220	153	43	37	50	52	48	907	33.52
批发和零售贸易	594	99	80	74	64	13	7	11	942	63.06
教育	4	0	0	0	0	0	0	0	4	100.00
文化、体育和娱乐业	125	10	10	4	0	3	0	0	152	82.24
水利、环境和公共设施管理业	96	19	11	3	3	3	1	0	136	70.59
电力、煤气及水的生产和供应业	144	83	73	52	66	38	33	62	551	26.13
科学研究和技术服务	86	5	0	0	0	0	0	0	91	94.51
租赁和商务服务业	120	18	10	4	0	9	4	4	169	71.01
综合	132	32	25	24	19	13	12	0	257	51.36
交通运输、仓储业	307	36	56	67	34	13	35	14	562	54.63
采掘业	218	56	29	52	32	24	9	7	427	51.05
合计	10 369	1 588	1 401	889	894	572	361	315	16 389	63.27

（二）僵尸企业与非僵尸企业的财务指标分析

由表3-2可以看出，与非僵尸企业相比，僵尸企业的净利润增速（growth rate of net profit）较低，长期资本负债率（debt-to-long capital ratio）较高，总资产周转率（total asset turnover）较低，总资产增长率（growth rate of total assets）较低，政府补贴（government subsidy）较多，银行贷款（bank loans）较高。这反映了这些净利润负增长、偿债能力差、运营能力弱、增长能力不强的僵尸企业，反而获得了较多的政府补贴、较多的银行贷款。

表 3 - 2　　　　　　　　僵尸企业与非僵尸企业的财务指标的对比分析

变量	均值		T 检验
	非僵尸企业	僵尸企业	
净利润增长率	0.58	-4.21	4.79 ***
长期资本负债率	0.09	0.33	-0.24 ***
总资产周转率	0.68	0.61	0.07 ***
总资产增长率	0.37	0.12	0.25 **
政府补贴	14.80	16.12	-1.31 ***
银行贷款	7.73	10.86	-3.13 ***
固定资产	19.66	21.26	-1.59 ***
政治关联	10.82	13.14	-2.33 ***
核心高管政治关联	6.23	8.21	-1.97 ***

注：t statistics in parentheses = "* p<0.1 ** p<0.05 *** p<0.01"。

4　僵尸企业的金融错配效应

4.1　僵尸企业金融错配的测度

僵尸企业占用了大量无效率的银行贷款，导致其他正常企业获得贷款概率减小，降低了正常企业的投资（Caballero et al.，2008）。Tan 等（2016）发现政府投资会增加僵尸企业的比率，挤出私营企业的投资（Ahearne & Shinada，2006；Kwon et al.，2015；Imai，2016；谭语嫣等，2017）。

现有的国内外学者对僵尸企业的研究主要以日本为背景，主要集中于僵尸企业对就业（Hoshi，2006；Caballero et al.，2008）、生产率（Ahearne & Shinada，2006；Caballero et al.，2008）、经济增长（Kwon et al.，2015）的影响。这些研究的一个重要特征是假定僵尸企业即代表了金融扭曲，因此主要关注于僵尸企业（及其代表的金融错配）带来的影响，而恰恰忽视了关注于僵尸企业金融错配本身。因此本文回归这个潜在的假定，测算僵尸企业带来的金融错配效应。本文将在此利用双边随机前沿模型（Two-tier SFA）测算僵尸企业带来的银行资金错配效应，利用异质性面板随机前沿模型来研究僵尸性金融错配对企业生产效率损失的影响。

（一）双边随机前沿模型

本文这里的双边随机前沿模型如下：

$$Zombie_{it} = \mathcal{F}(X_{it}) + \varepsilon_{it}, \qquad \varepsilon_{it} = \nu_{it} + \omega_{jt} - u_{it}$$

其中，$Zombie_{it}$ 表示 i 企业 t 时期获得的僵尸性贷款。$\mathcal{F}(X_{it}) = X'_{it}\beta$，$X_{it}$ 是一系列变量——反映企业特征的长期资本负债率（Rdebt）、总资产周转率（Turnover）、企业研发投入（lnRD）、总资产增长速度（Rasset）、企业利润率（lnprofit）。ε_{it} 是复合干扰项，由三部分构成，其中 ν_{it} 表示常规干扰项，反映不可观测的随机因素，一般假定其服从正态分布；ν_{it} 与 $f(x_{it})$ 一起决定了僵尸性贷款的"随机前沿"；复合干扰项 $\omega_{it} - u_{it}$ 表示非效率项，其中 ω_{it} 和 u_{it} 分别表示僵尸性贷款对前沿水平的向上或向下方向的偏离。基于上式的双边随机前沿分析并不需要事先明确地量化界定引起上偏、下偏的相关因素，也不需要事先假定上偏、下偏项 ω_{it} 和 u_{it} 的相对大小，而是根据模型估计结果确定僵尸性贷款的前沿水平，并将非效率性项 ω_{jt} 和 u_{it} 与随机误差项 ν_{it} 分离，从而测算实际的僵尸性贷款相对于前沿水平的偏离程度。

（二）数据来源与变量衡量

本文数据来自国泰安（CSMAR）中的中国上市公司系列数据库（2012—2018）。我们删除了违反如下规则的数据：（1）企业总资产大于流动资产；（2）企业总资产大于总固定资产；（3）企业总资产大于企业固定资产净值；（4）金融类企业。

1. 僵尸性贷款。借鉴 Imai（2016）的研究，我们用僵尸性企业获得银行贷款的对数衡量僵尸性贷款。需要说明的是，为了更好地分析僵尸与非僵尸企业的贷款，我们也用非僵尸企业获得的银行贷款对数作为正常企业贷款的变量。

2. 解释变量。本文采用僵尸企业的虚拟变量作为核心解释变量（具体设置请参见第三部分僵尸企业的识别）。控制变量主要参照 Love 等（2007）、Chen 等（2014）和 Liu 等（2016）的研究，采用了反映公司特性的一些变量作为控制变量，以反映其他影响对银行贷款的影响。主要包括：反映企业规模的企业固定资产（lnfixed）、反映企业偿债能力的长期资本负债率（Rdebt）、反映企业运营能力的总资产周转率（turnover）、反映企业增长能力的总资产增长速度（Rasset）、反映企业获得政府资助的政府补贴（lnsubsidy）以及反映企业员工数的企业的劳动投入（employee）。

（三）僵尸企业的金融错配效应

在表4-1中，模型（1）至模型（4）均采用双边随机前沿下 MLE 估计，并逐步增加控制年份因素和行业因素，发现模型的拟合效果得到很大改善，本文后续分析主要基于模型（4）下的变量以及测度结果进行。估计结果显示，企业的劳动投入、固定资产、总资产周转率、总资产增长速度和企业的政府补贴对僵尸企业获得贷款有显著的正向影响，而企业长期资本负债率对僵尸企业获得贷款有显著的负向影响，这说明了企业员工数越多、企业规模越大、运营能力越强、增长能力越强的僵尸企业，获得政府补贴越多，而企业长期资本负债率越高越不易获得贷款。

表 4 - 1　　　　　　　　　　　　　　　议价能力效应模型估计

模型	(1)	(2)	(3)	(4)
劳动投入	0.637 *** (262.1)	0.597 *** (285.8)	0.644 *** (156.7)	0.615 *** (297.6)
固定资产	0.0858 ** (2.27)	0.0819 ** (2.17)	0.123 *** (3.26)	0.0881 ** (2.32)
长期资本负债率	−0.240 *** (−7.17)	−0.211 *** (−6.29)	−0.223 *** (−6.62)	−0.238 *** (−7.07)
总资产周转率	0.232 *** (3.51)	0.411 *** (6.05)	0.428 *** (6.36)	0.337 *** (5.01)
总资产增长率	0.683 *** (6.52)	0.651 *** (6.40)	0.658 *** (6.35)	0.689 *** (6.68)
政府补贴	0.487 (0.75)	1.980 *** (3.05)	1.471 ** (2.22)	1.017 (1.55)
年份	no	yes	no	yes
产业	no	no	yes	yes
常数	0.586 *** (6.86)	0.502 *** (6.50)	0.0858 ** (2.27)	0.0819 ** (2.17)
Log likelihood	−3 341	−3 562	−3 438	−3 459
p − value	0.000	0.000	0.000	0.000
N	2 610	2 610	2 610	2 610

注：t statistics in parentheses = "＊ p<0.1 ＊＊ p<0.05 ＊＊＊ p<0.01"。

根据双边随机前沿模型 $Zombie_{it} = \mathcal{F}(X_{it}) + \varepsilon_{it}$，$\varepsilon_{it} = \nu_{it} + \omega_{jt} - u_{it}$，可以知道使僵尸贷款规模偏离最优规模的因素有三个：下偏因素 u_{it}、上偏因素 ω_{it} 和随机扰动因素 ν_{it}，下偏效应因素是僵尸企业的自身因素，上偏效应因素主要是银行因素。基于此，我们可以对方差进行分解，从而得到僵尸企业自身和银行对僵尸性贷款规模的影响程度，具体见表 4 - 2。

表 4 - 2　　　　　　　　　　　　企业和银行对僵尸性贷款的影响力

项目	变量含义	符号	测度系数
复合扰动项	随机误差项	σ_ν	1.14
	僵尸企业的影响力	σ_u	0.51
	银行的影响力	σ_ω	1.01
方差分解	随机项总方差	$\sigma_u^2 + \sigma_\omega^2 + \sigma_\nu^2$	2.579
	总方差中总影响力比重	$(\sigma_u^2 + \sigma_\omega^2)/(\sigma_u^2 + \sigma_\omega^2 + \sigma_\nu^2)$	49.6%
	僵尸企业影响力比重	$\sigma_u^2/(\sigma_u^2 + \sigma_\omega^2)$	20.31%
	银行影响力比重	$\sigma_\omega^2/(\sigma_u^2 + \sigma_\omega^2)$	79.69%

从表 4-2 企业和银行对僵尸性贷款的影响力我们发现，僵尸企业和银行对僵尸性贷款都有着重要的影响力。其中，银行是资源的控制者处于优势地位，这将导致银企因素对于僵尸性贷款额形成的综合影响力为正，$E(w-u) = \sigma_w - \sigma_u = 0.5$，表明综合而言形成一个相对于基准贷款额度更高的额度。同时，无法解释部分的总方差为 2.579，这其中 46.1% 由银企因素所贡献。而在银企因素对僵尸性贷款额的总影响力中，银行处于绝对优势地位，占比达到了 79.69%；僵尸性企业自身因素占总影响的比重为 20.31%。这表明，虽然在僵尸企业贷款过程中，僵尸企业自身因素有一定影响力，但是僵尸性贷款的决定权仍然取决于银行。下面分析特定"僵尸企业—银行"在讨价还价中各自所掠取的剩余以及净剩余。

根据 Kumbhakar 和 Parmeter（2009）的推导，上偏效应为 $E(1 - e^{-\omega_{it}} \mid \varepsilon)$，下偏效应为 $E(1 - e^{-u_{it}} \mid \varepsilon)$，净效应为 $E(e^{-u_{it}} - e^{-\omega_{it}} \mid \varepsilon)$。其中[①]，

$$E(1 - e^{-\omega_{it}} \mid \varepsilon_{it}) = 1 - \frac{\lambda}{1+\lambda} \frac{\Phi(c_{it}) + \exp(b_{it} - a_{it}) + \exp(\sigma_\nu^2/2 - \sigma_\nu d_{it})\Phi(d_{it} - \sigma_\nu)}{\exp(b_{it} - a_{it})[\Phi(d_{it}) + \exp(a_{it} - b_{it})\Phi(c_{it})]}$$

$$E(1 - e^{-u_{it}} \mid \varepsilon_{it}) = 1 - \frac{\lambda}{1+\lambda} \frac{\Phi(d_{it}) + \exp(a_{it} - b_{it}) + \exp(\sigma_\nu^2/2 - \sigma_\nu c_{it})\Phi(c_{it} - \sigma_\nu)}{\Phi(d_{it}) + \exp(a_{it} - b_{it})\Phi(c_{it})}$$

表 4-3　　　　　　　　　　　僵尸性贷款中的偏离效应

项目	偏离效应	平均值	Q1（25%）	Q2（50%）	Q3（75%）
银行	$E(1 - e^{-\omega_{it}} \mid \varepsilon_{it})$	53.27%	42.38%	50.65%	62.31%
僵尸企业	$E(1 - e^{-u_{it}} \mid \varepsilon_{it})$	20.36%	15.48%	21.82%	29.42%
净偏离效应	$E(e^{-u_{it}} e^{-\omega_{it}} \mid \varepsilon_{it})$	32.91%	26.9%	28.83%	32.89%

本部分研究的重点是估算银行和企业双方带来的僵尸性贷款的偏离效应。表 4-3 显示了针对全样本的估计结果。平均而言，银行倾向于将僵尸性贷款额度上偏 53.27%，也就是说银行因素使僵尸企业的贷款额增加 53.27%；僵尸企业本身各项指标将导致贷款额度下偏 20.36%，净效应的均值为 32.91%，这反映了僵尸性贷款过程中，在银行因素和僵尸企业各项指标叠加的情况下，僵尸性贷款将会上偏 32.91%，也就是说僵尸性贷款偏离最优规模 32.91%。当然由于企业规模不同，僵尸性贷款的净偏离效应有所不同。

表 4-3 后三列 Q1、Q2 和 Q3 分别显示了企业净资产在 25%、50% 和 75% 分位数时的情况，其更为细致地呈现了银行和僵尸企业带来的贷款偏离效应的特征，在三个分位数处僵尸性贷款的净偏离效应分别为上偏 26.9%、28.83% 和 32.89%，说明银行和僵尸企业带来的僵尸性贷款偏离效应具有较强的异质性，僵尸企业规模越大，银行贷款额度上偏的幅度越大。银行在僵尸性贷款额度偏高的过程中所起的重要作用是一贯的，都导致了僵尸性贷款额度高于僵尸企业实际应该获得的额度，从而导致了金融资源的错配。

---

① 具体含义及过程请参见 Kumbhakar 和 Parmeter（2009）。

4.2　僵尸企业金融错配的生产效率损失效应

本文采用异质性面板随机前沿模型来研究僵尸企业金融错配对企业生产效率损失的影响。Aigner 等（1977）把生产无效率（不能达到生产可能性边界）归结为受随机扰动和技术非效率两个因素影响，从而开创了随机前沿方法的先河。随机前沿方法的特点在于其在生产函数中引入一个复合误差项，这一误差项包含技术非效率因素和随机因素。这一方法的优势在于把无效率项和随机误差项分离开来，从而保证被估效率有效且一致，同时可以进一步分析各因素对非效率项的影响。同时，该模型规避了早期的研究在分析技术效率影响因素时采用的两阶段估计法导致的估计结果偏误（Reifschneider and Stevenson，1991），利用可以同时对技术效率及其影响因素进行估计的随机前沿生产函数模型，可以避免利用两阶段估计法进行分析时存在的上述不足，从而可以较好地解决样本技术是否有效、样本技术效率损失由哪些因素造成等问题（Battese and Coelli，1995）。借鉴 Wang 和 Ho（2010）的面板数据随机前沿模型设定，我们将本文的计量模型设定如下：

$$\ln Y_{it} = \alpha_1 \ln fixed_{it} + \alpha_2 \ln employee_{it} + v_{it} + u_{it}$$

$$u_{it} = \delta_0 + \delta_1 deviation_{it} + \delta_2 \ln Rasset_{it} + \delta_3 \ln Rdebt_{it} + \delta_4 \ln turnover_{it} + \delta_5 \ln subsidy_{it}$$

其中，$income_{it}$、$fixed_{it}$ 和 $employee_{it}$ 分别表示企业 i 在第 t 期的产出、资本投入和劳动投入。v_{it} 表示反映统计误差的随机变量且服从正态分布 $N(0, \delta_v^2)$；$u_{it} = (u_i \exp(-\eta(t - T)))$ 是一个非负的随机干扰项，表示技术效率损失。η 是待估参数，如果 $\eta \neq 0$，则 u_{it} 随时间变化而变化，反之 u_{it} 不随时间变化。每个企业生产偏离前沿的程度都同时受 v_{it} 和 u_{it} 的影响。v_{it} 是外部随机因素带来的干扰，而 u_{it} 是由企业自身因素造成的干扰。$deviation_{it}$ 表示僵尸企业的贷款错配度，是计算金融错配导致生产效率损失的核心解释变量，其由前文 Kumbhakar 和 Parmeter（2009）的公式计算获得。控制变量分别为总资产增长速度、总资产周转率、企业长期资本负债率、反映企业偿债能力的利息保障倍数（interest）以及企业的政府补贴。

（一）僵尸性金融错配对生产效率损失的总体影响

在实际研究中，随机前沿生产函数模型中常使用经典的柯布—道格拉斯生产函数形式，同时考虑到超对数形式生产函数作为任意未知形式生产函数的二阶近似形式，有更灵活的产出对投入的弹性系数和投入替代弹性，因此也有一些学者采用超对数生产函数形式，本文这里分别采用经典的柯布—道格拉斯生产函数和超对数形式生产函数作为生产函数进行估计。

由表 4 - 4 随机前沿模型（1）回归结果可以看到，γ 值为 0.854，随机前沿生产函数的误差中 85.4% 来源于技术非效率，其余 14.6% 的误差来自不可控的随机因素，因此对我国上市企业面板数据采用随机前沿分析技术非常必要。从表 4 - 4 模型（1）生产函数模型可以看到，资本和劳动两大要素的产出弹性分别是 $\beta 1 = 0.529$，$\beta 2 = 0.231$，说明资本每增长 1%，可促进企业增加值增长 0.529 个百分点，从业人数每增长 1%，可促进企业增加值增长 0.231 个百分点。在随机前沿模型（1）的生产效率损失子模型中，因变量为无效率项，这里代表生产效率的损失。参数 $\delta 1 = 0.408$，反映了僵尸性金融错配每增加 1 个百分点，可以对企业生效率造成 0.408% 的损失。

考虑到僵尸性金融错配对企业经营活动影响具有一定的时滞性，同时为了减弱内生性的影响，本文将僵尸性金融错配滞后 1 期和滞后 2 期，对表 4 – 4 的模型进行重新估计。模型（2）和模型（3）反映了僵尸性金融错配滞后 1 期和滞后 2 期的情况。模型（2）显示僵尸性金融错配滞后 1 期对生产效率损失的影响显著为正，系数为 0.469，反映了僵尸性金融错配每增加 1 个百分点，可以对企业生产效率造成 0.469% 的损失。仅从系数来看，僵尸性金融错配滞后 1 期对生产效率损失的影响，不比同期对生产效率的影响弱，这也说明了金融错配的影响具有滞后性。同时，模型（3）反映了僵尸性金融错配度滞后 2 期时，其对生产效率损失的影响。结果显示僵尸性金融错配度对企业生产效率损失影响为正，其系数为 0.175，反映了僵尸性金融错配每增加 1 个百分点，可以对企业生产效率造成 0.175% 的损失，但是该系数大大小于僵尸性金融错配对同期或滞后 1 期时的影响，这反映了滞后 2 期时僵尸性金融错配仍然对生产效率损失产生不利影响，但是该影响已经大为减弱。

表 4 – 4　　　　　　　僵尸性金融错配对企业生产效率损失的影响

	模型	（1）	（2）	（3）	（4）	（5）	（6）
生产函数模型	固定资产	0.529 ***	0.517 ***	0.513 ***	0.348 ***	0.297 ***	0.273 ***
		(0.004)	(0.005)	(0.005)	(0.030)	(0.034)	(0.040)
	劳动投入	0.231 ***	0.235 ***	0.222 ***	0.125 **	0.193 ***	0.093 *
		(0.012)	(0.011)	(0.011)	(0.050)	(0.052)	(0.054)
	固定资产×劳动投入				0.015 *	– 0.004	0.015
					(0.009)	(0.010)	(0.011)
	固定资产的平方项				0.011 ***	0.019 ***	0.015 ***
					(0.004)	(0.004)	(0.005)
	劳动投入的平方项				– 0.002	0.006	0.001
					(0.009)	(0.009)	(0.009)
无效率模型	偏离度	0.408 ***			0.354 ***		
		(0.076)			(0.072)		
	偏离度滞后 1 期		0.469 ***			0.374 ***	
			(0.077)			(0.077)	
	偏离度滞后 2 期			0.175 **			0.112 **
				(0.077)			(0.041)
	政府补贴	0.054 *	0.069 **	0.144 ***	0.026	0.039	0.078 **
		(0.031)	(0.031)	(0.035)	(0.030)	(0.031)	(0.035)
	长期资本负债率	0.463 ***	0.417 ***	0.515 ***	0.346 ***	0.349 ***	0.173
		(0.089)	(0.096)	(0.107)	(0.102)	(0.110)	(0.129)

续表

模型		（1）	（2）	（3）	（4）	（5）	（6）
无效率模型	总资产增长率	− 1.235 ***	− 1.285 ***	− 1.260 ***	− 1.314 ***	− 1.367 ***	− 1.507 ***
		（0.102）	（0.107）	（0.118）	（0.104）	（0.112）	（0.122）
	总资产周转率	− 2.057 ***	− 2.441 ***	− 2.455 ***	− 1.775 ***	− 2.155 ***	− 2.199 ***
		（0.140）	（0.157）	（0.178）	（0.150）	（0.175）	（0.198）
	利率	− 0.134 ***	− 0.139 ***	− 0.137 ***	− 0.123 ***	− 0.127 ***	− 0.151 ***
		（0.035）	（0.035）	（0.036）	（0.035）	（0.035）	（0.036）
	常数项	0.054 *	0.069 **	0.144 ***	0.026	0.039	0.078 **
		（0.031）	（0.031）	（0.035）	（0.030）	（0.031）	（0.035）
γ		0.854	0.876	0.834	0.877	0.801	0.887
N		16 389	16 389	16 389	16 389	16 389	16 389

注：t statistics in parentheses ＝ " * $p<0.1$ ** $p<0.05$ *** $p<0.01$"。

表 4－4 中模型（4）至模型（6）是采用超对数形式作为生产函数进行面板随机前沿回归所得的结果。该结果与柯布—道格拉斯生产函数的结果大体类似，模型（4）显示 γ 值为 0.877，随机前沿生产函数的误差中 87.7% 来源于技术非效率，其余 12.3% 的误差来自不可控的随机因素，因此对我国上市企业面板数据采用随机前沿分析技术非常必要。在随机前沿模型（4）的生产效率损失子模型中，因变量为无效率项，这里代表生产效率的损失。参数 $\delta 1$ ＝0.354，反映了僵尸性金融错配每增加 1 个百分点，可以对企业生产效率造成 0.354% 的损失。模型（5）和模型（6）反映了僵尸性金融错配滞后 1 期和滞后 2 期的情况。模型（5）显示僵尸性金融错配滞后 1 期对生产效率损失的影响显著为正，系数为 0.374，反映了僵尸性金融错配每增加 1 个百分点，可以对企业生产效率造成 0.374% 的损失。仅从系数来看，僵尸性金融错配滞后 1 期对生产效率损失的影响，不比同期对生产效率的影响弱，这也说明了金融错配的影响具有滞后性。模型（6）反映了僵尸性金融错配度滞后 2 期时，其对生产效率损失的影响。结果显示僵尸性金融错配度对企业生产效率损失影响为正，其系数为 0.112，这反映了滞后 2 期时僵尸性金融错配仍然对生产效率损失产生不利影响，但是该影响已经大为减弱。

（二）僵尸性金融错配对生产效率损失影响的进一步讨论

1. 不同政策区间。为了应对 2008—2009 年的国际金融危机，中央政府实施积极的财政政策，刺激经济增长。2015 年李克强总理明确提出，要加快推进"僵尸企业"重组整合或退出市场，因此本文将样本以 2015 年为界分成 2012—2014 年、2015—2018 年两个区间，并分别进行面板随机前沿分析。

表 4－5 中的模型（1）和模型（2）分别是反映了在 2012—2014 年、2015—2018 年两个区间上，僵尸性金融错配效应对生产效率损失的影响。模型（1）的回归结果显示僵

尸性金融错配对生产效率损失的影响显著为正，系数为 0.526，反映了僵尸性金融错配每增加 1 个百分点，可以对企业生产效率造成 0.526% 的损失。同时，模型（2）反映了2015—2018 年这一区间僵尸性金融错配对生产效率损失的影响。结果显示僵尸性金融错配度对企业生产效率损失影响为正，其系数为 0.301，反映了僵尸性金融错配每增加 1 个百分点，可以对企业生产效率造成 0.301% 的损失，但是该区间系数小于其在模型（1）（2012—2014 年）中的系数，这在一定程度上说明了，近年来相对稳健的财政和货币政策对生产效率造成了一定影响，但是这种效率损失与前一个时间区间相比有了一定改观。

表 4-5　　　　　　　僵尸性金融错配影响生产效率损失的具体效应

项目		政策区间		企业产权		企业政治关联	
		（1）	（2）	（3）	（4）	（5）	（6）
		2012—2014 年	2015—2018 年	国有企业	非国有企业	有政治关联	无政治关联
生产函数模型	固定资产	0.549 ***	0.456 ***	0.625 ***	0.510 ***	0.513 ***	0.549 ***
		(0.010)	(0.020)	(0.011)	(0.005)	(0.006)	(0.006)
	劳动投入	0.302 ***	0.473 ***	0.221 ***	0.209 ***	0.188 ***	0.240 ***
		(0.033)	(0.109)	(0.017)	(0.014)	(0.018)	(0.015)
无效率模型	偏离度	0.526 **	0.301 *	1.312 ***	0.315 ***	0.563 ***	0.286 ***
		(0.238)	(0.163)	(0.329)	(0.059)	(0.168)	(0.071)
	政府补贴	-0.283 **	0.571 ***	1.064 ***	0.001	-0.017	0.338 ***
		(0.134)	(0.200)	(0.259)	(0.029)	(0.037)	(0.083)
	长期资本负债率	0.146	0.145	0.856 **	-0.400 ***	-0.397 **	0.143
		(0.112)	(0.363)	(0.344)	(0.113)	(0.160)	(0.157)
	总资产增长率	-1.410 ***	-2.001 ***	-2.376 ***	-1.012 ***	-0.727 ***	-2.154 ***
		(0.267)	(0.453)	(0.434)	(0.100)	(0.130)	(0.197)
	总资产周转率	-0.922	-2.035	-3.116 ***	-1.581 ***	-1.875 ***	-2.503 ***
		(0.652)	(2.794)	(0.478)	(0.140)	(0.178)	(0.260)
	利率	1.695 ***	-0.298 *	0.803	-0.080 **	-0.052	-0.416 ***
		(0.300)	(0.152)	(0.729)	(0.032)	(0.041)	(0.104)
	常数项	-0.219	-1.390	-11.484 ***	1.097 **	0.804	-4.788 ***
		(0.348)	(0.972)	(2.085)	(0.493)	(0.687)	(0.701)
N		6 094	10 295	756	15 633	14 819	1 570

注：t statistics in parentheses = " * $p<0.1$ ** $p<0.05$ *** $p<0.01$"。

2. 企业不同的产权性质。中国政府从 20 世纪 90 年代开始进行国有企业的市场化改革，赋予国有企业（国有银行）管理层经营自主权，但是政府仍然保留企业股份转让、并购和高管任命的最终决定权（Fan et al.，2007；Ding et al.，2014）。国有企业具有不同等级的隶属关系和相应的行政级别，通常与当地政府有紧密的联系（Firth et al.，2006），这种政治上的联系，会带来名义上的声誉支持，以及偏向性优待政策、政府购买、低价金融、土地等资源支持 (Tian and Estrin, 2008)。同时, 政治关联会导致政府在救助僵尸企业时, 会分配更多的金融资源给国有的僵尸企业。这里我们将样本分成国有企业样本和非国有企业子样本。参考 Ding 等 (2014) 的方法, 我们将国有持股比例超过 50% 的企业划分为国有企业, 将国有持股小于 50% 的企业当作非国有企业。回归结果请参见表 4 - 5 中的模型 (3) 和模型 (4)。

表 4 - 5 中模型 (3) 和模型 (4) 的回归结果显示, 僵尸性金融错配对生产效率损失的影响显著都为正, 这说明无论国有企业还是非国有企业, 僵尸性金融错配对生产效率损失的影响都存在, 都导致了生产效率的损失。从僵尸性金融错配的系数来看, 模型 (3) 和模型 (4) 中僵尸性金融错配的系数分别为 1.312 和 0.315, 这反映了国有企业的金融错配每增加 1 个百分点, 可以对企业生产效率造成 1.312% 的损失, 非国有企业的金融错配每增加 1 个百分点, 可以对企业生产效率造成 0.315% 的损失。这说明国有企业金融错配造成的效率损失明显大于非国有企业, 应当引起重视。

3. 企业是否具有政治关联。新兴市场经济国家的政府对资源分配仍保持很强的影响力 (Boisot and Child, 1996; Li and Zhang, 2007; Yu, et al., 2017)。很多学者的研究显示, 在很多新兴市场经济国家或地区, 企业的政治关联可以帮助企业获得金融资源, 例如中国 (Li and Zhang, 2007; Peng and Luo, 2000; Xin and Pearce, 1996; Yang et al., 2014; Li et al., 2015; Chan et al., 2012; Wu et al., 2012)、泰国 (Charumilind et al., 2006; Polsiri and Jiraporn, 2012)、越南 (Le and Nguyen, 2009)、巴基斯坦 (Khwaja and Mian, 2005)、马来西亚 (Bliss and Gul, 2012)、印度尼西亚 (Leuz and Oberholzer - Gee, 2006)、巴西 (Claessens et al., 2008) 等。一些地方政府为了当地的税收、就业和社会稳定等原因, 会主动保护一些僵尸企业。此时, 如果企业高管认识政府机构相关负责人或者曾经就职于相关政府机构, 这种企业很可能会优先获得政府补贴和贷款担保 (Willam, 2014; Jaskowski, 2015), 导致一些银行在政府的干预下向有关联的僵尸企业提供了不良贷款展期和利息减免 (Faccio, 2006)。因此, 有必要从企业是否具有政治关联的视角对僵尸企业金融错配造成的生产效率损失进行研究。

借鉴 Faccio (2006) 和 Liu 等 (2016) 的研究, 如果企业的董事会主席、董事会成员、CEO 或其他高管目前或曾经在政府、军队、人大或政协任职, 我们将该企业定义为有政治关联的企业, 反之, 如果企业高管没有政府相关部门任职经历, 则将这类企业定义为无政治关联企业。表 4 - 5 中模型 (5) 和模型 (6) 分别显示了有政治关联企业和无政治关联企业子样本的回归结果。回归结果显示, 僵尸性金融错配对生产效率损失的影响显著都为正, 这说明无论企业是否有政治关联, 僵尸性金融错配对企业生产效率损失的影响都存在, 都将导致生产效率的损失。从僵尸性金融错配的系数来看, 模型 (5) 和模型 (6) 中僵尸性金融错配的系数分别为 0.563 和 0.286, 这反映了有政治关联企业的金融错配每增加 1 个百分点, 可以对企业生产效率造成 0.563% 的损失, 无政治关联企业的金融错配每增加 1 个百分点, 可以对企业生产效率造成 0.286% 的损失。这说明企业依靠政治关联获得了更多的金融资源，扭曲了资源配置，也导致了生产效率的更多损失。

5 研究结论

现有关于僵尸企业的研究主要以日本为背景，讨论僵尸企业的特点、形成的原因及经济后果，近三年来国内学者开始通过数据从政策层面关注这一领域（何帆等，2016；朱舜楠等，2016；聂辉华等，2016；申广军，2016；谭语嫣等，2017）。本文采用我国上市公司数据研究了僵尸企业金融错配与生产效率损失效应。本文通过实证研究阐明僵尸企业的危害，促使地方政府下决心治理僵尸企业，也为国务院倡导的"有序推进僵尸企业重组或退出市场"提供理论基础和实证支撑。

本文以 CHK 标准和 FN 标准为基础，并根据中国上市公司的具体情况对识别方法进行修正以识别僵尸企业，发现电力、煤气及水的生产和供应业中僵尸性企业占比全行业最高，占比高达 73.87%。房地产业、建筑业也是僵尸性企业的高发区，这两个行业中 65%以上的企业都是僵尸性企业。教育、卫生和社会工作行业无僵尸性企业，科学研究和技术服务，信息传输、软件和信息技术服务业等行业僵尸性企业占比较低。

本文利用双边随机前沿模型测算僵尸企业带来的银行资金错配效应，利用异质性面板随机前沿模型研究僵尸性金融错配对企业生产效率损失的影响，得出结论如下：（1）僵尸企业和银行对僵尸性贷款的影响力都有着重要的影响。银行是资源的控制者处于优势地位，银行倾向于将僵尸性贷款额度上偏 53.27%，僵尸企业本身各项指标将导致贷款额度下偏 20.36%，僵尸性贷款偏离最优规模 32.91%。（2）僵尸性金融错配造成企业生产效率损失，金融错配每增加 1 个百分点，可以对企业生产效率造成 0.408% 的损失。（3）僵尸性金融错配对企业经营活动影响具有一定的时滞性，僵尸性金融错配滞后 1 期和滞后 2 期对企业生产效率损失的影响显著为正。（4）僵尸性金融错配在财政政策宽松期对生产效率造成的损失显著大于其在财政政策稳健期造成的影响。（5）国有企业金融错配造成的生产效率损失明显大于非国有企业。国有企业的金融错配每增加 1 个百分点，可以对企业生产效率造成 1.312% 的损失，非国有企业的金融错配每增加 1 个百分点，可以对企业生产效率造成 0.315% 的损失。（6）政治关联企业金融错配造成的生产效率损失明显大于不具有政治关联的企业。有政治关联企业的金融错配每增加 1 个百分点，可以对企业生产效率造成 0.563% 的损失，无政治关联企业的金融错配每增加 1 个百分点，可以对企业生产效率造成 0.286% 的损失。

参考文献

[1] Ahearne A G, Shinada N. Zombie firms and economic stagnation in Japan [J]. International Economics and Economic Policy, 2005, 2 (4): 363 - 381.

［2］Bliss M A, Gul F A. Political connection and cost of debt: Some Malaysian evidence ［J］. Journal of Banking & Finance, 2012, 36（5）: 1520 – 1527.

［3］Bruche M, Llobet G. Preventing zombie lending ［J］. Review of Financial Studies, 2014, 27（3）: 923 – 956.

［4］Boisot M, Child J. From fiefs to clans and network capitalism: Explaining China's emerging economic order ［J］. Administrative Science Quarterly, 1996: 600 – 628.

［5］Caballero R, Hoshi T, Kashyap A. Zombie lending and depressed restructuring in Japan ［J］. American Economics Review, 2008, 98（5）: 1943 – 1997.

［6］Charumilind C, Kali R, Wiwattanakantang Y. Connected Lending: Thailand before the Financial Crisis ［J］. Social Science Electronic Publishing, 2006, 79（1）: 181 – 218.

［7］Claessens S, Feijen E, Laeven L. Political connections and preferential access to finance: The role of campaign contributions ［J］. Social Science Electronic Publishing, 2008, 88（3）: 554 – 580.

［8］Fukuda S, Nakamura J. Why did "zombie" firms recover in Japan? ［J］. The World Economy, 2011, 34（7）: 1124 – 1137.

［9］Chan K S, Dang VQT, Yan IKM. Effects of financial liberalisation and political connection on listed Chinese firms' financing constraints ［J］. The World Economy, 2012, 35（4）: 483 – 499.

［10］Chen C J P, Li Z, Su X, et al. Rent – seeking incentives, corporate political connections, and the control structure of private firms: Chinese evidence ［J］. Journal of Corporate Finance, 2011, 17（2）: 229 – 243.

［11］Chen Y S, Shen C H, Lin C Y. The benefits of political connection: Evidence from individual bank – loan contracts ［J］. Journal of Financial Services Research, 2014, 45（3）: 287 – 305.

［12］Ding S, Jia C, Wu Z, et al. Executive political connections and firm performance: Comparative evidence from privately – controlled and state – owned enterprises ［J］. International Review of Financial Analysis, 2014, 36: 153 – 167.

［13］Driscoll, J. C., and A. C. Kraay. 1998. Consistent covariance matrix estimation with spatially dependent panel data ［J］. Review of Economics and Statistics, 80: 549 – 560.

［14］Du J, Guariglia A, Newman A. Do Social Capital Building Strategies Influence the Financing Behavior of Chinese Private Small and Medium - Sized Enterprises? ［J］. Entrepreneurship Theory and Practice, 2015, 39（3）: 601 – 631.

［15］Fan J P H, Wong T J, Zhang T. Politically connected CEOs, corporate governance, and Post – IPO performance of China's newly partially privatized firms ［J］. Journal of Financial Economics, 2007, 84（2）: 330 – 357.

［16］Faccio M. Politically connected firms ［J］. The American Economic Review, 2006, 96（1）: 369 – 386.

［17］Firth M, Fung P M Y, Rui O M. Corporate performance and CEO compensation in China ［J］. Journal of Corporate Finance, 2006, 12（4）: 693 – 714.

［18］Hoshi T. Economics of the living dead ［J］. The Japanese Economic Review, 2006, 57（1）: 30 – 49.

[19] Imai K. A panel study of zombie SMEs in Japan: Identification, borrowing and investment behavior [J]. Journal of the Japanese and International Economies, 2016, 39: 91－107.

[20] Jaskowski M. Should zombie lending always be prevented? [J]. International Review of Economics & Finance, 2015, 40: 191－203.

[21] Jonsson S, Lindbergh J. The Development of Social Capital and Financing of Entrepreneurial Firms: From Financial Bootstrapping to Bank Funding [J]. Entrepreneurship Theory and Practice, 2013, 37 (4): 661－686.

[22] Kane, E J. Dangers of capital forbearance: The case of the FSLIC and "Zombie" S&Ls [J]. Contemporary Economic Policy, 1987, 5 (1) : 77－83.

[23] Khwaja A I, Mian A. Do Lenders Favor Politically Connected Firms? Rent Provision in an Emerging Financial Market [J]. Quarterly Journal of Economics, 2005, 120 (4): 120－1371.

[24] Kwon H U, Narita F, Narita M. Resource reallocation and zombie lending in Japan in the 1990s [J]. Review of Economic Dynamics, 2015, 18 (4): 709－732.

[25] Le N T B, Nguyen T V. The Impact of Networking on Bank Financing: The Case of Small and Medium－Sized Enterprises in Vietnam [J]. Entrepreneurship Theory & Practice, 2009, 33 (4): 867－887.

[26] Leuz C, Oberholzer－Gee F. Political relationships, global financing, and corporate transparency: Evidence from Indonesia [J]. Journal of Financial Economics, 2006, 81 (2): 411－439.

[27] Li H, Zhang Y. The role of managers' political networking and functional experience in new venture performance: Evidence from China's transition economy [J]. Strategic Management Journal, 2007, 28 (8): 791－804.

[28] Li S, Song X, Wu H. Political connection, ownership structure, and corporate philanthropy in China: A strategic－political perspective [J]. Journal of Business Ethics, 2015 , 129 (2) : 399－411.

[29] Lin, N. , Social networks and status attainment [J]. Annual Review of Sociology , 1999, 25: 467－487.

[30] Liu Q, Luo J, Tian G G. Managerial professional connections versus political connections: Evidence from firms' access to informal financing resources [J]. Journal of Corporate Finance, 2016, 41: 179－200.

[31] Love I, Preve L A, Sarria－Allende V. Trade credit and bank credit: Evidence from recent financial crises [J]. Journal of Financial Economics, 2007, 83 (2): 453－469.

[32] Peek J, Rosengren E S. Unnatural selection: Perverse incentives and the misallocation of credit in Japan [J]. The American Economic Review, 2005, 95 (4): 1144－1166.

[33] Peng MW, Luo Y. , Managerial ties and firm performance in a transition economy: The nature of a micro－macro link [J]. Academy of Management Journal, 2000, 43 (3): 486－501.

[34] Polsiri P, Jiraporn P. Political connections, ownership structure, and financial institution failure [J]. Journal of Multinational Financial Management, 2012, 22 (1－2): 39－53.

[35] Tan, Y. , Huang, Y. , and Woo, WT. , Zombie Firms and the Crowding－Out of Private Investment in China [J]. Asian Economic Papers, 2016, 15 (3): 32－55.

[36] Tian L, Estrin S. Retained state shareholding in Chinese PLCs: does government ownership always reduce corporate value? [J]. Journal of Comparative Economics, 2008, 36 (1): 74－89.

［37］ Uzzi, B. , Social structure and competition in interfirm networks：The paradox of embeddedness ［J］. Administrative Science Quarterly, 1997, 42（1）：35 – 67.

［38］ Willam D. Zombie Banks and Forbearance Lending：Causes, Effects, and Policy Measures ［D］. 2014. Doctoral dissertation, University of Leipzig.

［39］ Wu W, Wu C, Rui O M. Ownership and the Value of Political Connections：Evidence from China ［J］. European Financial Management, 2012, 18（4）：695 – 729.

［40］ Xin K K, Pearce J L. , Guanxi：Connections as substitutes for formal institutional support ［J］. Academy of Management Journal, 1996, 39（6）：1641 – 1658.

［41］ Yang F, Wilson C, Wu Z. Investor perceptions of the benefits of political connections：Evidence from China's A – share premiums ［J］. International Journal of Managerial Finance, 2014 , 10（3）：312 – 331.

［42］ Yang D, Lu Z, Luo D. Political connections, media monitoring and long – term loans ［J］. China Journal of Accounting Research, 2014, 7（3）：165 – 177.

［43］ Yu H, Nahm A Y, Song Z. Guanxi, political connections and resource acquisition in Chinese publicly listed private sector firms ［J］. Asia Pacific Business Review, 2017, 23（3）：336 – 353.

［44］ 黄少卿, 陈彦. 中国僵尸企业的分布特征与分类处置 ［J］. 中国工业经济, 2017（3）：24 – 43.

［45］ 冯芸, 刘艳琴. 上市公司退市制度实施效果的实证分析 ［J］. 财经研究, 2009（1）：133 – 143.

［46］ 何帆, 朱鹤. 僵尸企业的识别与应对 ［J］. 中国金融, 2016（5）：20 – 22.

［47］ 李德辉, 范黎波, 杨震宁. 企业网络嵌入可以高枕无忧吗——基于中国上市制造业企业的考察 ［J］. 南开管理评论, 2017（1）：67 – 82.

［48］ 聂辉华, 江艇, 张雨潇, 方明月. 我国僵尸企业的现状、原因与对策 ［J］. 宏观经济管理, 2016（9）：63 – 68.

［49］ 熊兵. "僵尸企业"治理的他国经验 ［J］. 改革, 2016（3）：120 – 127.

［50］ 人大国发院. 中国僵尸企业研究报告——现状、原因和对策 ［D］. 人大国发院研究报告, 2016.

［51］ 谭语嫣, 谭之博, 黄益平, 胡永泰. 僵尸企业的投资挤出效应：基于中国工业企业的证据 ［J］. 经济研究, 2017（5）：175 – 188.

［52］ 王红建, 李青原, 刘放. 政府补贴：救急还是救穷——来自亏损类公司样本的经验证据 ［J］. 南开管理评论, 2015（5）：42 – 53.

［53］ 杨宇焰. 僵尸企业的识别标准、形成原因及对策研究 ［J］. 西南金融, 2016（6）：19 – 22.

［54］ 张栋, 谢志华, 王靖雯, 中国僵尸企业及其认定——基于钢铁业上市公司的探索性研究 ［J］. 中国工业经济, 2016（11）：90 – 107.

［55］ 朱鹤, 何帆. 中国僵尸企业的数量测度及特征分析 ［J］. 北京工商大学学报（社会科学版）, 2016（4）：116 – 126.

［56］ 朱舜楠, 陈琛. "僵尸企业"诱因与处置方略 ［J］. 改革, 2016（3）：110 – 119.

中国债权型货币错配与金融安全

李雪莲　董建明　刘　盈　马　驰

【摘要】由于人民币不是国际货币，并且我国外部经济不平衡，以外币计值的外部债权规模大，风险敞口突出，我国当前面临着比较严重的债权型货币错配风险。尤其是近年来，我国的货币错配出现了结构性的变化：一方面，强制结售汇制度退出历史舞台，金融与资本账户的不断开放，使我国货币错配风险正逐步由宏观层面向微观经济领域扩散。我国微观经济主体的货币错配程度正不断扩大。另一方面，利率市场化、外汇体制改革在不断深化，随着人民币国际化的推进，汇率将更具有弹性，剧烈波动的本币汇率将会把货币错配的风险逐步暴露出来。并且我国目前的金融衍生产品市场不发达，企业的外币借款无法进行有效保值，这必将增加货币错配风险，给我国企业的生存和发展带来极大的考验，并会传导至银行等金融机构（尽管它们本身可能并不存在货币错配），进一步叠加和传导至宏观层面，造成整个金融体系的脆弱性，影响一个国家金融安全。为此，本课题就这一领域进行了深入研究，基于我国债权型货币错配不断累积的事实，探讨了汇率等因素的波动对货币错配的传导机制及各因素间的协动性关系以及冲击效果，进而研究宏微观经济主体累积的货币错配对汇率制度等经济制度改革的约束和对我国金融安全的威胁。课题研究的结构安排如下：

首先，课题从宏微观视角探讨了我国债权型货币错配对金融安全的影响机制。在宏观层面，债权型货币错配给我国的汇率制度选择和汇率政策实施带来困难，并降低了货币政策的有效性，当遭遇汇率冲击时，金融安全将受到严重威胁。在微观层面，债权型货币错配通过资产负债效应、资产组合效应和竞争效应三种机制对金融安全产生影响，并且各种作用机制彼此间并不孤立，而是相互叠加、相互影响的。

其次，本课题借鉴了国内外相关的研究经验，在考虑了数据可得性的基础上建立了适合我国实际情况的货币错配测算指数，并从宏观层面和行业层面测度了我国的货币错配程度。在宏观层面，我们利用 AECM* 指数测算了货币错配程度，并基于 VaR 的综合权数法估计了我国当前面临的货币错配风险。在行业层面，我们构造了 ICMI（Industry Currency Mismatch Index）指数，根据申银万国 2017 版分类标准，测度了申万一级 22 个行业的货币错配程度。数据结果显示，中国目前存在严重的债权型货币错配，不同行业的货币错配程度有很大不同，且不同行业货币错配程度的波动幅度也不同。其中，房地产行业的负向指标较大，紧随其后的有公用事业、钢铁、综合、交通运输和采掘等行业。食品饮料、传媒、医药生物、计算机等行业的正向指标较为突出。从货币错配指标绝对数值来看，货币错配敞口相对较小的为机械设备、纺织服装、电子、汽车等行业，风险较小。

最后，我们通过回归分析，研究了影响货币错配累积的各种因素，并深入研究了汇率等因素对我国债权型货币错配的传导机制及协动效应。实证结果显示，汇率低估是造成我国债权型货币错配的重要原因。央行为维持汇率稳定干预外汇市场，反周期的外汇干预在增加外汇储备的同时增加了国内货币供应，从而导致利率下降，造成货币政策独立性的丧失。同时央行的这种隐性担保还引发了微观经济主体的道德风险，加剧了债权型货币错配的程度。另外，实证结果还表明，金融市场的发展将有助于降低货币错配风险。

课题研究的主要结论及贡献如下：

1. 通过模型构建、指数测算，发现我国的债权型货币错配风险正从宏观层面向微观经济领域扩散，微观主体的货币错配问题更为复杂，且传导机制多样，我国应对这类风险的难度加大。

2. 汇率弹性、资本账户开放程度、利率市场化等制度性因素对我国债权型货币错配产生显著性影响，而且汇率弹性与债权型货币错配之间存在协动关系：较低的汇率弹性加重了债权型货币错配的程度，而较严重的债权型货币错配使实际汇率弹性更低。

3. 我国的外汇储备规模与利率存在负相关关系，且外汇储备的波动是利率波动的原因；外币净资产与实际汇率互为因果，且二者存在负相关关系；国内外利率对货币错配的影响显著，并通过货币错配影响人民币实际汇率；外币净资产与利率正相关，但不互为因果，说明二者受到了其他因素的扰动，导致实证结果与理论不符。进一步的实证分析显示，这一结果是由于央行的外汇干预行为造成的。

4. 过度的外汇干预和较低的汇率弹性加重了我国的债权型货币错配程度，而较高的汇率弹性让我国面临严重的金融风险，因此当前人民币汇率市场化改革应该采取适当的节奏，逐步扩大汇率弹性；另外还需要不断发展外汇金融衍生品市场，加强微观经济主体货币错配的审慎性监管，加速推进人民币跨境贸易结算，推动人民币离岸金融市场发展。

5. 需持之以恒地推进人民币国际化，使其最终成为国际金融市场的定价和结算工具。虽然推进人民币国际化的过程会暂时恶化微观经济主体的货币错配风险，使金融安全受到威胁，但这个风险暴露的过程也会使微观经济主体增强风险意识，更有动力去控制自身的货币错配规模。一旦人民币国际化实现，将会进一步促进中国对外贸易和投资的发展，极大缓解甚至最终消除我国货币错配风险。

1 绪 论

1.1 研究背景

在经济、金融全球化不断加深的背景下，在现行国际货币体系下，货币错配（Currency mismatches）已成为一种普遍现象，只要一国货币不能充当国际货币就不可避免地存在货币错配问题。即，由于一个权益实体（包括主权国家、银行、非金融企业和家庭）的收、支活动使用了不同的货币计值，其资产和负债的币种结构不同，导致了其净值或净收入（或者兼而有之）存在着汇率风险敞口，对汇率的波动非常敏感。货币错配可分为债权型货币错配和债务型货币错配，当一个权益实体外币资产大于外币负债或者外币收入大于外币支出（或者兼而有之）时，其货币错配为债权型货币错配，反之则为债务型货币错配。许多经济学者认为货币错配可能是诱发金融危机最主要的原因之一（Mishkin，1996；Eichengreen et al.，1999，2003；Morris Goldensten et al.，2005；Bunda，2005）。严重的货币错配会对一国经济金融的稳定性和经济政策的有效性产生不利影响。

我国作为发展中的经济大国，亦不可避免地存在货币错配问题。由于我国是"非中心货币国家"，只能用外币对外部债权进行计值，同时由于我国外部经济的不平衡，以外币计值的外部债权规模大，风险敞口突出。1995 年以来，中国作为债权国，一直处于净资本输出的状态，外汇储备快速增长，虽然近几年有所下降，但截至 2018 年 11 月依然超过 3万亿美元。

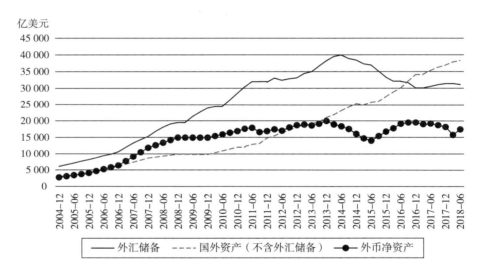

数据来源：中经网。

图 1 - 1　我国外汇储备、外币资产和外币净资产走势图

更重要的是，应人民币国际化的需要，我国的各项经济制度改革正逐一提上日程。近年来，我国的货币错配问题出现了结构性变化。一方面，强制性结售汇制度退出历史舞台，金融与资本账户不断开放，使我国货币错配的风险正逐步由宏观向微观经济领域扩散。我国微观经济主体的债权型货币错配程度正不断扩大。如图 1 - 1 所示，尽管我国的外汇储备自 2014 年第三季度开始下降，但微观主体持有的国外资产稳步增加，从而使我国的外币净资产总量保持稳定。另一方面，利率市场化、外汇体制改革在不断深化，随着人民币国际化的推进，汇率将更具有弹性，剧烈波动的本币汇率将会把货币错配的风险逐步暴露出来。图 1 - 2 中，微观主体持有的国外资产变动幅度因计价货币的不同而不同，而这些差异就是因为人民币汇率的波动造成的。目前我国的金融衍生产品市场不发达，企业的外币借款无法进行有效保值，这必将增加货币错配风险，给我国企业的生存和发展带来极大的考验。并会传导至银行等金融机构（尽管它们本身可能并不存在货币错配），并叠加和传导至宏观层面，造成整个金融体系的脆弱性，影响一个国家金融安全。

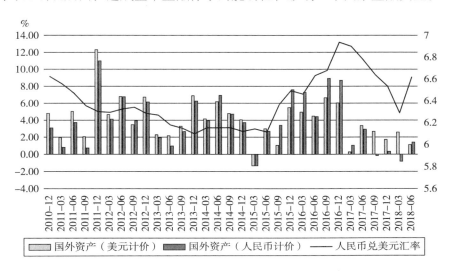

数据来源：中经网。

图 1 - 2   人民币汇率走势与我国国外资产（不含外汇储备）不同计价方式的增速差异

本课题将基于我国债权型货币错配不断累积的事实，从宏观及微观视角测度我国货币错配的程度，探讨汇率、利率等因素的波动对货币错配的传导机制及各因素间的协动性关系以及冲击效果，进而研究经济主体累积的货币错配对汇率制度等经济制度改革的约束和对我国金融安全的威胁，最后实证研究影响货币错配程度的因素，探究货币错配积累、变化的原因，进而提出降低货币错配程度，维护金融安全的政策建议。

1.2   国内外相关研究综述

由于本课题拟研究的金融安全问题涉及货币错配三个方面，因此与本课题相关的研究综述也包括三个方面。

（一）货币错配影响金融安全的作用机制

货币错配影响金融安全的作用机制主要体现在三个方面：资产负债表效应、资产组合效应以及竞争效应。Krugman（1999）等学者通过建立资产负债模型初步分析了汇率变动对不同货币错配类型的权益实体净值的影响。国内学者宋邦帅、宋鹏（2014）在简化的资产负债表框架基础上，分析了货币错配对商业银行净利润的影响，并发现商业银行货币错配程度同盈利水平之间存在明显的负相关关系。梅冬州、龚六堂（2011）则在资产负债表模型基础上引入 Bernanke 等的金融加速模型，分析了汇率冲击下一国货币错配程度对其产出造成的影响。至于货币错配的资产组合效应，则主要是投资组合理论在外汇市场上的应用。Lee R. Thomas（1985）认为投资者在真实财富的约束下，将会根据不同币种计值的金融产品的风险和收益来配置自己的财富，以求达到消费者效用的最大化。这样在本币贬值预期的情况下投资者在金融市场抛售本币资产，买入外币资产，从而引起本币汇率更大幅度贬值，使实体经济和金融体系遭受汇率风险冲击。Pipat 等学者提出了货币错配的竞争效应，即汇率变动所引起的一个国家出口额、进口额、净出口额的变动，这实际上是经典宏观经济学中马歇尔提出的货币贬值的出口效应在货币错配问题上的应用。

近年来，一些学者开始从微观层面考察货币错配对金融安全的影响。Endrész 和 Harasztosi（2014）用实证的方法考察了国际金融危机前后匈牙利企业的投资变动。他们发现在国际金融危机前，外币借贷促进了企业投资，但是在国际金融危机期间，外币借贷的下降极大地影响了企业的投资，对于有资金约束的企业来说结果更为显著。Ramirez – Rondan（2015）运用 69 家秘鲁非金融企业 2003—2013 年的数据考察了货币错配竞争效应与资产负债效应之间的关系，发现外币负债水平决定了竞争效应与资产负债效应的大小。张先锋、杨栋旭、张杰（2017）利用 2002—2008 年中国工业企业数据库考察了对外直接投资对企业融资能力的影响，企业对外直接投资能够通过直接效应缓解融资约束，同时也能通过"生产率效应"和"出口效应"等间接效应缓解融资约束，但缓解作用存在时滞效应，该文的结论从侧面论证了资产负债效应对金融安全的影响。

（二）货币错配的测度指标

由于货币错配的内涵在不断地拓展，以及各学者研究货币错配的视角不尽相同，目前已有货币错配测度指标存在很大差异。Eichengreen 等学者（2003）设计出一系列"原罪"指标，其中最具有代表性的是

$$OSIN3 = \max(1 - \frac{\text{以 } i \text{ 国货币计值的国际债务}}{\text{该货币对应的 } i \text{ 国发行的国际债务总额}}, 0)$$

后来 Goldstein 和 Turner（2004）对"货币错配"概念进一步深化和拓展，并构建了新的货币错配指标 AECM。

当 $NFCA < 0$ 时，$AECM =（NFCA/XGS）（FC/TD）$。

当 $NFCA > 0$ 时，$AECM =（NFCA/MGS）（FC/TD）$。

其中，NFCA 表示净外币资产，*FC* 表示外币对外负债，*TD* 表示对外总负债，而 *XGS*（或 *MGS*）表示进口额（或出口额）。但这一指标也没有摆脱"原罪"指标固有的缺陷，于是国内外学者构建了一些更为完善的指标，其中最具代表性的就是朱超（2008）提出的 ACMAQ 指标。

$ACMAQ =$ 对外外币资产 – 对外外币负债 + 外币衍生品买入头寸 – 外币衍生品卖出头寸 + 商品与服务出口额 – 商品与服务进口额 – 净外币权益性资本流入

之后，甘顺利、刘晓辉（2011）引入了朱超部门货币测算中所没有考察到的表外的外币资产和负债及外币衍生金融工具等因素，构建了货币错配指数来测算我国金融部门的货币错配。

（三）影响货币错配程度的因素及作用机制

Eichengreen 等（1999，2002，2003）认为，一个国家之所以存在货币错配风险，源于两个原因：一是该国金融市场发展不完善，需要从外部借入资金发展本国经济；二是该国货币并非国际货币，在国际市场举债不能用本币计值。他们认为一国的货币不能充当国际货币是它们的原罪，是造成货币错配的根本原因。Hausmann 等（2003）则从国家规模角度分析货币错配风险的积累。他认为规模较大的国家可以降低国际交易成本从而增加对外借贷规模，因此相比规模较小的国家更容易累计货币错配风险。国外学者主要研究了债务型货币错配中汇率弹性与货币错配的关系。Burnside 等（2001）和 Cowan 等（2005）认为较低的汇率弹性无异于政府为私人部门的汇率风险提供担保，由此产生的道德风险鼓励它们积累而非对冲汇率风险敞口，使得它们的外币债务规模过度膨胀。Arteta（2005）在研究国内金融中介机构的货币错配程度时得出相反的结论：较高的汇率弹性对存款美元化的影响大于贷款美元化的影响，因而浮动汇率制度会加重金融部门的货币错配程度。然而，NE. Magud（2011）却认为货币错配程度与开放程度、外部负债规模密切相关，而不仅仅取决于汇率制度弹性。

国内学者基于中国债权型货币错配事实研究了人民币汇率弹性与货币错配的关系的文献并不是很多。李扬和余维彬（2005）、李雪莲（2013，2018）在理论上分析了汇率制度市场化改革对货币错配的短期和长期影响，认为短期内人民币汇率弹性的增加会让货币错配所隐含的风险暴露出来，但是长期来看汇率弹性的增加会降低货币错配程度。贺庆春（2006）通过实证发现，国内实际生产总值的上升会加重我国货币错配程度，而实际有效汇率下降可以减轻我国货币错配规模。唐宋元（2008）则认为国内生产总值对我国货币错配并没有显著的影响，而外汇储备余额对我国的货币错配会引起同方向的变化。乔海曙（2007）、张细松（2009）和范利民（2010）认为人民币汇率升值预期和较低的汇率弹性使得我国外币资产头寸不断积累，从而加深了我国债权型货币错配程度。王中昭（2010）认为我国汇率、利率与货币错配之间存在相关关系，汇率对货币错配程度的影响要大于利率，而货币错配对利率的影响要大于汇率。苏应蓉、邹明明、刘薇（2015）认为债权型货币错配经济体的汇率波动会直接影响微观经济体的资产负债状况，进而影响利率政策的制定与执行效果。他们认为汇率波动显著影响了我国的货币错配程度。

1.3 文献评述及本课题贡献

1. 国外相关领域模型的设定绝大多数是基于负债美元化理论（债务型货币错配），而对我国这种债权型货币错配鲜有涉及。国内现有的关于债权型货币错配对汇率制度影响的研究成果则大多偏重于静态和比较静态分析，对一国货币错配程度的变化对汇率制度选择的动态影响还缺乏进一步的研究。并且近期这一领域的规范研究大多以 NOEM 模型为基础，模型结论对参数设置具有较强的敏感性，这使部分从事政策研究的学者对其较为排斥。因此，本项目在借鉴已有研究的基础上，探讨了债权型货币错配对金融安全的影响机制，为我国汇率制度改革和人民币国际化进程中有效防范和化解货币错配风险提供政策建议。

2. 现有文献对不同汇率制度选择对货币错配的累积、传导机制及协动效应还缺乏深入的定量研究。本课题将系统研究汇率、利率等因素的波动对货币错配的传导机理、作用机制以及传导的变异性，并通过 VaR 模型对传导的边际效应、响应程度以及汇率、利率与货币错配协动关系以及冲击效果进行深入分析。另外，我们还采用 H－P 滤波和滚动相关系数分析等方法考察汇率、利率与货币错配的协动性。

3. 学界已经构建出的货币错配测度指标差异较大，而且有的指标并不适合评估我国的金融安全状况。"原罪"系列货币错配指标本质上测度的是外币负债在对外总负债中的比例问题，而并不是汇率风险问题。Goldstein 和 Turner（2004）的 AECM 指标考虑了外币资产和外币负债的对比关系以及外币流量因素（进出口额），但是它赋予了外币负债过高的权重，因此不适合债权型货币错配的测量。朱超（2008）的 ACMAQ 指标相对 AECM 来说是一大进步，但是该指标是一个绝对量，难以比较不同行业、部门的货币错配程度。在这方面，本课题将评估金融风险的 VaR 方法应用于货币错配风险的评价，通过构建 VaR 风险综合值的权数方法来分析货币错配风险。另外，本课题还进一步考察了行业层面的货币错配程度，并尝试提出降低货币错配风险的政策建议。

1.4　研究方法与结构安排

（一）总体研究思路和结构安排

由于货币错配本质上还是汇率风险问题，因此我们按照风险管理的基本思路来安排本课题结构。

1. 风险识别，主要是定性分析货币错配影响金融安全的作用机制，模拟货币错配对金融安全产生的影响。首先我们对货币错配的概念进行界定和分类，以明确本课题所要探讨的货币错配类型。其次，我们将梳理货币错配的相关理论假说。最后，我们将阐述货币错配影响微观主体的三种作用机制——资产负债表效应、资产组合效应和竞争效应，进而梳理上述微观机制对宏观经济及金融安全的联合影响。

2. 风险度量，主要是利用科学、合理的货币错配测度指标，测度我国的货币错配程度，从而为进一步分析货币错配对我国宏观经济与金融安全的影响提供数据支撑。首先，我们分析了人民币国际化背景下的货币错配风险，通过分析汇率制度改革可能导致货币错配风险的机制，厘清汇率风险与货币错配的关系。

其次，利用梳理已有的货币错配测算指标，并分析其优劣，进而选取合理的指标，测算我国的货币错配程度，并对我国货币错配指标的变动进行分析。

再次，利用基于 VaR 的综合权数法估计货币错配风险。首先利用 Garch 模型（广义的自回归条件异方差模型）来拟合货币错配指数，分别基于正态分布、T 分布和 GED 分布（广义误差分布）测算 Garch 模型的条件异方差，并利用上述结果分别计算不同分布条件下的动态 VaR 值。之后，利用 VaR 模型的有效性作为确定权数的依据，对三种分布得出的 VaR 上限及下限进行加权平均，以计算货币错配加权平均的 VaR 值。此外，还利用相同方法分别计算外币资产和外币负债的动态 VaR 值，进一步增加我们对货币错配组成的认识。

最后，我们将构建 ICMI（Industry Currency Mismatch Index）指标来测度行业的货币错配程度。

3. 风险分析，探讨汇率等因素对债权型货币错配的传导机制以及协动效应。这部分借鉴了国际上游研究成果，结合我国微观经济主体货币错配的实际特点，研究汇率等因素的波动对货币错配的传导机理、作用机制以及传导的变异性；通过 VaR 模型对传导的边际效应、响应程度以及汇率、利率与货币错配协动关系以及冲击效果进行深入分析。我们利用 H－P 滤波方法过滤汇率、利率和货币错配的时间趋势，提取波动项，进而考察三者之间的协动性。最后，我们从外汇储备、外币净资产角度考察货币错配与国内外利率、人民币汇率之间的关系，并通过计算滚动相关系数来测度其协动性的大小。其成果不仅有助于把握货币错配的变化特点和演进规律，而且具有直接应用于在汇率制度改革和利率市场化推进的背景下如何弱化货币错配，进而规避、降低和防范货币错配对国家金融体系和企业造成风险和危害的实用价值。

4. 提出防范、化解风险的建议。在综合前面研究成果的基础上，提出在我国目前的货币错配程度下，进一步完善更具弹性的人民币汇率形成机制的原则、路径和渐进策略。

（二）研究方法和手段

本课题以文献研究、理论分析和实证检验三者结合作为基本的研究方法，遵循"理论分析—模型构建—实证检验—政策选择"的研究思路。

1. 理论分析。梳理有关货币错配的国内外文献，分析货币错配与汇率风险之间的关系，为下一步模拟货币错配产生的影响，评估货币错配程度，实证研究货币错配的原因打下基础。

2. 理论分析与模型构建相结合。在理论分析的基础上构建模型测度我国各行业、各经济部门、整个国家的货币错配程度，评估这三个层次所面临的金融安全问题，并构建模型分析汇率等因素对债权型货币错配的作用机制，探究这些因素与债权型货币错配的协动关系。

3. 实证分析与政策选择相结合。实证分析以理论为指导，而实证分析又可以反过来指导实践。本课题中使用的方法包括：数值求解法、计量经济学基于 VaR 的综合权数法的估计法、数值模拟、回归分析等方法。本课题根据理论分析和实证研究结果指出降低我国债权型货币错配程度的政策选择，提出防范、化解金融风险，维护金融安全的有效策略。

2 货币错配风险的界定及其对金融安全的影响机制

2.1 货币错配概念界定

货币错配概念的提出要追溯到 20 世纪末，发展中国家货币金融危机频发。从 20 世纪 80 年代初席卷拉美地区的债务危机，到 20 世纪 90 年代先后爆发的墨西哥货币危机、亚洲金融危机和阿根廷 2001—2002 年的小畜栏危机（即存款冻结），还有 2008 年的国际金融危机、2011 年的欧债危机，每一次危机的起因都引起了学者们的深入反思。除了 2007 年的美国次贷危机之外，其他各次危机的根源基本上都与货币错配引起的汇率大幅贬值有关。事实上，在 2007 年的美国次贷危机中，也有些企业利用美元利率低的优势，如韩国的造船企业，对自己的美元应收款项进行远期过度对冲，形成了货币错配而遭受巨大损失。因此，学者们认为"货币错配"是导致这些危机爆发的最重要的原因之一。

所谓货币错配是指一个经济主体（政府、企业、银行或家庭）在融入全球经济体系时，由于其货物和资本的流动使用了不同货币计值，因而在汇率变化时，其资产/负债、收入/支出会受到影响的现象。根据戈登斯坦的定义，在一个权益实体的净值或净收入（或两者兼而有之）对汇率的变动非常敏感时，就出现了"货币错配"。从存量的角度看，货币错配指的是资产负债表（即净值）对汇率变动的敏感性；从流量的角度看，货币错配则是指损益表（净收入）对汇率变动的敏感性。净值/净收入对汇率变动的敏感性越高，货币错配的程度也就越严重（戈登斯坦和特纳，2005）。根据权益实体的外币资产和外币负债相对大小，货币错配又分为债权型和债务型两类。

2.2 宏观货币错配影响金融安全的作用机制

根据货币错配的定义，我们可以看出一国的宏观和微观层面都存在货币错配，并对经济发展和金融安全产生影响。在宏观层面上，大规模的货币错配会对一个国家金融体系的稳定性、货币政策的有效性、汇率政策的灵活性和产出等方面造成巨大的不利影响，甚至可能引发货币乃至金融危机（Goldstein & Turner，2005）。宏观货币错配影响金融安全的作用机制体现在四个方面。

（一）货币错配使一国金融系统变得脆弱，增加了金融危机爆发的可能性

在金融自由化和监管缺失的情况下，新兴国家的期限错配和货币错配相结合会导致短期外币债务和投资的内生积累，从而导致货币升值。当发生实际的不利冲击时，同样的积累过程会反向进行，导致货币贬值，并引发货币危机或国际收支危机。此外，货币错配会与期限错配相互作用，会加剧期限错配，使金融脆弱性变得更为严重（Bussiere et al.，2004；McKinnon，2005）。

（二）货币错配还会在发生外部冲击时降低货币政策的有效性

在国际性经济衰退导致国外需求减少时，一国货币政策的正常反应是降低利率，刺激国内需求，并让本币适度贬值，以确保隔断国际经济衰退的影响。但是，在存在货币错配的情况下，如果调低国内利率，会引起本币贬值，而本币贬值将导致上述的金融脆弱性；如果通过提高利率来维持本币汇率，那么企业的财务负担会加重，总需求将下降，经济衰退可能会更严重。

（三）货币错配也会对一国汇率制度的选择及汇率政策的实施带来困难

Hausmann、Panizz 和 Stein（2001）通过对那些宣称实行浮动汇率制度的国家汇率管理方式的实证研究表明，新兴市场国家之所以出现"害怕浮动"的现象主要是因为其对外负债中以外币计值的债务占有很大的比例。在这种情况下，为避免国内银行或企业的资产负债表恶化从而导致破产风潮、产出下降，存在严重货币错配的国家不愿意让本国货币大幅贬值。Calvo 和 Reinhart（2002）的实证研究同样发现，新兴市场国家由于存在严重的债务美元化，因此担心本国货币贬值会导致国内企业与银行破产，在这种情况下，这些国家尽管声称实行浮动汇率制度，但事实上并不会让其货币汇率自由浮动，而是对汇率进行频繁的干预。类似的研究还有，Eichengreen 等（2005）的实证研究显示，如果新兴市场国家无法降低货币错配的程度，那么就只能选择对美元保持高度稳定的软盯住汇率制度，或者干脆实行本国经济的美元化。Berkmen 和 Cavallo（2007）运用面板数据的实证研究表明，债务美元化的国家倾向于实施稳定汇率的政策，但反向的因果关系则不明确。另一方面，Cespedes 等（2004）讨论了当经济中存在货币错配与资产负债表效应时，不同的汇率制度在抵御外部冲击方面的表现。浮动汇率制度对实际外部冲击能够有效地发挥隔离作用，在浮动汇率制度下，必要的实际贬值伴随着名义贬值，而名义贬值使实际工资和就业保持不变。而在固定汇率制度下，必要的实际贬值伴随着通货紧缩，从而提高实际工资，并导致就业和产出下降。在这种情况下，浮动汇率制度是社会最优的。然而 Elekdag 和 Tchakarov（2004）利用一个包含资产负债表效应的小型开放经济模型，比较了浮动汇率制度和固定汇率制度的表现得出了不同的结论。模型结果显示，面临较高水平外币债务困扰和存在最优货币政策约束的新兴市场国家，能够从固定汇率制度的选择中获益。Moron 和 Winkelried（2005）在分析了不同债务美元化程度下的最优货币政策规则后也得出了类似结论，在存在严重的美元化债务与金融易变性的国家，实行非线性的维护实际汇率的政策规则是最优的。此外，McKinnon（2003，2004，2005）是国际主流经济学界中率先讨论债权型货币错配对汇率制度选择影响的经济学家之一，他分析了持有外币净资产头寸和存在债权型货币错配的东亚国家在汇率制度选择方面面临的困境。McKinnon 认为，任何无法以本币进行国际信贷的国际债权国都会导致货币错配的积累，从而面临"高储蓄两难"。在这种情况下，政策当局在汇率制度选择方面将会面临两难抉择：如果让本币升值可能会诱发通货紧缩，甚至可能会使经济陷入流动性陷阱；而如果不让本币升值，则又会面临逆差国的贸易制裁。

（四）在出现外部冲击时，货币错配还会导致投资的收缩及产出的收缩和波动

存在货币错配的情况下发生贬值时，政府将在维持固定汇率的成本（非贸易部门的通货紧缩和国内产出的损失）和放弃固定汇率的成本（国家信用的损失）之间进行权衡，但两种情况下产出都会收缩（Bunda，2003）。

2.3 微观经济主体货币错配影响金融安全的作用机制

从微观层面来看，一个企业乃至一个家庭如果其资产与负债或收入与支出存在货币错配情况，那么其净值就不可避免地面临着汇率波动冲击的风险。微观经济主体累积的货币错配主要通过资产负债效应、资产组合效应与竞争效应三种机制对金融安全产生影响。下面我们将分别介绍这三种机制。

2.3.1 资产负债表效应

对于一个企业来说，企业净值等于企业资产减去企业负债。当企业的部分资产或负债以外币计值时，则企业净值将受到以本币计值的资产与负债差额的变动、以外币计值的资产与负债差额的变动和汇率的波动三个方面的影响。而货币错配对于外贸企业和非对外贸易企业来说影响不同，因此分别讨论。

（一）外贸企业

外贸企业是指企业有从事对外贸易（进出口）的企业，其业务往来重点在国外，通过市场的调研，把国外商品进口到国内来销售，或者收购国内商品销售到国外，从中赚取差价。经典的西方经济理论认为，在一定条件下本币贬值将导致出口增加；本币升值，出口减少。这里我们暂不考虑这种扩张性效应，只关注汇率波动的资产负债表效应。

当外贸企业出口产品时：（1）若原材料是国外进口，出口货物以外币标价，对外币借款产生保值和支持的作用，货币错配不会很严重。在正向货币错配时，本币贬值使企业净外币资产的本币价值增加，企业净值增加；在负向货币错配时，本币贬值使企业净外币负债的本币价值增加，企业净值减少。但是，这种情况下的货币错配情况都不是很严重，所以汇率变动对企业净值的影响也不大。（2）若原材料是国内的资源，出口货物以外币标价，企业存在以外币计值的净资产，在未保值的情况下产生正向的货币错配。本币贬值将使得企业净外币资产的本币价值增加，企业净值增加；本币升值使得企业净外币资产的本币价值减少，净值减少。

当外贸企业进口产品，在国内进行产品生产和销售时，产生以本币标价的现金流，企业存在以外币标价的净债务，在未保值的情况下产生负向的货币错配。当汇率变动时，本币贬值使企业净外币债务的本币价值增加，净值减少；本币升值使企业的净外币债务的本币价值减少，净值增加。

（二）非对外贸易企业

非对外贸易企业由于不发生进出口贸易，其货币错配主要是由于将外币用于国内的生产和投资，或是在国外进行外币投资，在企业的资产负债表上产生了负债（资产）以外币标价、资产（负债）以本币标价的情况。（1）将外币用于国内的生产和投资，汇率波动时，本币升值将导致企业的外币债务的本币价值减少，企业净值增加；本币贬值将导致企业的外币债务的本币价值增加，企业净值减少。（2）在国外进行外币投资，汇率波动时，本币升值将导致企业的外币资产的本币价值减少，企业的净值减少；本币贬值将导致企业的外币资产的本币价值增加，企业的净值增加。而由于非对外贸易企业可能没有以外币标价的资产（负债），当汇率波动时，其货币错配情况相比贸易企业来说可能更加严重。

作为经济活动的主体，导致企业货币错配的根本原因是企业对于资金的需求。在负向的货币错配下，本币贬值导致企业净值减少，同时投资和产出也将减少，最后企业可能因为资不抵债而破产。货币错配对进口与出口大体平衡的外贸企业的影响要小于只进口不出口或者只出口不进口的企业，并且对采用了货币风险对冲工具的企业的影响要小于没有对货币风险进行规避的企业。

更为重要的是，如果出现了大面积外币资产缩水引发财务困难而无法归还贷款，那么就会对银行等金融体系造成冲击，进而影响到金融体系的稳定。

2.3.2 资产组合效应

资产组合效应是货币存量的增减，引起资产结构重新组合，进而导致经济发生实质性变化的作用。资产组合理论是指投资者根据不同资产的收益率均值和方差来分配个人财富的一种方法。Lee R. Thomas 认为投资者在真实财富的约束下，将会根据不同币种计值的金融产品的风险和收益来配置自己的财富，以求达到消费者效用的最大化。Augusto de la Torre 和 Sergio L. Schmukler 指出，由于发展中国家存在较高的系统性风险，因而微观经济主体普遍倾向于持有以外币计值的合约，这导致了这些国家产生了较为严重的部分美元化现象。可见，在本币贬值的预期下，微观经济主体在金融市场上抛售本币资产的资产选择行为可能最终会导致本币的贬值，这导致拥有外币负债的实体经济部门以本币计值的债务负担的加重，引发这些部门的财务困难，其对经济的影响渠道可表示为：

本币贬值预期→经济主体抛售本币资产→本币贬值→拥有外币负债的实体经济部门负债增加→财务困难→金融风险

而在本币升值的预期下，微观经济主体在金融市场上抛售外币资产的行为可能最终会导致本币的升值，这导致拥有外币资产的实体经济部门以本币计值的资产缩水，进而会引起投资的减少和经济的收缩，其对经济的影响渠道可以表示为：

本币升值预期→经济主体抛售外币资产→本币升值→拥有外币资产的实体经济部门资产缩水→财务困难→金融风险

2.3.3 净值效应与竞争效应

净值效应影响金融安全的作用机理为：信息不对称所导致的代理成本使信贷市场的贷款往往以抵押贷款的形式存在，因此企业的投资规模受到其净值（净财富）的限制。一方面，如果经济体的净值不断下降，不仅自身可用于再投资的资产减少，还将会导致经济体面临更为严格的信贷约束，融资能力下降，从而使企业不得不缩减投资规模，对当前和未来的产出及经济增长造成负面影响；另一方面，若经济体的净值上升，在其他条件不变的情况下，会改善企业的资产负债表状况，企业可以借入更多的资金进行投资，扩大生产，从而促进经济的增长和繁荣。

上面的分析，我们是建立在汇率的变动不影响实体经济，不影响公司的现金流，只影响会计折算的基础上的。下面我们放松这一假设，考察汇率变动引起的贸易或产出的变动，即竞争效应（Pipat Luengnaruemitchai，2003）。

根据研究汇率变动与进出口之间最为经典的弹性理论（马歇尔—勒纳条件，"J曲线"效应理论），我们知道，在非充分就业的假定下，当本币贬值时，本国出口产品以外币计值的价格将下降，从而增强了竞争力，促进了出口，抑制了进口，随着未来收入的增加，最终使其融资潜力得到增强。因而，我们认为，贬值的竞争性效应会促进一国出口行业的发展，并带动其国内相关企业投资规模的增加。当本币升值时，由于同样的作用机制，出口会受到抵制，进口会增加。

一些经济学家对此进行了实证研究。Clarida（1997）研究了汇率变动对美国出口商利润的影响，发现二者间有显著的正相关关系。Forbes（2002）在1997—2000年的区间内，用42个国家13500个公司的数据检验在12次"主要贬值"后的结果。结果表明，在贬值后的一年内，公司的资本性投资明显增长，但净收入却只有较低增长。有着更高外国销售收入份额的公司有更好的表现。而高债务权益比的公司贬值后只有较低的净收入。

从整体来看，一国汇率贬值引起产出变动，一般均得到了证实，即使短期内不太明显，但长期内均成立。

下面，我们综合考察净值效应与竞争效应两方面的作用机制。

首先考察存在债务型货币错配的微观经济主体：

净值效应：

（1）本币贬值→企业净值下降→投资减少→产出下降→经济收缩

（2）本币升值→企业净值上升→投资增加→产出上升→经济增长

竞争效应：

（1）本币贬值→出口产品价格（以外币计值）下降→出口产品国际竞争力增强→产出上升→经济扩张

（2）本币升值→出口产品价格（以外币计值）上升→出口产品国际竞争力减弱→产出下降→经济收缩

存在债权型货币错配的情况：

净值效应：

（1）本币贬值→企业净值上升→投资增加→产出上升→经济增长

（2）本币升值→企业净值下降→投资减少→产出下降→经济收缩

竞争效应：

（1）本币贬值→出口产品价格（以外币计值）下降→出口产品国际竞争力增强→产出上升→经济扩张

（2）本币升值→出口产品价格（以外币计值）上升→出口产品国际竞争力减弱→产出下降→经济收缩

表 2-1 总结了以上八种情况，可以使我们更清晰地判别两种效应对产出的叠加影响。

表 2-1   净值效应与竞争效应对产出的影响

	本币升值		本币贬值	
	净外币资产	净外币负债	净外币资产	净外币负债
净值效应	-	+	+	-
竞争效应	-	-	+	+

注："＋"表示产出上升，"－"表示产出缩减。

从表 2-1 我们可以看出，本币浮动与货币错配构成了净值效应与竞争效应的四种组合。在净外币负债的情况下，无论本币是升值还是贬值，这两种效应对产出的作用机制都是相反的，可以相互抵消。因此，在评价贬值对存在货币错配企业的影响时，应综合考虑以上两个方面：哪种效应更大，最后结果将表现哪种方向。而对于存在债权型货币错配的国家，本币升值或贬值所带来的企业净值效应和竞争效应对经济的影响是同向的。尤其是净外币资产＋本币升值时，两种效应均对产出有缩减作用，并且相互影响、相互叠加。而我国目前恰恰属于这一种。

2.3.4 小结

本部分从宏微观角度和债权型、债务型货币错配角度阐释了货币错配对金融安全的影响机制。需要注意的是，宏微观层面的货币错配影响是会相互作用的。一方面，货币错配对微观主体的影响会传导至银行等金融机构（尽管它们本身可能并不存在货币错配），并叠加和传导至宏观层面，造成整个金融体系的脆弱性，影响一个国家宏观经济的稳定。另一方面，货币错配在宏观层面的影响——如浮动恐惧（固定汇率制度），导致企业对货币错配风险不敏感，从而使货币错配不断累积。

本部分所述的四方面作用机制，是货币错配在汇率波动的情况下通过改变微观经济主体的财务状况，导致众多经济体调整其经营决策和行为，从而传至宏观层面，对一国的宏观经济和金融安全产生影响的。四种作用机制彼此间并不孤立，而是相互叠加、相互影响的。除了各自拥有货币错配下对经济和金融安全产生影响的路径之外，基于以上对四种效应的剖析，我们还能得出以下四者间在传递货币错配对金融安全影响中的联系和相互作用关系（见图 2-1）。

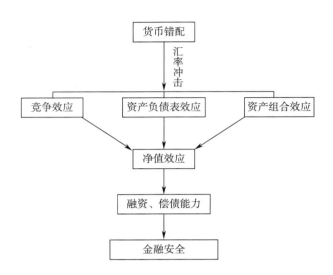

图 2－1　四种作用机制的联系及共同传递流程

3　货币错配风险的度量

3.1　货币错配的测度指标及评价

由于货币错配的内涵在不断地拓展，以及各学者研究货币错配的视角不尽相同，目前已有的货币错配测度指标存在很大差异，并存在着不同方面的缺憾。货币错配的测算是学者的难题也是各大经济体所重点关注的问题。世界银行与国际货币基金组织正在努力地为国际上特别是发展中国家建构综合、客观的测量方法。根据我国货币错配属于债权型属性及对于数据可得性的考虑，本课题将采用裴平和孙兆斌对 AECM 经过结合中国情况综合考虑并调整后的 AECM* 指数对我国宏观层面的货币错配规模进行测算。

3.2　货币错配的测度

3.2.1　货币错配程度衡量指标的构建

AECM* 指数包含三个基本要素：

1. 国外净资产（NFCA*）

$$NFCA^* = NFAMABK + PIA - PIL + OIA - OIL \tag{3.1}$$

公式中的 NFAMABK 为货币当局与存款性银行所拥有的净国外资产总值，PIA 是国际收支平衡表中的证券投资资产，PIL 是国际收支平衡表中的证券投资负债，OIA 是国际收支平衡表中的其他投资资产，OIL 为国际收支平衡表中的其他投资负债。

2. 外币债务在全部债务中的比重（RFT*）

$$RFT^* = \frac{BKL\ \$ + DCP\ \$ + FL}{BKL + DCP + FL + DB} \times 100\% \qquad (3.2)$$

其中，BKL 为银行机构的全部负债（包括使用本国货币计值的负债和使用外国货币计值的债务），$BKL\ \$$ 所表示的是银行部门的外国货币债务（使用年末汇率折算成美元值）；DCP 所表示的是金融机构对一国的私人部门所进行的信贷额度（这其中既有以本国货币所计值的额度也有以非本国货币所计值的额度，按照年度末的汇率换算成美元），$DCP\ \$$ 所表示的是金融机构对一国国内的私人部门所进行的信贷额度；FL 为外债总额，DB 为国内债券，FL 和 DB 均通过年末汇率换算成美元。"$\$$" 表示负债使用外国货币计算。

3. 商品和服务的出口额（XGS）、进口额（MGS）

使用 XGS 以及 MGS，可以较为准确地测量经济主体的净收入流量值与汇率波动之间的关联性和该经济主体的清偿债务的能力。

把以上三个部分放在一起，我们就得到了修正后的累计货币错配总额：

$$AECM^* = \frac{NFCA^*}{XGS} \times RFT^* \qquad (NFCA^* < 0, AECM^* < 0) \qquad (3.3)$$

等价于：

$$AECM^* = \frac{NFCA^*}{GDP} \times \frac{GDP}{XGS} \times RFT^* \qquad (3.4)$$

式（3.3）和式（3.4）中的 $AECM^*$ 为负值，此公式是适合于净外币负债头寸的国家，当 $AECM^*$ 为正值时，此时该国拥有净外币资产头寸，那么应对上述公式进行变形，即：

$$AECM^* = \frac{NFCA^*}{MGS} \times RFT^* \qquad (NFCA^* > 0, AECM^* > 0) \qquad (3.5)$$

也等价于：

$$AECM^* = \frac{NFCA^*}{GDP} \times \frac{GDP}{MGS} \times RFT^* \qquad (3.6)$$

从公式中我们还可以看出一国进出口额可以对一国的净外币资产进行对冲，从而降低该国货币错配的风险。当一国净外币资产为负值时，XGS 的增长能够降低小于零的净外币资产产生的货币错配风险；当一国净外币资产为正值时，MGS 的增加可以抵消部分的大于零的净外币资产产生的货币错配风险。我国货币错配属于净资产性质的货币错配，式（3.6）适用于我国的情况。从式（3.6）可以看出，一定时期一个经济主体货币错配的程度是由国外净资产、进口额、国内生产总值和以外国货币计值的负债在所有负债中占据的比例等因素所决定的。

3.2.2 货币错配程度（1985—2016 年）的测算及状况分析

依据上述计算方法，我们选取了中国 1985—2016 年的贸易收支、国外净资产和以外国货币计值的负债在其所有负债中所占据的比例的年末数据，对货币错配程度进行测算（见表 3 - 1）。

表 3 - 1　　　　　　　　　　中国 AECM* 的测算值（1985—2016 年）

年份	NFCA*（亿美元）	MGS（亿美元）	RFT*（%）	AECM*
1985	63. 180	422. 52	7. 23	1. 08
1986	64. 899	429. 04	10. 15	1. 54
1987	169. 391	432. 16	10. 88	4. 26
1988	178. 219	552. 75	11. 70	3. 77
1989	153. 273	591. 4	12. 22	3. 17
1990	381. 752	533. 45	13. 67	9. 78
1991	455. 816	637. 91	13. 89	9. 92
1992	561. 014	805. 85	14. 66	10. 21
1993	570. 937	1 039. 59	18. 13	9. 96
1994	591. 063	1 156. 14	21. 52	11. 00
1995	719. 445	1 320. 84	18. 41	10. 03
1996	1 090. 040	1 388. 33	16. 41	12. 89
1997	1 856. 255	1423. 7	15. 28	19. 92
1998	2 290. 813	1402. 37	13. 95	22. 78
1999	2 374. 277	1656. 99	12. 39	17. 76
2000	2 786. 606	2250. 94	10. 79	13. 36
2001	3 217. 827	2435. 53	11. 45	15. 13
2002	3 979. 975	2951. 7	10. 79	14. 55
2003	4 504. 168	4127. 57	10. 29	11. 23
2004	6 206. 829	5612. 29	10. 44	11. 55
2005	9 358. 603	6599. 53	9. 83	13. 93
2006	13 465. 649	7914. 609	9. 36	15. 92
2007	19 337. 725	9561. 16	8. 99	18. 19
2008	26 963. 143	11325. 67	7. 51	17. 87
2009	27 683. 539	10059. 23	7. 33	20. 16
2010	33 165. 968	13962. 44	7. 43	17. 64
2011	39 654. 140	17434. 84	7. 49	17. 04
2012	43 278. 271	18184. 05	7. 30	17. 37
2013	44 794. 315	19499. 89	7. 56	17. 38
2014	48 834. 375	19592. 35	10. 02	24. 97
2015	41 642. 949	16819. 51	7. 57	18. 74
2016	41 706. 113	15879. 3	5. 8054	15. 25

资料来源：IMF 国际收支统计年鉴、《中国金融年鉴》、《中国统计年鉴》、国家外汇管理局、中国人民银行。

从表 3 - 1 中可以看出，我国是一个典型的债权型货币错配的国家。自 1985 年以来，货币错配规模虽然有一定的震荡与波动，但总体上是处于上升的态势。2015 年货币错配程度是 1985 年的 16 倍，可见我国的货币错配程度越来越严重。图 3 - 1 显示，中国的货币错配发展大致经历了以下五个阶段：

第一，1985—1993 年逐步爬升时期。在 1985—1993 年期间，货币错配指数几乎是每年都在增长。这段时期货币错配规模增加主要有以下几个方面的原因：（1）国家宏观经济政策导向。中国自 1978 年改革开放之后，国民经济建设资金普遍短缺，需要通过出口创汇

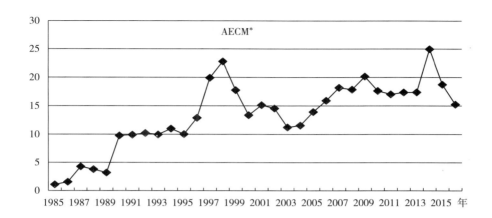

图3-1　中国货币错配程度的变化趋势

解决资金问题。在此期间，人民币兑美元汇率从 1985 年的 3.202 贬值到 1993 年的 5.8。汇率贬值刺激了出口，而进口受到较多限制，因此我国国外净资产规模出现了较大幅度的提升。（2）汇率双轨制对进出口的影响。这段时期，中国采用双重汇率制度，市场调节的汇率和官定汇率同时存在。一方面，货币当局制定人民币相关汇价，另一方面，允许外汇留成企业和外资企业在外汇市场进行市场化调剂，因此就产生了以政府发布的人民币汇价与国内外汇调剂价格为主的人民币汇率"双轨制"。在双重汇率制度下，企业和个人并不会过多考虑汇率变动的影响，对汇率变化不敏感，并不会担心外汇的贬值，因此，微观经济体对外汇需求也在逐步增加。Barry Eichengreen（2005）指出，这种不重视外汇风险的放任意识，更会加剧货币错配积累。

第二，1994—1998 年急剧加重时期。这段时期，货币错配程度增长迅速，1996 年和 1997 年的增长率达到了 28.54% 和 52.79%。1994 年，我国实行外汇体制改革，汇率并轨并推行结售汇制度。1994 年至 1998 年间，我国汇率基本保持不变，但略有上升，汇率从 1994 年的 8.44 升值到 1998 年的 8.279。我国经济也因为这次汇率形成机制的改革产生了巨大的变动：首先，更加成熟与透明的经济政策吸引了大量的国外资本；其次，我国不断深化和鼓励对外开放政策，增加的贸易出口使我国外汇储备不断增加，使得我国货币错配程度持续加剧。

第三，1998—2003 年震荡回落时期。主要受到国内国外的双重影响。首先是来自国内方面的影响，在此期间我国利率不断下降，以刺激国内出现的通货紧缩，我国对境外资金需求下降，且外汇储备的增速也出现了下降的趋势，对货币错配程度产生了抑制性的作用。其次是来自金融危机的影响。1997 年的亚洲金融危机导致泰国、印度尼西亚、菲律宾等国家货币大幅贬值，加之这些国家的政府为了经济复苏大力鼓励出口，而人民币奉行不贬值政策，使得中国出口受挫。

第四，2003—2014 年震荡上升时期。这段时期主要受如下维度的影响：首先是汇率改革，在外部经济失衡以及我国主要贸易伙伴国的压力下，2005 年 7 月我国对人民币汇率形成机制进行重新制定。汇改之后，政府对微观主体的隐性担保弱化，微观主体对汇率波动更加敏感。外汇市场的发展也促进了汇率避险产品的发展，对货币错配有一定的防范作用。其次，国际金融危机爆发后，美联储为应对危机，先后实行四轮货币宽松，导致美元资产收益率降低，人民币升值预期加强，热钱通过境外借款、外商投资、个人外汇等形式流入国内，导致我国货币错配规模上升。最后，经济与金融全球化，促进了我国企业的对外投资，加剧了我国的货币错配程度。

第五，2015 年以后再次回落。其原因首先为我国外汇储备的下降，2015 年，我国的外汇储备余额与外债余额出现负增长，外汇储备与外债开始下降，释放了货币错配规模的一部分压力。其次，美联储退出 QE 并实行加息政策。外资大幅外流，中国的货币错配程度出现回落的现象。

1985—2016 年，中国的货币错配程度出现多次波动，虽然近两年货币错配出现回落的现象，但货币错配规模依然严重。美联储加息和中美贸易摩擦，一方面增强了人民币贬值的预期，也限制了出口的增加。另一方面，美国繁荣周期的结束，可能会再次增强人民币升值的预期，在我国逐步开放资本市场、人民币汇率弹性逐步增强，人民币国际化不断推进的背景下，可能会使国内经济面临压力。

通过上文对我国货币错配程度的测定和分析，可以看出我国的货币错配有如下特征：

第一，我国货币错配的性质是债权型的货币错配。在西方学者的研究中，大多数只是注意到了发展中国家较大的净外币债务对一国经济金融稳定性的影响，而目前我国的情况却相反，是拥有大规模的净外币。

第二，汇率波动方向的差异。与独特性相对应，存在债务型货币错配的国家担心货币贬值，外债负担加重，而我国主要是担心人民币升值，外币资产缩水。

第三，货币错配分布层面的差异。与普遍实行资本市场开放的发展中国家不同，我国的货币错配主要集中在官方，这也是我国经济与金融能够保持稳定的重要原因之一。但随着汇率形成机制的改革以及我国对外汇管理政策的多次调整，加上我国对外投资的步伐逐步加大，微观主体发生债权型货币错配的风险正在增加。目前我国金融市场仍然缺乏对冲汇率风险的金融工具，微观层面的货币错配风险正在积累并迅速扩大。

第四，汇率波动下，货币错配对我国微观主体影响的差异。对我国来讲，宏观层面的债权型货币错配并不能代表货币错配风险的全部。不同的行业和企业面临着不同的货币错配状况，汇率波动对不同类型行业和企业的影响是不同的。对于存在债务性货币错配的行业或企业，当汇率贬值时，企业外币债务的本币价值上升，导致企业的净值下降，可融资能力受限，影响金融安全。但汇率贬值可能促进企业出口，对冲其净值下降的部分。而对于存在外币净资产的行业或企业来讲，汇率升值将会使行业或企业的净值下降，可融资能力受限，影响金融安全。同时汇率升值还会导致出口减少，现金流受损，加重了企业风险，导致风险进一步积累。可见，汇率波动对于不同的行业和企业，影响是不对称的，债权型货币错配所面临的风险更为严重。

3.2.3 分行业货币错配程度的测算与分析

（一）指标构建

本课题在考察中观行业货币错配时，构建了行业货币错配指标 ICMI（Industry Currency Mismatch Index）来测度行业货币错配程度。指标公式如下：

$$ICMI = \frac{NFA}{TA} \times 100$$

NFA 为行业净外币头寸（外币资产－外币负债），TA 为行业资产规模。引入行业资产规模作为除数，可使货币错配指数变成一个相对量指标，可以进行不同时间不同经济主体之间的比较。

（二）数据界定

本课题数据主要来自 Wind 金融终端、中经网数据、国家外汇管理局等。行业分类根据申银万国 2017 年版分类标准，选取申万一级 22 个行业，又由于微观行业数据披露的局限性，在保证数据准确以及可比情况下，我们选择 2012 年 9 月到 2018 年 6 月分行业季度数据，且所有数据均以美元计价。

（三）分行业货币错配程度

通过计算 ICMI 指标，我们得出了表 3－2 和图 3－2，从中可以看出，不同行业的货币错配程度有很大不同，且不同行业货币错配程度的波动幅度也不同。其中，房地产行业负向指标较大，紧随其后的有公用事业、钢铁、综合、交通运输和采掘等行业。房地产行业与公用事业行业（电力煤气及水的供应）为主要的海外举债行业，由于我国房地产行业整体杠杆率高，是最依赖外币融资的行业，但房地产行业收入基本以人民币计价导致了行业负向货币错配指标较高，钢铁行业属于原材料行业，行业的产能利用率较低，缺乏定价权，外币资产负

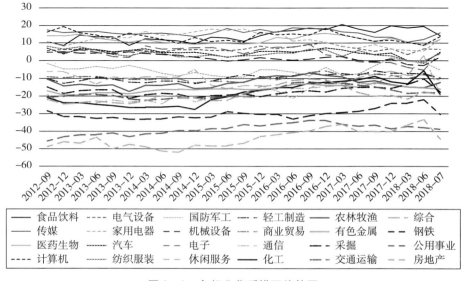

图 3－2 各行业货币错配趋势图

表 3 - 2　分行业货币错配指标

货币错配指标	2012-09	2012-12	2013-03	2013-06	2013-09	2013-12	2014-03	2014-06	2014-09	2014-12	2015-03	2015-06
食品饮料	10.67	8.48	14.44	13.51	13.39	8.55	12.38	11.78	11.16	9.55	13.31	12.88
传媒	17.44	15.88	16.41	16.68	15.52	14.88	15.31	15.65	14.81	13.75	15.37	18.38
医药生物	14.08	13.93	15.01	12.72	11.55	10.30	11.94	10.31	9.92	9.20	9.78	9.74
计算机	16.20	19.39	15.82	14.52	12.45	15.63	13.90	12.16	9.84	13.13	10.78	11.55
电气设备	5.60	6.16	5.94	5.77	4.49	5.78	5.41	4.88	6.11	6.33	5.70	5.52
家用电器	10.69	8.09	10.25	12.46	12.97	13.01	16.57	14.40	14.87	16.44	18.02	17.31
汽车	6.99	3.71	6.62	6.20	4.91	5.71	6.60	4.69	4.41	4.70	3.53	1.90
纺织服装	8.06	6.43	7.69	5.80	3.47	2.52	4.86	4.20	2.11	2.26	3.11	2.08
国防军工	-1.66	-4.67	-4.55	-3.25	-4.45	-2.70	-4.65	-7.08	-8.60	-6.57	-8.27	-9.17
机械设备	4.58	4.94	4.15	4.38	3.84	4.93	3.98	3.41	3.05	1.97	0.97	-0.24
电子	4.77	4.28	5.91	4.72	2.21	1.79	8.29	6.46	6.78	7.30	7.51	5.97
休闲服务	-6.08	-6.28	-9.44	-13.16	-9.16	-9.93	-9.07	-9.26	-9.19	-5.03	-13.69	-15.71
轻工制造	-10.05	-12.77	-11.38	-9.45	-10.39	-12.11	-12.41	-11.46	-11.72	-12.88	-11.49	-9.48
商业贸易	-9.02	-9.55	-8.94	-8.81	-10.03	-10.61	-10.79	-10.23	-10.19	-12.38	-11.54	-11.75
通信	-19.09	-24.55	-24.10	-23.83	-22.27	-23.46	-22.31	-24.38	-18.95	-23.23	-20.70	-20.22
化工	-20.84	-23.79	-23.73	-24.74	-25.45	-26.48	-26.28	-26.23	-25.77	-27.57	-22.00	-20.32
农林牧渔	-10.41	-14.26	-13.35	-14.14	-13.63	-17.39	-13.90	-13.87	-12.85	-15.70	-15.24	-12.77
有色金属	-17.03	-19.40	-19.64	-18.13	-18.00	-18.76	-17.31	-16.31	-16.04	-16.39	-15.87	-15.60
采掘	-14.80	-18.53	-16.92	-16.43	-16.40	-21.30	-19.22	-18.41	-18.92	-21.02	-19.74	-19.37
交通运输	-20.62	-20.16	-18.92	-19.17	-19.66	-21.69	-22.32	-21.80	-20.99	-21.12	-21.06	-20.18
综合	-21.93	-24.42	-23.7	-22.81	-23.76	-24.33	-22.69	-19.92	-20.49	-21.11	-22.60	-22.31
钢铁	-28.40	-31.64	-31.73	-32.70	-32.16	-33.18	-33.04	-32.88	-31.77	-32.27	-31.97	-28.81
公用事业	-45.59	-43.13	-42.04	-41.82	-40.97	-43.08	-41.45	-41.11	-39.49	-39.68	-38.45	-38.23
房地产	-48.81	-46.01	-46.83	-43.42	-49.99	-47.50	-48.88	-51.33	-51.97	-47.97	-48.37	-48.10

表 3 - 2　分行业货币错配指标（续)

货币错配指标	2015-09	2015-12	2016-03	2016-06	2016-09	2016-12	2017-03	2017-06	2017-09	2017-12	2018-03	2018-06
食品饮料	11.00	14.18	16.63	17.22	18.67	17.80	20.67	18.06	16.09	19.88	18.67	19.55
传媒	16.07	17.88	16.17	18.79	18.32	18.55	16.45	15.80	13.32	13.31	10.51	12.04
医药生物	9.38	10.04	13.24	12.33	14.98	15.53	14.58	12.85	10.75	12.74	10.64	8.54
计算机	10.45	16.20	14.77	15.23	14.56	18.40	14.81	12.76	11.02	11.60	10.26	8.78
电气设备	6.43	8.26	6.74	7.77	8.92	10.32	8.07	6.65	5.22	6.64	3.37	6.65
家用电器	18.09	15.14	16.73	11.10	11.91	10.38	7.90	7.13	9.03	6.41	5.80	5.42
汽车	3.14	5.25	5.41	4.81	5.75	7.19	6.06	4.22	3.41	4.22	-0.03	-1.38
纺织服装	2.68	3.04	4.28	4.16	6.43	6.06	2.44	5.67	3.19	2.61	0.02	-0.30
国防军工	-9.09	-5.05	-5.20	-6.42	-8.54	-3.78	-8.06	-7.54	-2.89	1.54	-0.40	-0.94
机械设备	0.50	1.68	0.92	0.25	0.85	1.88	2.38	0.15	-0.52	0.84	-2.27	-2.73
电子	3.92	6.33	7.63	7.56	9.31	3.33	2.10	-0.63	-1.01	-1.17	-3.85	-5.30
休闲服务	-13.99	-13.82	-16.96	-21.25	-15.55	-11.36	-12.82	-9.42	-7.68	-5.91	-8.30	-7.89
轻工制造	-7.76	-8.86	-9.52	-8.37	-6.83	-7.95	-7.22	-8.18	-5.76	-7.04	-7.27	-7.30
商业贸易	-12.26	-9.37	-10.74	-8.79	-6.61	-5.77	-8.15	-7.47	-7.63	-8.13	-10.12	-7.86
通信	-20.80	-20.42	-19.48	-15.52	-15.30	-14.64	-13.81	-12.61	-13.09	-8.56	-8.24	2.79
化工	-17.63	-16.78	-15.11	-15.00	-12.63	-12.18	-11.57	-10.73	-8.85	-11.88	-13.01	-5.63
农林牧渔	-12.04	-9.39	-8.40	-8.80	-6.95	-8.26	-9.07	-12.19	-11.31	-13.45	-14.80	-15.17
有色金属	-16.18	-16.12	-15.38	-13.36	-13.04	-13.92	-13.74	-15.01	-12.42	-13.67	-14.87	-15.31
采掘	-18.68	-20.24	-18.60	-17.60	-16.96	-17.65	-15.55	-14.99	-14.96	-15.58	-13.30	-10.20
交通运输	-18.91	-16.66	-15.71	-12.40	-11.90	-12.77	-12.60	-13.75	-14.73	-16.46	-18.45	-17.98
综合	-18.36	-14.55	-13.59	-11.11	-10.29	-10.78	-13.89	-17.97	-20.06	-19.57	-21.63	-17.48
钢铁	-29.75	-30.36	-30.17	-33.00	-31.15	-29.86	-29.28	-28.64	-27.06	-24.08	-23.89	-21.96
公用事业	-36.08	-36.88	-35.68	-35.04	-33.77	-33.87	-35.97	-37.05	-36.43	-38.55	-37.18	-37.86
房地产	-46.80	-42.94	-41.84	-40.63	-39.73	-37.15	-36.00	-40.04	-40.10	-40.07	-36.28	-33.29

债承压；从正向指标来看，食品饮料、传媒、医药生物、计算机等行业较为突出；从货币错配指标绝对数值来看，货币错配敞口相对较小的行业为机械设备、纺织服装、电子、汽车等行业，风险较小。为进一步分析各行业货币错配风险的大小，我们计算了各行业 ICMI 指标的均值和方差，并用均值、方差的排名判断该行业面临货币错配风险的大小（见表 3-3）。

表 3-3　　　　　　　　各行业货币错配风险指标均值与方差

行业	均值	均值排序	方差	方差排序
电气设备	7.41	3	11.04	6
计算机	9.07	2	8.38	10
家用电器	5.57	4	8.77	9
电子	1.48	9	28.44	1
轻工制造	1.90	7	10.46	7
传媒	3.58	5	4.61	15
医药生物	10.73	1	0.82	22
机械设备	3.16	6	2.31	19
纺织服装	1.77	8	3.16	18
农林牧渔	-1.03	10	2.26	20
有色金属	-1.05	11	5.20	14
公用事业	-5.31	14	1.37	21
休闲服务	-2.18	12	4.40	16
食品饮料	-3.72	13	3.89	17
商业贸易	-9.48	19	5.41	13
采掘	-8.01	17	7.05	11
化工	-5.93	15	10.34	8
钢铁	-11.71	21	5.84	12
综合	-6.71	16	15.55	3
国防军工	-9.10	18	13.96	4
交通运输	-11.09	20	17.67	2
房地产	-26.81	22	12.88	5

3.3　基于 VaR 综合权数法测算的货币错配风险

风险是指存在发生损失的可能性。在金融理论上，对风险的一个比较认可的概念为：由于财务变量的变动所引起的与预期结果偏离的损失，与预期结果正的偏离和负的偏离都被认为是风险的来源。而要想管理风险，首先要准确地度量和识别风险。货币错配是一种特殊的资产和负债的风险度量，巨额的净外币头寸敞口面临着货币错配风险，而严重的货币错配风险可能会危及整个金融体系的稳定和国民经济的发展。因此，本课题将基于上文测度的我国 1985 年至 2016 年间的货币错配数据，对货币错配的风险进行评估和分析。

3.3.1　VaR 方法与 Garch 模型

（一）VaR 模型的建立

VaR（Value at Risk）是指处于风险中的价值，一般翻译为受险价值、在险价值或风险价值等，本课题将 VaR 称为在险价值。J. P. Morgan 对 VaR 的定义为：在一定的概率约束下和给定的约束期间内，某种金融投资组合的潜在最大损失值。VaR 是指在正常市场条件和给定的置信水平下，给定的持有期间内，投资组合所面临的潜在最大损失，或者，在正常的市场条件下和给定的持有期间内，投资组合发生 VaR 损失值的概率为给定的置信水平。

VaR 的数学表达式为

$$P(\Delta p > VaR) = 1 - C$$

其中，Δp 为资产组合在持有期间内的损失，VaR 为置信水平 C 下处于风险中的价值。根据 VaR 的定义公式可知，VaR 值取决于置信水平的大小、资产的持有期限及观察期限。

假设资产组合的初始价值为 w，持有期末的期望收益为 R，R 的数学期望和标准差分别为 μ 和 σ，在给定的置信水平 C 下，期末资产组合的最低价值 $w^* = w(1 + R^*)$，其中 R^* 为相应的最低收益率，则

$$VaR = E(w) - w^* = -w(R^* - \mu)$$

若 α 为在一定分布下，对应于置信水平 C 的分位数，则 $R^* = \mu - \alpha\sigma$，那么：

$$VaR = E(w) - w^* = -w(\mu - \alpha\sigma - \mu) = \alpha\sigma w$$

故，计算 VaR 就相当于计算最小价值 w^* 或最低收益率 R^*。假定其未来回报的概率密度函数为 $f(w)$，则对于某一置信水平 C 下的证券组合最低值 w^*，有

$$c = \int_{w^*}^{+\infty} f(w)\,\mathrm{d}w$$

可见，VaR 值取决于置信水平的大小、资产的持有期间和方差等特征。选择合适的资产组合的分布形式来计算 VaR 值至关重要。

（二）基于 Garch 模型的动态 VaR 方法的计算

本课题选取基于正态分布、T 分布和 GED 分布（广义误差分布）的参数法来计算 VaR。在计算 VaR 值之前，先计算波动率。因为许多研究发现金融资产的收益率时间序列并不服从正态分布，具有尖峰厚尾的特性，其波动具有聚集性和条件异方差性。为了正确评估货币错配风险，必须考虑序列的分布特征和波动性。

Bollerslev（1986）在 Arch 模型的基础上提出了广义的自回归条件异方差 Garch 模型。Garch 模型比 Arch 模型的滞后结构更加灵活。为了刻画时间序列受自身方差影响的特征，Engle、Lilien 和 Robins（1987）提出了 Garch - M 模型。而为了刻画证券市场中的非对称效应时，Zakoian（1990）最先提出了 Tarch 模型，Nelson（1991）提出的 Egarch 模型能更准确地描述金融产品价格的波动情况，但后者的应用要比前者更广泛，因为它能够捕获时

间序列的条件异方差性，而且还能描述杠杆效应等。

一般的 Garch 模型可以表示为

$$\gamma_t = \mu_t + \varepsilon_t$$

$$\sigma_t^2 = \alpha_0 + \sum_{i=1}^{p} \alpha_i \varepsilon_{t-i}^2 + \sum_{j=1}^{q} \beta_j \sigma_{t-j}^2$$

第一个方程为均值方程，用来过滤掉时间序列的线性相关。第二个方程为条件方差方程，其中 $\sigma_t^2 = Var(\varepsilon_t \mid \varphi_{t-1})$，$\varphi_{t-1}$ 是时刻 $t-1$ 之前（包括 $t-1$）的全部信息，而 σ_t^2 则可理解为过去所有残差的正加权平均，与波动率的聚合效应相契合，即大的变化后倾向于有大的变化，而小的变化后倾向于有小的变化。在实际应用中，Garch（1，1）模型最具有代表性。

Egarch 模型，即指数（Exponential）Garch 模型更好地刻画非对称效应，其条件方差的表达式为

$$\ln\sigma_t^2 = \alpha_0 + \sum_{i=1}^{p} \left(\alpha_i \left| \frac{\varepsilon_{t-i}}{\sqrt{\sigma_{t-i}^2}} \right| + \beta_i \frac{\varepsilon_{t-i}}{\sqrt{\sigma_{t-i}^2}} \right) + \sum_{j=1}^{q} \theta_j \ln(\sigma_{t-j}^2)$$

通常的模型都建立在正态模型分布假设基础上，由于金融时间序列的特性，利用 Garch 族模型对条件异方差的估计和预测效果并不好，可以考虑 t 分布、广义误差分布（GED）等分布。下面分别简单介绍一下这三种分布。

1. 正态分布。正态分布具有对称性、可加性、不相关性等容易测量特性，在金融市场分析中占有重要的地位，但其不能描述尖峰厚尾的特性。

2. t 分布。t 分布的尾部要比标准正态分布肥大，当自由度趋于无穷大时，t 分布的概率密度函数就等于标准的正态分布的概率密度函数，可以看作广义的正态分布，但是 t 分布缺乏正态分布的优良特征，且变量变多的时候较难估计，这就限制了其应用。

3. 广义误差分布（GED 分布）。该分布是由 JP Morgan 在 Risk Metrics 中提出的。GED 分布较好地揭示了收益率的厚尾性和股票市场的杠杆效应，主要应用于基于 Garch 模型下的 VaR 方法。

下面以 GED 分布为例，介绍基于 Garch 度模型的 VaR 计算公式，这个计算公式同时也适用于 Garch 族模型和其他分布形式的组合。假定收益率服从 GED 分布，此时 Garch（1，1）的方差可以由下式求得

$$\varepsilon_t^2 \mid I_{t-1} \sim GED(0,v,\sigma_t^2)$$

$$\delta_t^2 = \alpha_0 + \alpha\varepsilon_{t-1}^2 + \beta\sigma_{t-1}^2$$

其中，$GED(0,v,\sigma_t^2)$ 表示均值为 0，参数为 v，方差为 σ_t^2 的 GED 分布。利用上式可计算出标准差 σ_t，进而可以得到 t 时刻 VaR 的计算公式：

$$VaR = p_{t-1}\alpha\sigma_t$$

其中，p_{t-1} 表示滞后一期的资产价格，α 表示在给定置信水平 C 下的分位数，这样就能得到一个 VaR 值序列。

3.3.2 基于 Garch 模型的 VaR 测算

（一）数据统计特征分析

本部分采用上文测度的我国 1985 年至 2016 年间的货币错配数据为观察对象，对其特征和风险情况进行分析，共有 32 个样本观测值，具体走势图上文已有。本课题使用的数据分析工具有 Eviews 8.0 和 Excel 等软件。

首先对货币错配变量进行对数化处理，以减少异方差现象。记为 $Laecm^* = \ln(aecm^*)$。使用数据分析工具 Eviews 8.0，可以得到序列 $Laecm^*$ 的描述性统计数列值。

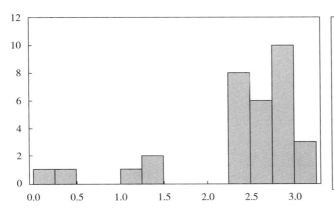

图 3 - 3 Laecm* 直方图

由序列 $Laecm^*$ 的直方图可知，该分布呈现出尖峰厚尾的特征，即序列 $Laecm^*$ 存在过高的峰度，JB 统计量较大，且相伴概率 P 接近于 0，拒绝正态分布的假设，故采用非对称模型进行回归分析。

在进行时间序列分析之前，要对所使用的时间序列进行平稳性检验，确保其是平稳的。对序列 $Laecm^*$ 采用单位根检验方法进行平稳性检验，检验结果见表 3 - 4。

表 3 - 4　　　　　　　　　　　　　ADF 检验结果

项目	T 统计量	相伴概率
ADF 统计量	- 3.959141	0.0048
1% 临界值	- 3.661661	
5% 临界值	- 2.960411	
10% 临界值	- 2.619160	

由表 3 - 4 可知，序列 $Laecm^*$ ADF 检验结果显示：T 统计量的值为 - 3.959141，小于三种置信水平下的临界值，表明货币错配序列 $Laecm^*$ 是平稳的。

检验序列 $Laecm^*$ 是否需存在序列相关性，根据序列的自相关和偏自相关系数，可以确定自回归项和滑动平均项的阶数（见表 3 - 5）。

表 3 - 5　　　　　　　　　　　　　　自相关和偏自相关系数

时期	AC	PAC	Q - Stat	Prob
1	0. 74	0. 741	19. 262	0. 0000
2	0. 515	- 0. 076	28. 867	0. 0000
3	0. 455	0. 226	36. 648	0. 0000
4	0. 332	- 0. 175	40. 929	0. 0000
5	0. 154	- 0. 127	41. 883	0. 0000
6	0. 133	0. 167	42. 626	0. 0000
7	0. 113	- 0. 076	43. 186	0. 0000
8	0. 064	0. 068	43. 374	0. 0000
9	0. 008	- 0. 127	43. 376	0. 0000
10	- 0. 031	- 0. 049	43. 424	0. 0000
11	- 0. 094	- 0. 073	43. 886	0. 0000
12	- 0. 148	- 0. 052	45. 074	0. 0000
13	- 0. 129	0. 121	46. 034	0. 0000
14	- 0. 058	0. 087	46. 239	0. 0000
15	- 0. 021	0. 026	46. 266	0. 0000

由自相关系数 AC 和 PAC, 以及 Q 统计量及其相伴概率可知, 序列 Laecm* 在 5% 的显著性水平下, 不存在序列自相关。

对序列 Laecm* 的条件异方差进行 Arch 效应统计检验, 本课题采用具有代表性的拉格朗日乘数法 (LM), 得到的 χ^2 检验的相伴概率 P 小于显著性水平, 也就是残差序列存在高阶的 Arch 效应, 即 Garch 效应, 可以对序列 Laecm* 建立相应的 Garch 族模型。

(二) 模型的参数估计及 VaR 值的计算

根据对描述性统计量的分析结果, 以及序列 Laecm* 不存在自相关性的结论, 可以运用 Garch 族模型来建模。本课题将计算基于正态分布、t 分布和 GED 分布的 Garch 和 Egarch 模型的货币错配 Laecm* 市场风险的 VaR 值, 对货币错配的风险进行度量, 并进行比较分析, 然后对其模型的有效性进行相应的检验, 并根据检验的结果, 构建综合权数指数, 找到适合描述货币错配风险的最优模型。

1. 正态分布。经过试算和比较 Garch 族各类模型、滞后期和进行统计检验, 选择的模型为正态分布的 Garch (1, 1), 对其进行参数估计, 可得:

$$Laecm_t^* = 0.7677 Laecm_{t-1}^* + \varepsilon_t$$

Prob 值　　　　0

$$\sigma_t^2 = 0.002339 - 0.204643\varepsilon_{t-1}^2 + 1.157241\sigma_{t-1}^2$$

Prob 值　　　0. 40　　0. 16　　　　0

$R^2 = 0.82$, S. E = 0. 27, D. W = 2. 39, 取得的显著性水平为 C = 0. 05, 查表可得正态分布的分位数 $Z_\alpha = 1.65$, 从而可以得到 Laecm* 的 VaR 风险值的上下限区间为: Var =

$Lae\hat{c}m \pm \sigma Z_\alpha$，VaR 上下限在险价值的计算结果列于表 3 – 6。

2. t 分布。经过试算和比较 Garch 族各类模型、滞后期和进行统计检验，选择模型为正态分布 Garch（1，1），对其进行参数估计，可得：

$$Laecm_t^* = 0.7433 Laecm_{t-1}^* + \varepsilon_t$$

Prob 值   0

$$\sigma_t^2 = \hat{0}.001967 - 0.187949\varepsilon_{t-1}^2 + 1.130293\sigma_{t-1}^2$$

Prob 值   0.50   0.24   0

$R^2 = 0.82$，S. E = 0.26，D. W = 2.34，取得的显著性水平为 C = 0.05，用 Eviews 的命令可以得到 t 分布的分位数为 $Z_\alpha = 1.671$，其中自由度 V 为模型的计算结果，V = 61.37，从而可以得到 $Laecm^*$ 的 VaR 风险值的上下限区间为：$Var = Lae\hat{c}m \pm \sigma Z_\alpha$，VaR 上下限在险价值的计算结果列于表 3 – 6。

3. GED 分布。经过试算和比较 Garch 族各类模型、滞后期和进行统计检验，选择模型为正态分布 Garch（1，1），对其进行参数估计，可得：

$$Laecm_t^* = 0.7037 Laecm_{t-1}^* + \varepsilon_t$$

Prob 值   0

$$\ln\sigma_t^2 = -0.026373 - 0.442318\left|\frac{\varepsilon_{t-i}}{\sqrt{\sigma_{t-1}^2}}\right| - 0.314111\frac{\varepsilon_{t-i}}{\sqrt{\sigma_{t-i}^2}} + 0.892985\ln(\sigma_{t-1}^2)$$

Prob 值   0.00   0.00   0.14   0

$R^2 = 0.82$，S. E = 0.27，D. W = 2.22，取得的显著性水平为 C = 0.05，用 Eviews 的命令可以得到 GED 分布的分位数为 $Z_\alpha = 1.652$，其中自由度 V 为模型的计算结果，V = 1.58，从而可以得到 $Laecm^*$ 的 VaR 风险值的上下限区间为：$Var = Lae\hat{c}m + \sigma Z_\alpha$，VaR 上下限风险值的计算结果列于表 3 – 6。

表 3 – 6   **货币错配各种分布的 VaR 值**

年份	LAECM*	正态分布		t 分布		GED 分布		三种分布加权平均	
		下限	上限	下限	上限	下限	上限	下限	上限
1986	0.432	0.256	1.147	0.329	1.1976	0.399	1.291	0.332	1.207
1987	1.449	0.528	1.419	0.592	1.461	0.649	1.541	0.594	1.47
1988	1.327	1.31	2.201	1.349	2.218	1.365	2.257	1.343	2.223
1989	1.154	1.216	2.107	1.258	2.127	1.279	2.171	1.253	2.133
1990	2.28	1.083	1.973	1.129	1.998	1.157	2.049	1.125	2.004
1991	2.295	1.948	2.839	1.966	2.835	1.949	2.841	1.955	2.838
1992	2.323	1.958	2.849	1.977	2.846	1.959	2.851	1.965	2.849
1993	2.299	1.981	2.872	1.998	2.867	1.98	2.872	1.987	2.870
1994	2.398	1.962	2.853	1.98	2.849	1.962	2.854	1.968	2.852
1995	2.306	2.038	2.929	2.053	2.923	2.032	2.924	2.041	2.925

年份	LAECM*	正态分布		t 分布		GED 分布		三种分布加权平均	
		下限	上限	下限	上限	下限	上限	下限	上限
1996	2.556	1.967	2.858	1.985	2.854	1.967	2.859	1.973	2.857
1997	2.992	2.159	3.050	2.172	3.041	2.144	3.036	2.158	3.043
1998	3.126	2.494	3.385	2.495	3.364	2.45	3.342	2.479	3.365
1999	2.877	2.597	3.488	2.595	3.464	2.544	3.436	2.577	3.464
2000	2.592	2.406	3.297	2.41	3.279	2.369	3.261	2.394	3.280
2001	2.717	2.187	3.078	2.198	3.067	2.169	3.061	2.185	3.069
2002	2.678	2.282	3.173	2.291	3.16	2.256	3.148	2.276	3.161
2003	2.419	2.252	3.143	2.262	3.130	2.229	3.121	2.247	3.133
2004	2.447	2.054	2.945	2.069	2.938	2.046	2.938	2.057	2.941
2005	2.634	2.075	2.966	2.090	2.959	2.066	2.958	2.077	2.962
2006	2.768	2.219	3.110	2.229	3.098	2.198	3.090	2.215	3.101
2007	2.901	2.322	3.213	2.329	3.197	2.292	3.184	2.313	3.199
2008	2.883	2.424	3.315	2.428	3.297	2.386	3.2781	2.412	3.298
2009	3.004	2.410	3.301	2.414	3.284	2.374	3.266	2.399	3.285
2010	2.87	2.503	3.394	2.504	3.373	2.458	3.350	2.487	3.374
2011	2.836	2.400	3.291	2.405	3.274	2.364	3.256	2.389	3.275
2012	2.858	2.374	3.265	2.379	3.248	2.34	3.232	2.363	3.249
2013	2.855	2.388	3.279	2.393	3.262	2.354	3.246	2.378	3.264
2014	3.218	2.389	3.28	2.394	3.263	2.354	3.246	2.378	3.264
2015	2.931	2.667	3.558	2.663	3.532	2.609	3.501	2.645	3.532
2016	2.725	2.447	3.338	2.45	3.318	2.407	3.299	2.434	3.32

三种分布的 VaR 上的失败率均为 3.22%，接近于显著性水平 5%，采用综合权数构造的多分布显然优于单一分布。尤其是样本数量不是很大的时候，效果更显著。

（三）模型的有效性检验及 VaR 风险综合值的权数构造

VaR 是一个估计值，其准确程度受到估计误差的影响，尤其是当样本容量有限时更是如此，故需对其进行检验。通行的检验方法为 Kupiec 检验，通过"失败率"来检验，即记录实际发生的损失，然后计算超过 VaR 的次数比例是否大于设定的置信度。如果越接近于失败率，则模型就越有效，反之越无效。

这样，在多种模型估计中，就可以以 VaR 模型的有效性作为确定权数的依据。因为当序列为未知时，单一模型的估计很难得到模型的方差和参数，因此，可以以 VaR 模型的有效性作为确定权数的依据，借鉴王中昭的研究，采用权数的形式对多种分布进行综合，权数的确定方法为分布（或模型）的失败率，具体而言设 $\beta i(i=1,2,\cdots,L)$ 为第 i 种分布（模型）的 VaR 模型的失败率，C 为显著性水平，首先，计算第 i 个模型与显著性水平的

绝对误差 $m_i = |\beta_i - c|$ ，其次，计算第 i 种分布的误差比值 $n_i = \dfrac{m_i}{m_1 + m_2 + \cdots + m_L}$ ，然后，根据 m_i 的大小来从小往大排列 n_i ，最后，对 n_i 进行标准化处理，即相对应于 m_i 的权数为 $k_i = \dfrac{n_i}{n_1 + n_2 + \cdots + n_L}$ 。

将该法运用于该研究，设显著性水平 C 为 5% ，由表 3－6 得正态分布、t 分布和 GED 分布的 VaR 下限失败率分别为：1/31 ＝ 3.22% 、2/31 ＝ 6.45% 、2/31 ＝ 6.45% 。因此正态分布、t 分布和广义误差分布的 m_i 值分别为 1.78% 、1.45% 、1.45% ，对应的误差比值 n_i 为 0.38 、0.31 、0.31 ，对应的重新分配值分别为 0.31 、0.38 、0.38 ，标准化后的正态分布、t 分布和 GED 分布的 VaR 下限权数分别为 0.29 、0.355 、0.355 。据此计算出 VaR 下限值列于表 3－6 ，同理可得到正态分布、t 分布和 GED 分布的 VaR 上限权数分别为 0.38 、0.31 、0.31 ，VaR 上下限在险综合值见图 3－4 。

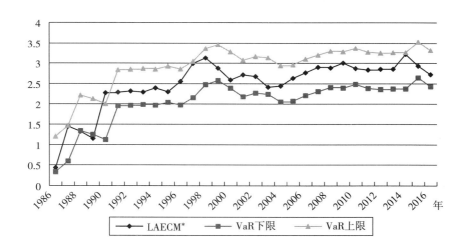

图 3－4　货币错配加权平均的 VaR 值

3.3.3　外币资产与外币负债因素的考察

考虑到货币错配与外币资产和外币负债的关系，进一步计算出外币资产和外币负债的 VaR 上下限的在险价值。

（一）货币错配风险中的外币资产因素的考察

对外币资产取对数（即为 Lfa）后，经过筛选后估计的模型见表 3－7 。由模型计算可得正态分布、t 分布和 GED 分布的下限权数分别为 0.333 ，0.333 ，0.333 。正态分布、t 分布和 GED 分布 VaR 上限权数分别为 0.31 ，0.38 ，0.38 。加权平均得到的 VaR 上下限在险价值见图 3－5 。

表 3 – 7　　　　　　　　　　外币资产对数（Lfa）模型估计结果

参数 分布形式	α_0	α_1	β_1	95%分位数	R^2	D. W
Garch（1，1）正态分布	0.0099	0.2527	- 0.3116	1.65	0.9957	2.17
Garch（1，1）t 分布	0.1678	0.1574	- 0.6277	1.706	0.9958	2.16
Garch（1，1）GED 分布	0.0074	0.4898	- 0.1616	1.652	0.995	2.16

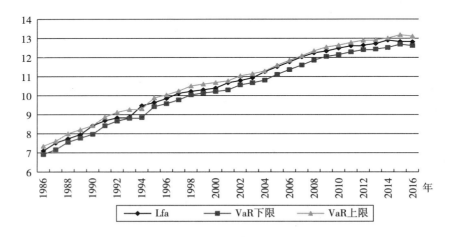

图 3 – 5　外币资产加权平均的 VaR 值

（二）货币错配风险中的外币负债因素的考察

对外币负债取对数（即为 Lfl）后，经过筛选后估计的模型见表 3 – 8。由模型计算可得正态分布、t 分布和 GED 分布的下限权数分别为 0. 333，0. 333，0. 333。正态分布、t 分布和 GED 分布 VaR 上限权数分别为 0. 33，0. 33，0. 33。加权平均得到 VaR 上下限在险价值见图 3 – 6。

表 3 – 8　　　　　　　　　　外币负债对数（Lfl）模型估计结果

参数 分布形式	α_0	α_1	β_1	θ_j	95% 分位数	R^2	D. W
Garch（1，1）正态分布	0.9718	- 0.1629	0.829		1.65	0.8598	1.28
Egarch（1，1）t 分布	- 0.0559	- 0.7216	0.4331	0.8562	1.875	0.8591	1.32
Egarch（1，1）GED 分布	- 2.0749	1.0772	0.582	0.6246	1.65	0.8569	1.35

3.4　货币错配风险的分析

结合货币错配、外币资产和外币负债的 VaR 值，可以发现以下几点结论：

1. 相对于本币贬值，本币升值更加有利于缓解货币错配风险，有利于稳定货币错配风险。由货币错配加权平均的 VaR 图可知，在 1986 年至 2002 年，模型估计的期望值一直

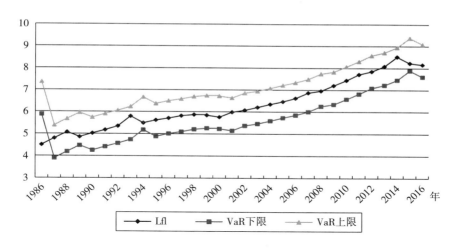

图 3 - 6 外币负债加权平均的 VaR 值

趋于上升，2002 年至 2014 年这段时间，模型估计的期望趋于稳定，VaR 风险值上下限趋于稳定。事实上，在 1986 年至 2002 年这段时间，人民币一直处于贬值状态，而从 2004 年开始人民币开始升值，一直到 2014 年。当本币升值、外币贬值时，由于我国是债权型货币错配，外币资产缩水，更有利于缓解货币错配风险。

2. 我国债权型货币错配风险主要是由于外币资产的增长快于外币负债而引起的。其原因主要体现如下：一方面，从 1986 年至 2016 年整体来看，VaR 的下限值相对于上限值来看，要更低于货币错配实际值。而事实上，这期间我国外币资产年均增长率保持在百分之三四十，而同期的外币负债年均增长率却不足 10%，外币资产增长快于外币负债，会使净外币头寸敞口进一步拉大，这种敞口剧烈波动会造成 VaR 风险值加大，从外币资产和外币负债加权平均的 VaR 值的分布图也可以看出，外币资产要比外币负债估计的期望值上涨幅度更大。另一方面，上述计算的三类模型估计的期望值在 1997 年以前偏低，从而 VaR 综合水平偏低，在一定程度上也造成了 VaR 下限的下移，而到了 2002 年后期望值变得合理。

3. 我国的货币错配风险对于外币负债的波动的敏感性日益增强。虽然外币负债风险在导致货币错配风险方面比外币资产弱，但是其敏感性比外币资产大。这可从下面几点看出：第一，从三个模型 VaR 的上下限风险区间来看，外币资产的 VaR 上下限风险区间波动相对比较小，没有剧烈的波动，而外币负债的 VaR 值的波动则比较大，外币负债风险与货币错配风险的关联度更高。第二，1998 年以后，模型中的外币负债的残差综合方差波动比外币资产要大，方差变大，其风险就增大。对于一些本国货币为硬通货的国家，其外币负债通常为本币，而对于一些发展中国家来说，其负债通常为国外货币或者以外币计值，这样也造成了货币错配风险对负债敏感度的不断上升。因此，虽然我国是债权型货币错配国家，防范货币错配风险主要是在控制外币资产，但也不应忽视未来货币错配风险对外币负债敏感性增强的事实，从外币资产和外币负债两方面入手，才能使货币错配风险控制在合理的范围内。

4 汇率等因素对债权型货币错配的传导机制以及协动效应

经前文的测算可以看出，中国是典型的债权型货币错配国家，货币错配程度严重。中国经济的发展和对外开放程度的不断提高，正对中国的金融安全形成日益严峻的挑战。而汇率、利率、经济发展水平与货币错配之间存在紧密的关联。为了寻求有效地控制货币错配风险的途径，本部分将通过实证的方法进一步探讨它们之间的传导机制以及协动性效应。

4.1 汇率、利率波动对货币错配程度的影响

根据相关文献综述，本课题选择了中国的实际有效汇率（reer）、GDP 增速（rgdp）、外汇储备（fer）（数据来自中经网）作为解释变量，探讨以上三个因素对货币错配的影响。

4.1.1 平稳性检验

由于选取的变量有些是实际值，如外汇储备，有些是增长率与百分数，如利率、GDP 的增长率，因此需对选取的经济变量进行取对数处理，然后进行 ADF 检验。结果见表 4 - 1。

表 4 - 1   ADF 检验结果

变量	原序列检验结果			序列一阶差分的检验结果			
	检验形式 (C, T, L)	ADF 值	临界值 (5%)	检验形式 (C, T, L)	ADF 值	P 值	临界值 (5%)
$lnaecm_t^*$	(C, T, 0)	-3.341	-3.569	(C, T, 0)	-5.887	0.0002	-3.574
$lnreer_t$	(C, T, 0)	-2.927	-3.568	(C, T, 0)	-5.739	0.0003	-3.574
$lnfer_t$	(C, 0, 0)	-1.597	-2.964	(C, 0, 0)	-4.510	0.0013	-2.968
$lnrgdp_t$	(C, T, 3)	-3.085	-3.588	(C, 0, 0)	-4.634	0.0047	-3.574

注：C 表示有常数项，T 表示有时间趋势，L 表示滞后期。

经济变量在95%的置信水平下，序列一阶差分后均为平稳序列，可以进行下一步的实证检验环节。

4.1.2 回归分析

运用 OLS 构建多元线性回归模型，采用 1985—2015 年的数据，对 $lnaecm_t^*$、$lnreer_t$、$lnrgdp_t$、$lnfer_t$ 进行回归实证。

$$lnaecm_t^* = 0.0936\,lnfer_t - 0.321\,lnrgdp_t - 1.118\,lnreer_t$$

$$(2.8346^{**})\quad(-2.7373^{**})\quad(-3.0782^{**})$$

$$+\,0.393lnaecm_{t-1}^* + 6.8036$$

$$(3.4272^{**})\quad\quad(3.5306^{**})$$

$$R^2 = 0.891 \quad AR^2 = 0.874 \quad DW = 1.81 \tag{4.1}$$

从回归方程（4.1）的结果上看，R^2 表明解释变量与被解释变量之间有较好的拟合度。所有变量的 t 值在 1% 和 5% 的水平下均通过了检验。且 $d_u < DW < 4 - d_u$，表明模型的残差不存在序列自相关问题。

4.1.3 协整检验

模型估计的残差为 $\hat{u}_t$：

$$\begin{aligned}
\hat{u}_t = {} & \ln aecm_t^* - 0.0927 \ln fer_t + 0.3502 \ln rgdp_t + 0.0868 \ln reer_t \\
& - 0.3703 \ln aecm_{t-1}^* - 6.7711
\end{aligned} \tag{4.2}$$

对 $\hat{u}_t$ 进行 ADF 检验，结果见表 4 - 2。

表 4 - 2   ADF 检验结果

临界值	ADF 值	P 值
	- 2.0528	0.0404
1% 水平	- 2.6534	
5% 水平	- 1.9538	
10% 水平	- 1.6095	

检验结果显示，残差序列在 5% 水平下拒绝了原假设，不存在单位根，因此残差序列平稳，同时表明回归方程中的解释变量与被解释变量之间存在协整关系，不存在伪回归的问题。

4.1.4 实证结果分析

从回归方程（4.1）可以看到，我国 GDP 增速、人民币实际有效汇率与我国债权型货币错配程度的弹性为负，而我国的外汇储备与货币错配程度的弹性为正。我国实际生产总值增速增加 1%，我国的货币错配程度下降 0.321%，我们认为造成这一现象的原因是经济增长会促进金融市场的发展，而金融市场的发展有利于抑制货币错配；人民币实际有效汇率上升 1%，我国的货币错配程度下降 1.118%，这是因为人民币实际有效汇率的上升会增加进口，限制出口，从而抑制债权型货币错配程度的扩大；我国的外汇储备上升 1%，货币错配程度增加 0.093%，说明外汇储备在影响货币错配方面起着重要作用；上一期的货币错配增加 1%，当期的货币错配增加 0.393%。以上结论与 VaR 分析结果一致。

4.2 货币错配与汇率、利率波动的相互影响及协动性分析

上节我们探讨了汇率、利率、GDP 增速对货币错配的影响。本节我们将建立货币错配、汇率、利率的 VAR 模型探讨三者的关系。

4.2.1 数据与平稳性检验

为了探讨货币错配与汇率、利率波动之间是否存在长期的均衡关系，本课题采用 1985—2015 年货币错配（AECM*）、汇率（rex）和利率（i）年度数据，通过平稳性检验

后构造 VaR 模型，并进行脉冲响应与方差分解。其中 AECM[*] 由之前的方法测算得到的我国货币错配值；rex 为一年期末汇率值；i 为人民币一年存款利率年度值。

基于 SIC 准则，对三个变量的对数值采用 ADF 检验时间序列的平稳性，结果见表 4-3。

表 4-3 单位根检验结果

变量	原序列检验结果			序列一阶差分的检验结果			
	检验形式 (C, T, L)	ADF 值	临界值 (5%)	检验形式 (C, T, L)	ADF 值	P 值	临界值 (5%)
lnAECM[*]	(C, T, 0)	-3.341	-3.569	(C, T, 0)	-5.887	0.0002	-3.574
lnrex	(C, T, 0)	-1.765	-3.568	(C, T, 0)	-5.735	0.0003	-3.574
lni	(C, T, 1)	-2.236	-3.574	(C, 0, 0)	-3.774	0.008	-2.968

注：C 表示有常数项，T 表示有时间趋势，L 表示滞后期。

三个时间序列的 ADF 值均大于临界值，因此存在单位根，是非平稳序列。但是当三个时间序列的数值经过一阶差分后，ADF 值均小于临界值，是平稳序列。因此，各个变量为一阶单整，从而可以进行协整分析。

表 4-4 Johansen 协整关系检验

协整关系	特征值	迹统计	0.05 临界值	概率[**]
不存在协整关系[*]	0.590340	52.53298	42.91525	0.0042
至多存在 1 个协整关系[*]	0.483489	26.65257	25.87211	0.0399
至多存在 2 个协整关系	0.227711	7.493483	12.51798	0.2959

迹检验结果表明在 0.05 水平上存在 2 个协整关系。

[*] 表示在 0.05 水平上拒绝原假设。

[**] MacKinnon – Haug – Michelis (1999) P 值。

检验结果表明，三个时间序列之间是协整的，存在长期均衡关系，因此可以进一步建立 VaR 向量自回归模型。

表 4-5 滞后阶数选择标准

时期	LogL	LR	FPE	AIC	SC	HQ
0	-29.38119	NA	0.002028	2.312942	2.455678	2.356578
1	41.26926	121.1151[*]	2.50e-05[*]	-0.090661[*]	-0.519717[*]	-0.916118[*]
2	47.36913	9.149799	3.15e-05	-1.883509	-0.884356	-1.578058
3	54.21937	8.807453	3.93e-05	-1.729955	-0.302593	-1.293596

注：[*] 表示各检验标准所选择的滞后期。

根据各检验准则，本课题确定构造的 VaR 模型的最佳滞后阶数为 1，即 VaR (1) 模型。

4.2.2 脉冲分析

从脉冲响应结果图 4-1 可以看出，第一，货币错配冲击对利率的影响为负，该冲击对利率的影响是即时的和阶段性的。冲击发生后，利率随即发生下降，且在 1~4 期持续下降，在第 4 期达到峰值随后响应慢慢减弱。第二，货币错配冲击对汇率的影响是负向的且持久的，其影响是即时的和长期的，说明货币错配会导致实际汇率的持续下降。第三，实际汇率冲击对货币错配的影响是正向的，会导致 1~4 期的货币错配程度逐渐加深，并且在第 4 期达到最大，而后响应缓慢减弱。第四，利率冲击对货币错配的影响也是正向的，且对货币错配的影响是持久的。以上结论证明，货币错配与汇率、利率之间存在较强的关系，货币错配会对汇率和利率产生持续的负向影响，利率对货币错配的影响是正向的且持续的，实际汇率对货币错配的影响也是正向的，但其影响先增后减。可见货币错配风险对一国经济的影响不容小觑。

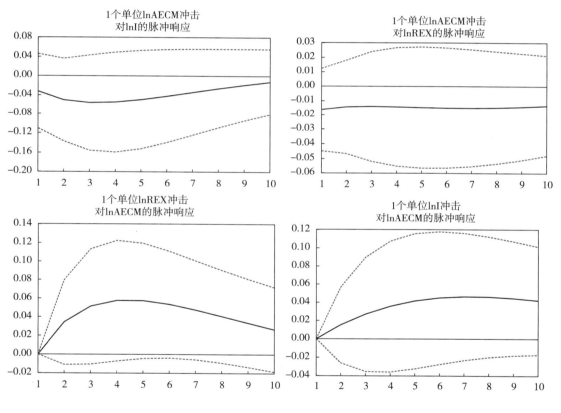

图 4-1　脉冲响应结果图

4.2.3　方差分析

为了分析不同变量冲击的重要性，本课题进行了方差分解，结果如表 4-6 至表 4-8 所示。从表中可以看出：（1）利率、汇率对货币错配有着重要的影响。利率对货币错配的影响有一定的时滞性，前 3 期影响并不大，从第 4 期开始对货币错配的影响显著增强，汇率对货币错配的影响较为敏感，从第 2 期后影响便逐步加大。（2）对汇率、利率两个因素的比较中，汇率波动是影响货币错配的重要因素。（3）货币错配对汇率、利率的波动也同样存在着一定影响，货币错配对汇率、利率的影响从第 1 期便显现出来，因此利率、汇率对货币错配的冲击敏感。货币错配规模对利率的影响更加严重，会制约货币政策的有效性，影响宏观经济。

表 4-6 　　　　　　　　　　　　lnAECM* 的方差分解分析

时期	标准误差	lnAECM*	lnI	lnREX
1	0.265426	100.0000	0.000000	0.000000
2	0.312492	98.55558	0.239042	1.205374
3	0.331295	95.64493	0.882183	3.472889
4	0.341905	91.97411	1.922288	6.103600
5	0.349934	88.22718	3.248065	8.524753
6	0.356893	84.84224	4.712788	10.44497
7	0.363064	82.00677	6.186162	11.80707
8	0.368429	79.74461	7.574148	12.68124
9	0.372957	77.99908	8.818863	13.18206
10	0.376665	76.68519	9.891354	13.42345

表 4-7 　　　　　　　　　　　　lnI 的方差分解分析

时期	标准误差	lnAECM*	lnI	lnREX
1	0.215790	2.215924	97.78408	0.000000
2	0.286816	4.317814	95.48612	0.196065
3	0.330218	6.135038	93.12955	0.735415
4	0.358699	7.521082	90.83033	1.648587
5	0.377876	8.480974	88.61319	2.905838
6	0.391011	9.077447	86.49098	4.431577
7	0.400201	9.391204	84.48702	6.121779
8	0.406839	9.502911	82.63416	7.862929
9	0.411841	9.484214	80.96624	9.549544
10	0.415793	9.393301	79.50947	11.09723

表 4-8 　　　　　　　　　　　　lnREX 的方差分解分析

时期	标准误差	lnAECM*	lnI	lnREX
1	0.078992	4.208112	0.864916	94.92697
2	0.106123	4.127291	2.746018	93.12669
3	0.124180	4.259207	5.208104	90.53269
4	0.137508	4.533729	7.941326	87.52494
5	0.147776	4.901233	10.70613	84.39264
6	0.155827	5.321292	13.33581	81.34290
7	0.162165	5.760308	15.72606	78.51363
8	0.167135	6.191515	17.82094	75.98754
9	0.170997	6.595037	19.59969	73.80528
10	0.173961	6.957501	21.06600	71.97650

4.3　汇率、利率与货币错配的协动性分析

协动性研究理论最早用来刻画各经济体之间经济周期的波动，之后扩展到股票市场、房地产市场、一国进出口及外汇储备等经济变量的波动的研究。协动性分析主要有两种方法。H－P滤波分析方法和滚动相关系数法。

（一）H－P滤波方法

H－P滤波方法可以近似地看作一个高通滤波器，时间序列的谱分析法为其的理论基础。H－P滤波方法是由 Hodrick & Prescott（1980）首先提出并应用于美国第二次世界大战后的经济商业周期分析。H－P滤波方法的原理表述如下：

假设 Y 为经济时间序列 $Y = \{y_1, y_2, \cdots, y_n\}$，趋势要素为 $F = \{f_1, f_2, \cdots, f_n\}$，$n$ 为时间长度。H－P滤波可以将 $Y = \{y_1, y_2, \cdots, y_n\}$ 分解为：

$$y_t = f_t + c_t$$

一般地，时间经济序列 $Y = \{y_1, y_2, \cdots, y_n\}$ 中的不可观测部分——趋势 $F = \{f_1, f_2, \cdots, f_n\}$ 常被定义为下面公式最小化的解：

$$\min\left\{ \sum_{t=1}^{n} \left(y_t - f_t\right)^2 + \lambda \sum_{t=1}^{n} \left[b(L)f_t\right]^2 \right\}$$

其中，λ 为在分解中长期趋势时周期波动所占的权数，$b(L)$ 是延迟算子多项式。

$$b(L) = (L^{-1} - 1) - (1 - L)$$

H－P滤波方法就是使下面的损失函数最小，即

$$\min\left\{ \sum_{t=1}^{n} \left(y_t - f_t\right)^2 + \lambda \sum_{t=1}^{n} \left[(f_{t+1} - f_t) - (f_t - f_{t-1})\right]^2 \right\}$$

最小化问题用 $\lambda \sum_{t=1}^{n} \left[b(L)f_t\right]^2$ 来调整趋势的变化，且与 λ 的取值密切相关，λ 增加，$\lambda \sum_{t=1}^{n} \left[b(L)f_t\right]^2$ 就随之增大。当 $\lambda = 0$ 时，满足最小化问题的趋势序列 $f_t = y_t = Y$；λ 增加，估计趋势就会越光滑；$\lambda \to \infty$ 时，估计趋势将接近线性函数。根据一般经验，λ 有三种方式取值，时间序列若为年度数据，λ 取值为 100；若时间序列为季度数据，λ 取值为 1 600；时间序列若为月度数据，λ 取值为 14 400。

彭斯达、陈继勇（2009）研究中美经济周期的协动性时，运用 H－P滤波将相关经济变量分离出趋势项与波动项，并根据图谱来判断各个经济变量之间是否存在协动性。

（二）相关系数法

通过 H－P滤波方法析出时间序列的趋势项和波动项后，我们可以通过研究波动项来判断变量间是否存在协动效应。判断协动效应的方法之一便是计算变量间的相关系数。由于经济周期等因素，简单的相关系数难以准确判断变量之间的协动性，因此需要计算滚动相关系数来分析变量间的动态关系。

滚动相关系数公式为：

$$\rho_{k,t} = \frac{cov(y_{k,t}, x_{k,t})}{\sqrt{var(y_{k,t}) \times var(x_{k,t})}}$$

其中，k 为计算滚动相关系数的固定样本长度。

Gruben（2002）等采用就业率、实际 GDP、工业指数等数据，计算这些经济变量之间的滚动相关系数，以此来研究它们之间的协动性。程惠芳等（2010）为了计算中国与其贸易伙伴国之间经济周期的协动性，通过计算滚动相关数据并构建同步化指数来进行研究。

4.3.1 汇率、利率与货币错配滤波及其协动性

本课题采用 1985—2015 年的年度数据，对汇率、利率与货币错配指标运用 H－P 滤波析出趋势项与波动项，进而用格兰杰因果检验判断其是否存在协动性。

（一）趋势项与波动项描述

图 4－2 分别显示了 lnAECM*、lnAI（美国利率水平）、lnCI（中国利率水平）与 lnREX 的趋势图和波动项图谱。由趋势项图谱可以看出，观察期内的 lnAECM* 与 lnREX 走势较为相近，先是缓慢上升后在 1996 年之后趋于平稳。在判断协动性方面，更多的是观察各变量的波动项走势是否相同或相近。对 lnAI、lnCI、lnREX 的波动项分别与 lnAECM 的波动项对比可以看出，四个变量的波动情况都在 2000—2005 年时出现较为明显的波谷，在 1985—1999 年与 2006—2015 年存在波动。在波动图中，纵然波幅有区别，但整体的波动与走势相似，表明存在一定的协动性。且从波动项图谱可以看出，lnAECM 与 lnCI、lnAI 之间的走势比 lnREX 的波动项走势更为相近。

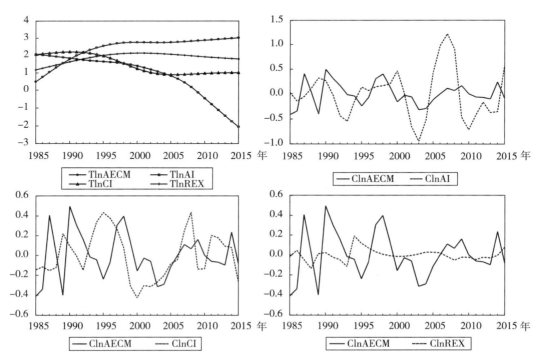

图 4－2 货币错配与汇率、利率的趋势项与波动项图谱

（二）格兰杰因果检验

表 4 – 9　　　　　　　　　　各波动项进行平稳性检验

变量	检验形式	ADF 值	10% 临界值	5% 临界值	P 值
ClnAECM*	（c，0，1）	− 5. 118	− 2. 6223	− 2. 968	0. 0003
ClnREX	（c，t，0）	− 3. 932	− 3. 212	− 3. 568	0. 023
ClnAI	（c，0，1）	− 5. 429	− 2. 623	− 2. 968	0. 0001
ClnCI	（0，0，1）	− 2. 461	− 1. 610	− 1. 952	0. 0157

各变量原序列的 ADF 值均小于临界值，经 H – P 滤波后波动项平稳，可直接进行格兰杰因果检验，检验结果见表 4 – 10。

表 4 – 10　　　　　　　　　　格兰杰因果检验

原假设	样本量	F 统计值	概率	结论
ClnAI 不是 ClnAECM* 的格兰杰原因	30	3. 255	0. 0824	拒绝
ClnAECM* 不是 ClnAI 的格兰杰原因	30	0. 163	0. 6898	接受
ClnCI 不是 ClnAECM* 的格兰杰原因	30	5. 405	0. 0278	拒绝
ClnAECM* 不是 ClnCI 的格兰杰原因	30	1. 602	0. 2163	接受
ClnREX 不是 ClnAECM* 的格兰杰原因	30	1. 223	0. 2785	接受
ClnAECM* 不是 ClnREX 的格兰杰原因	30	2. 963	0. 0966	拒绝

从表 4 – 10 可知，在 10% 的显著性水平下，均拒绝 ClnAI、ClnCI 不是 ClnAECM* 的格兰杰原因的原假设，说明中美利率对货币错配程度均有显著影响。但 ClnAECM* 却不是 ClnCI、ClnAI 的格兰杰原因。同时我们发现 ClnAECM* 不是 ClnREX 的格兰杰原因，但 ClnAECM* 是 ClnREX 的格兰杰原因，说明货币错配程度的确影响了我国的汇率制度选择和汇率政策实施。综合上述结论可以看出，中国与美国的利率变动均会显著影响中国居民自己的资产配置、债券购买、对外投资等行为，进而引起中国货币错配程度的波动；同时，中国货币错配程度的波动还会影响我国汇率的波动，进而影响宏观经济的稳定和金融安全。

4.3.2　汇率、利率与货币错配其他影响因素的协动性

中国的货币错配属于典型的债权型货币错配，外汇储备是我国外币资产的主要组成部分，截至 2018 年 6 月，外汇储备总量为 3.1 万亿美元，占我国外部资产的 44.8%。国外净资产 NFCA 是体现我国货币错配程度的绝对量指标，对我国的货币错配程度起着决定性的作用。因此，本节我们将研究净外币资产 NFCA、外汇储备、汇率与利率的协动性。

（一）汇率、利率与外汇储备及我国国外净资产的波动项

我们收集了四个变量 1998—2015 年的季度数据来研究其协动性。运用 H – P 滤波得到相关变量的波动项，其中 ClnFER 为我国外汇储备对数值的波动项，ClnNFCA 为我国国外净资产 NFCA 取对数后的波动项，ClnREX 表示我国汇率对数值的波动项，ClnI 为我国利

率对数值的波动项。从波动项图示可以看到，四个经济变量的波动项，在 1999 年均出现巨幅下降，并在 1999—2002 年形成波谷，这与亚洲金融危机及其后续影响有关。从图中可以看出，ClnNFCA 与 ClnI 在 2006 年之后波动情况更为相似，而 ClnFER 与 ClnI、ClnREX 的波动情况在 2006 年之前更为相似。

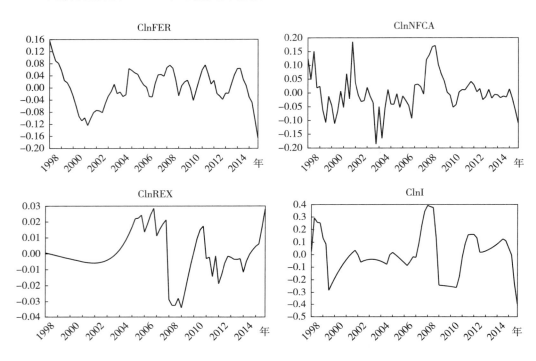

图 4 - 3　汇率、利率与我国外汇储备及净国外资产波动项图谱

为了定量地分析变量波动项之间的关系，我们用变量波动值的相关系数来衡量变量之间协动性的大小。由于中国的经济周期一般为 5 年，因此，本课题将固定样本长度 k 设为 20，结果见表 4 - 11 和表 4 - 12。

表 4 - 11　　　　　　　　　　ClnFER 与 ClnREX、ClnI 的滚动相关系数

k	时间	ClnFER&ClnREX	ClnFER&ClnI	k	时间	ClnFER&ClnREX	ClnFER&ClnI
1	1998.1—2002.4	0.959 ***	0.514 **	9	2000.1—2004.4	0.755 ***	- 0.054
2	1998.2—2003.1	0.949 ***	0.564 ***	10	2000.2—2005.1	0.822 ***	0.171
3	1998.3—2003.2	0.936 ***	0.436 *	11	2000.3—2005.2	0.834 ***	0.236
4	1998.4—2003.3	0.917 ***	0.269	12	2000.4—2005.3	0.842 ***	0.162
5	1999.1—2003.4	0.814 ***	- 0.014	13	2001.1—2005.4	0.831 ***	0.046
6	1999.2—2004.1	0.710 ***	- 0.276	14	2001.2—2006.1	0.831 ***	- 0.020
7	1999.3—2004.2	0.601 ***	- 0.497 **	15	2001.3—2006.2	0.826 ***	0.005
8	1999.4—2004.3	0.579 ***	- 0.365	16	2001.4—2006.3	0.734 ***	0.166

k	时间	ClnFER& ClnREX	ClnFER& ClnI	k	时间	ClnFER& ClnREX	ClnFER& ClnI
17	2002. 1—2006. 4	0. 609 ***	0. 410 *	36	2006. 4—2011. 3	− 0. 297	0. 732 ***
18	2002. 2—2007. 1	0. 569 **	0. 598 ***	37	2007. 1—2011. 4	− 0. 188	0. 751 ***
19	2002. 3—2007. 2	0. 519 **	0. 570 ***	38	2007. 2—2012. 1	− 0. 164	0. 742 ***
20	2002. 4—2007. 3	0. 451 **	0. 528 ***	39	2007. 3—2012. 2	− 0. 174	0. 670 ***
21	2003. 1—2007. 4	0. 384 *	0. 497 **	40	2007. 4—2012. 3	− 0. 239	0. 628 ***
22	2003. 2—2008. 1	− 0. 055	0. 585 ***	41	2008. 1—2012. 4	− 0. 341	0. 584 ***
23	2003. 3—2008. 2	− 0. 307	0. 650 ***	42	2008. 2—2013. 1	− 0. 3	0. 510 **
24	2003. 4—2008. 3	− 0. 405 *	0. 680 ***	43	2008. 3—2013. 2	− 0. 202	0. 386 *
25	2004. 1—2008. 4	− 0. 416 *	0. 671 ***	44	2008. 4—2013. 3	− 0. 059	0. 253
26	2004. 2—2009. 1	− 0. 245	0. 701 ***	45	2009. 1—2013. 4	0. 005	0. 258
27	2004. 3—2009. 2	− 0. 209	0. 692 ***	46	2009. 2—2014. 1	− 0. 204	0. 25
28	2004. 4—2009. 3	− 0. 189	0. 668 ***	47	2009. 3—2014. 2	− 0. 248	0. 29
29	2005. 1—2009. 4	− 0. 221	0. 675 ***	48	2009. 4—2014. 3	− 0. 247	0. 327
30	2005. 2—2010. 1	− 0. 263	0. 711 ***	49	2010. 1—2014. 4	− 0. 246	0. 369 *
31	2005. 3—2010. 2	− 0. 326	0. 751 ***	50	2010. 2—2015. 1	− 0. 274	0. 338
32	2005. 4—2010. 3	− 0. 398 *	0. 775 ***	51	2010. 3—2015. 2	− 0. 256	0. 216
33	2006. 1—2010. 4	− 0. 404 *	0. 754 ***	52	2010. 4—2015. 3	− 0. 444 **	0. 488 **
34	2006. 2—2011. 1	− 0. 392 *	0. 721 ***	53	2011. 1—2015. 4	0. 806 ***	0. 554 **
35	2006. 3—2011. 2	− 0. 355	0. 703 ***				

注：＊，＊＊，＊＊＊分别表示在10％，5％，1％水平下是否显著。

表 4 – 12　　　　　　　　ClnNFCA 与 ClnREX、ClnI 的滚动相关系数

k	时间	ClnREX & ClnNFCA	ClnI& ClnNFCA	k	时间	ClnREX& ClnNFCA	ClnI& ClnNFCA
1	1998. 1—2002. 4	0. 201	0. 571 ***	12	2000. 4—2005. 3	− 0. 239	0. 537 **
2	1998. 2—2003. 1	0. 057	0. 588 ***	13	2001. 1—2005. 4	− 0. 245	0. 601 ***
3	1998. 3—2003. 2	− 0. 016	0. 592 ***	14	2001. 2—2006. 1	− 0. 255	0. 567 ***
4	1998. 4—2003. 3	− 0. 323	0. 464 **	15	2001. 3—2006. 2	− 0. 203	0. 517 **
5	1999. 1—2003. 4	− 0. 576 ***	0. 408 *	16	2001. 4—2006. 3	− 0. 213	0. 544 **
6	1999. 2—2004. 1	− 0. 550 ***	0. 386 *	17	2002. 1—2006. 4	− 0. 135	0. 247
7	1999. 3—2004. 2	− 0. 632 ***	0. 424 *	18	2002. 2—2007. 1	− 0. 033	0. 192
8	1999. 4—2004. 3	− 0. 525 **	0. 374	19	2002. 3—2007. 2	0. 042	0. 364
9	2000. 1—2004. 4	− 0. 323	0. 526 **	20	2002. 4—2007. 3	0. 092	0. 397 *
10	2000. 2—2005. 1	− 0. 281	0. 583 ***	21	2003. 1—2007. 4	0. 134	0. 354
11	2000. 3—2005. 2	− 0. 285	0. 529 **	22	2003. 2—2008. 1	− 0. 232	0. 587 ***

续表

k	时间	ClnREX & ClnNFCA	ClnI& ClnNFCA	k	时间	ClnREX& ClnNFCA	ClnI& ClnNFCA
23	2003. 3—2008. 2	− 0. 458 **	0. 698 ***	39	2007. 3—2012. 2	− 0. 815 ***	0. 496 **
24	2003. 4—2008. 3	− 0. 603 ***	0. 759 ***	40	2007. 4—2012. 3	− 0. 844 ***	0. 518 **
25	2004. 1—2008. 4	− 0. 787 ***	0. 739 ***	41	2008. 1—2012. 4	− 0. 865 ***	0. 589 ***
26	2004. 2—2009. 1	− 0. 810 ***	0. 562 ***	42	2008. 2—2013. 1	− 0. 856 ***	0. 525 **
27	2004. 3—2009. 2	− 0. 911 ***	0. 469 **	43	2008. 3—2013. 2	− 0. 835 ***	0. 425 *
28	2004. 4—2009. 3	− 0. 919 ***	0. 408 *	44	2008. 4—2013. 3	− 0. 801 ***	0. 183
29	2005. 1—2009. 4	− 0. 906 ***	0. 411 *	45	2009. 1—2013. 4	− 0. 818 ***	− 0. 01
30	2005. 2—2010. 1	− 0. 899 ***	0. 431 *	46	2009. 2—2014. 1	− 0. 704 ***	0. 177
31	2005. 3—2010. 2	− 0. 885 ***	0. 475 **	47	2009. 3—2014. 2	− 0. 598 ***	0. 368
32	2005. 4—2010. 3	− 0. 891 ***	0. 503 **	48	2009. 4—2014. 3	− 0. 546 **	0. 554 **
33	2006. 1—2010. 4	− 0. 881 ****	0. 515 **	49	2010. 1—2014. 4	− 0. 551 **	0. 591 ***
34	2006. 2—2011. 1	− 0. 876 ***	0. 513 **	50	2010. 2—2015. 1	− 0. 506 **	0. 636 ***
35	2006. 3—2011. 2	− 0. 869 ***	0. 499 **	51	2010. 3—2015. 2	− 0. 457 **	0. 510 **
36	2006. 4—2011. 3	− 0. 849 ***	0. 492 **	52	2010. 4—2015. 3	− 0. 510 **	0. 570 ***
37	2007. 1—2011. 4	− 0. 821 ***	0. 526 **	53	2011. 1—2015. 4	− 0. 804 ***	0. 861 ***
38	2007. 2—2012. 1	− 0. 811 ***	0. 513 **				

注: *，**，*** 分别表示在10%，5%，1%水平下是否显著。

从图4-4和图4-5中我们可以看出，外汇储备的波动与汇率的波动存在较高的正相关性，且在2008.4—2013.3区间之前具有较高的协动性，但在其后协动性降幅较大。而外汇储备的波动与利率波动则存在负的相关性，2003.2—2008.1区间之后协动性虽然绝对

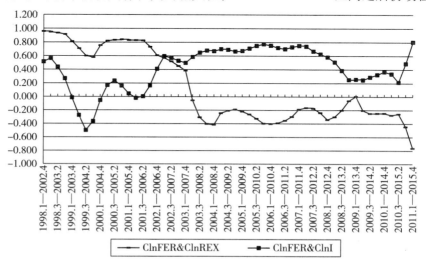

图 4 - 4　ClnFER 与 ClnREX、ClnI 协动性大小

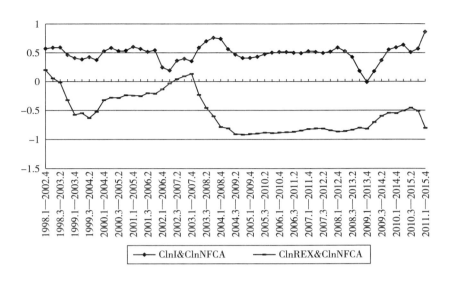

图 4 - 5　ClnNFCA 与 ClnREX、ClnREX 协动性大小

值较低，但稳定性较高。与外汇储备不同，国外净资产与利率存在正相关关系，且相关系数较高，稳定性也较高，说明二者的协动性较强。而国外净资产与汇率的相关系数在 2003.1—2007.4 区间后大幅下降，并在之后保持很高程度的负相关。

（二）格兰杰因果检验

为了进一步分析净外币资产 NFCA、外汇储备、汇率与利率的协动性，我们对它们的波动项进行格兰杰因果检验。

表 4 - 13　　　　　　　　　各波动项进行平稳性检验

变量	原序列检验结果			序列一阶差分后的检验结果			
	检验形式 （C, T, L）	ADF 值	临界值 （5%）	检验形式 （C, T, L）	ADF 值	P 值	临界值 （5%）
ClnFER	（C, 0, 1）	-2.415	-2.903	（C, 0, 0）	-5.551	0.0000	-2.903
ClnNFCA	（C, T, 1）	-2.791	-3.475	（C, T, 0）	-13.364	0.0001	-3.475
ClnREX	（C, T, 4）	-3.478	-3.658	（C, T, 0）	-8.288	0.000	-3.658
ClnI	（C, T, 1）	-3.4753	-3.798	（C, T, 0）	-5.781	0.0000	-3.798

注：C 表示有无常数项，T 表示有无趋势，L 表示滞后期。

各变量原序列一阶差分后的 ADF 值均小于临界值，表明各变量经 H - P 滤波后波动项一阶平稳，接下来进行格兰杰因果检验，检验结果见表 4 - 14。

表 4 - 14　　　　　　　　　格兰杰因果检验

原假设	F 统计值	概率	结论
ClnFER 不是 ClnI 的格兰杰原因	4.067	0.0477	拒绝
ClnI 不是 ClnFER 的格兰杰原因	0.084	0.772	接受

原假设	F 统计值	概率	结论
ClnNFCA 不是 ClnI 的格兰杰原因	0.033	0.8553	接受
ClnI 不是 ClnNFCA 的格兰杰原因	9.209	0.0034	拒绝
ClnFER 不是 ClnREX 的格兰杰原因	1.024	0.3152	接受
ClnREX 不是 ClnFER 的格兰杰原因	1.1243	0.2927	接受
ClnNFCA 不是 ClnREX 的格兰杰原因	1.799	0.1843	接受
ClnREX 不是 ClnNFCA 的格兰杰原因	1.944	0.1677	接受
ClnI 不是 ClnREX 的格兰杰原因	11.331	0.0013	拒绝
ClnREX 不是 ClnI 的格兰杰原因	4.334	0.0411	拒绝

　　从格兰杰检验结果中我们可以看到，外汇储备波动是我国利率变动的原因，而利率变动不是外汇储备的原因，这说明外汇储备的增加扩大了国内货币的供应量，进而影响国内利率。而由于资本管制的原因，国外套利资金很难进入我国，因此利差因素不是外汇储备增加的原因。通过分析外汇储备波动与实际汇率波动，我们发现二者并不互为因果。我们认为这与中国的外汇干预有关，当央行实行固定汇率或实行有管理的浮动汇率时，为了对冲汇率波动的预期，央行往往会通过参与外汇市场平抑这种预期，而央行干预外汇的结果便是外汇储备规模的变动。尽管在数据上二者没有体现出相关，但实际上二者的相关度是极高的。

　　国外净资产的波动与国内利率波动存在单项的因果关系，即国内利率波动会影响国外净资产的波动，而国外净资产的波动并不会引起国内利率的波动。这说明利率波动的确影响国内外投资者的投资决策。而国外净资产的波动与国内利率波动之间并不存在因果关系。另外，我们还发现利率与汇率之间是互为因果的，这说明我国的宏观指标是符合经典理论的。

5　研究结论与政策建议

5.1　研究结论

（一）集中在宏观层面的货币错配风险正向微观经济主体扩散

　　在我国实行强制结售汇制度时期，汇率变动导致的货币错配风险基本是由中国政府和金融当局在宏观层面集中承担，避免了微观部门由于汇率波动而导致的破产连锁反应。但是，从另一方面看，政府的这种"庇护"同时也使中国的企业几乎忽略了汇率变动的风险和货币错配的危害，导致了我国从微观向宏观集聚的货币错配风险的不断累积和扩大。随着强制结售汇制退出历史舞台，汇率形成机制的改革以及我国对外汇管理政策的多次调整，在我国金融市场仍然缺乏足够的对冲工具的情况下，原本由中国政府和金融当局承担的汇率风险将大部分转移到市场上来，企业将成为承担货币错配风险的主体。微观经济主体持有的外币资产规模已经于2016年超过国家外汇储备规模，且近两年依然保持较高增速。近年来，我国利率市场化、外汇体制改革不断深化，随着人民币国际化的推进，汇率将更具有弹性，微观主体面临的外汇敞口风险也越来越严重。货币错配风险向微观经济主体扩散，需要引起足够的重视。

（二）货币错配从宏观和微观两个层面影响中国金融安全，近年来，微观经济主体的货币错配情况复杂，我国面临的货币错配风险更为严峻

货币错配从宏观和微观层面对金融安全产生影响。在宏观层面，债权型货币错配将会对一国汇率制度的选择及汇率政策的实施带来困难，并降低货币政策的有效性，从而使一国的金融体系脆弱化，当遭遇汇率冲击时，金融安全将受到威胁。在微观层面，货币错配主要通过资产负债效应、资产组合效应与竞争效应三种机制对金融安全产生影响。

本课题借鉴了国内外相关的研究经验，在考虑了数据可得性的基础上建立了适合我国实际情况的货币错配测算指数，并从宏观层面和行业层面测度了我国的货币错配程度。在宏观层面，我们利用AECM*指数测算了货币错配程度，并基于VaR的综合权数法估计了我国当前面临的货币错配风险。在行业层面，我们构造了ICMI指数，根据申银万国2017年版分类标准，测度了申万一级22个行业的货币错配程度。数据结果显示，中国目前存在严重的债权型货币错配，不同行业的货币错配程度有很大不同，且不同行业货币错配程度的波动幅度也不同。其中，房地产行业负向指标较大，紧随其后的有公用事业、钢铁、综合、交通运输和采掘等行业。房地产行业与公用事业行业（电力煤气及水的供应）为主要的海外举债行业，由于我国房地产行业整体杠杆率高，是最依赖外币融资的行业，但房地产行业收入基本以人民币计价导致了行业负向货币错配指标较高，钢铁行业属于原材料行业，行业的产能利用率较低，缺乏定价权，外币资产负债承压；从正向指标来看，食品饮料、传媒、医药生物、计算机等行业较为突出；从货币错配指标绝对数值来看，货币错配敞口相对较小的行业为机械设备、纺织服装、电子、汽车等行业，风险较小。微观经济主体面临复杂的货币错配风险，对监管当局的政策制定与执行提出了挑战。监管当局应分行业制定监管政策，避免行业货币错配风险的加重。

（三）微观经济主体货币错配风险会叠加和传导至宏观层面

我国货币错配风险并不表现在债务危机或货币危机上，而是主要集中在净值下降从而引发的银行风险和产业萧条上。作为经济活动的主体，导致企业货币错配的根本原因是企业对于资金的需求。在负向的货币错配下，本币贬值导致企业净值减少，同时投资和产出也将减少，最后企业可能因为资不抵债而破产。更为重要的是，如果出现了大面积外币资产缩水引发财务困难而无法归还贷款，那么就会对银行等金融体系造成冲击，进而影响金融体系的稳定。特别是债权型的货币错配会造成本币升值的压力和预期，一旦货币急剧升值，引起公司或银行净值急速下降，甚至引发破产，产业萧条，银行危机就会出现。如果出现了大面积外币资产缩水引发财务困难而无法归还贷款，那么就会对银行等金融体系造

成冲击，并叠加和传导至宏观层面，从而造成整个金融体系的脆弱性，倘若解决不好便会直接或间接影响我国的宏观经济稳定和金融安全以及各微观经济主体的利益。

（四）金融市场的发展有助于降低货币错配风险

原罪论强调，发展中国家金融市场的不完全性是造成货币错配的重要原因。这种货币错配的存在，并不是由于国内银行等金融机构和企业缺乏谨慎性而未对货币错配风险进行防范而造成的，而是因为本国金融市场发展有限，缺乏有效的金融工具来对冲货币错配风险。我们通过实证，发现经济增长有助于抑制货币错配程度的上升。一国的经济增长有助于金融市场的发展，金融市场的发展则会抑制货币错配，从而降低货币错配风险。

（五）过度的外汇干预和较低的汇率弹性加剧了货币错配程度，当前人民币汇率市场化改革应该采取适当的节奏，逐步扩大汇率弹性

多年来，我国一直以人民币汇率稳定作为央行的主要目标之一，这对于我国经济的快速崛起起到了重要作用。但随着我国融入国际社会的程度不断加深，外汇干预的政策面临着诸多挑战。本课题通过实证得出以下结论：（1）汇率弹性、资本账户开放程度、利率市场化等制度性因素对我国债权型货币错配产生显著性影响，而且汇率弹性与债权型货币错配之间存在协动关系：较低的汇率弹性加重了债权型货币错配的程度，而较严重的债权型货币错配使得实际汇率弹性更低。（2）我国的外汇储备规模与利率存在负相关关系，且外汇储备的波动是利率波动的原因；外币净资产与实际汇率互为因果，且二者存在负相关关系；国内外利率对货币错配的影响显著，并通过货币错配影响人民币实际汇率；外币净资产与利率正相关，但不互为因果，说明二者受到了其他因素的扰动，导致实证结果与理论不符。进一步的实证分析显示，这一结果是由于央行的外汇干预行为造成的。（3）过度的外汇干预和较低的汇率弹性加重了我国的债权型货币错配程度，而较高的汇率弹性让我国面临严重的金融风险。因此当前人民币汇率市场化改革应该采取适当的节奏，逐步扩大汇率弹性。

（六）我国存在着高储蓄两难的问题

麦金农（2005）针对货币错配问题提出了"高储蓄两难"假说。他认为对于高度盯住美元的东亚国家，其经济将面临两方面的困境。一方面，高储蓄率导致资本输出，扩大了外部资产的规模，同时也增强了本币升值的预期。当一国汇率弹性较低时，会使升值预期更为强烈，微观主体会将资产转换为本币资产，外汇资产则集中到央行，最终导致国内经济发生剧烈波动。另一方面，巨额的贸易顺差，加剧了国际间的不平衡，贸易伙伴国会对该国施压，要求其减少贸易顺差。

当前我国经济面临的情况与麦金农的预测相似度极高。首先，我国因为外汇储备的增加，扩大了国内货币的供应量，导致产出和物价过度波动，不得不进行供给侧改革。其次，因为巨额贸易逆差的原因，我国与主要贸易伙伴的贸易摩擦逐渐增多，2018年发生的中美贸易摩擦，这一矛盾也是原因之一。

5.2 政策建议

从长远来看，对于新兴市场国家而言，实行弹性汇率制度不仅有助于缓解货币错配的风险，而且能够带来更高的福利。但是，均衡的汇率制度选择又取决于货币错配状况。对于新兴市场国家而言，如果其经济中存在严重的货币错配，那么就难以从盯住汇率制度中顺利退出，而会被"锁定"在盯住汇率制度中；反之，如果其经济中的货币错配程度不严重，则能够实现从盯住汇率制度向弹性汇率制度转换。因此，为了实现更高水平的福利，如何退出已有的汇率制度安排，向更加弹性的汇率制度转换，这是当前新兴市场国家，特别是包括中国在内的东亚新兴市场国家面临的一个重要问题。从本课题的研究结论来看，包括我国在内的东亚新兴市场国家要顺利实现从事实盯住美元汇率制度向更具弹性的汇率制度转换，需要采取切实有效的措施来降低货币错配的程度。

（一）转变经济增长方式，降低我国经济发展的外部不平衡性

我国的货币错配主要体现为净外币资产，而净外币资产的形成则是经济长期失去外部均衡的结果。我国应从产生巨额贸易顺差和资本顺差的角度出发，对现行外贸政策和外资政策进行调整，从而解决外部失衡的问题。因此，我们应该根据国内外形势的发展变化，实施外向型经济发展战略向内需主导型经济发展战略的转变，改变现行过度依赖外需的经济增长方式，把经济发展的动力由国外转移到国内，有效扩大内需，充分发挥我国内部广大的潜在市场，使内需成为拉动经济增长的主要动力，促进贸易部门与非贸易部门的协调发展，进而缓解我国的债权型货币错配并保持我国经济未来持续、健康增长，内外均衡发展。同时，积极实施"走出去"战略，探索国内货币资产的多种利用方式。从政府层面，在宏观上应做好应有的指导和协调，尽快建立完善的政策支持体系，为企业营造良好的国际经贸环境。从企业层面来说，应根据自己的经营特点，选择适合的切入点和"走出去"的方式。

（二）深化金融改革，完善金融衍生产品市场，积极引导企业采取有效的金融工具对冲货币错配风险

本课题通过实证研究发现，经济发展与金融深化可以抑制货币错配风险。为此，我国要大力发展资本市场尤其是国内债券市场，加强银行间债券产品创新，在开发商业银行债券、企业短期融资券和地方政府债券的同时，重点发展能够替代储蓄和银行信贷的金融产品，为居民储蓄开辟更多的投资渠道；另外，我国还要推进金融衍生品创新，增加市场的交易品种。稳步发展人民币衍生品市场，在银行间债券市场推出债券远期产品，引入债券借贷业务，推出利率期货和期权业务，积极推动资产的证券化，为金融机构和实体企业提供更多的产品来对冲汇率风险，有效抑制货币错配问题。值得注意的是，金融机构进行金融衍生品的创新要与自身的实力水平相匹配，既要进行业务创新，也要防范造成不必要的风险。只有这样，才能较为有效地控制货币错配风险。

（三）减少外汇干预、有序推进国内资本市场的开放，人民币汇率市场化改革应该采取适当的节奏

本课题实证结果表明，过度的外汇干预会导致国内外经济的不平衡和微观经济主体的道德风险，从而加重我国的货币错配程度，因此我国要减少对外汇市场的过度干预，这样既能从外汇储备角度降低货币错配程度，又可以减少微观经济主体的道德风险，从而降低我国的货币错配水平。同时注意当前人民币汇率市场化改革应该采取适当的节奏，逐步扩大汇率弹性。

另外，随着我国经济发展水平的不断提高，对外投资规模会越来越大，债权型货币错配的程度也会随之增加，为了减小"走出去"战略对国内经济的冲击，我国还应当有序推进资本市场的开放，让国外资金参与我国的金融市场，以对冲对外投资造成的外币净资产增加。另外，在当前反全球化浪潮愈演愈烈的情形下，我国应坚持对外开放的战略，扩大进口，主动减少贸易顺差，控制甚至减少货币错配的程度，促进我国和全球经济共同健康发展。

（四）加强微观经济主体货币错配的审慎性监管

与其他很多国家不同，我国监管部门对于微观经济主体有较强的监管能力，因此通过审慎性监管，可以较好地控制货币错配风险。首先，要加强对银行等金融机构货币错配的监管。我国银行等金融机构面临着直接货币错配和潜在的间接货币错配，并且随着衍生金融工具的发展和完善，潜在的表外业务引起的风险也日渐突出，因此应特别注意对潜在的间接货币错配问题的监管，并在监管的同时关注银行部门货币错配信息的相关披露。其次，加强对企业等非金融机构货币错配的监控，加强对企业的资产负债情况的监管。企业资产情况的恶化，将直接影响到银行等金融机构的货币错配情况，而金融机构资产负债表不完备是导致金融风险的重要因素，因此有必要加强对企业资产负债表的监控。通过加大对微观主体货币错配的监管力度，可以把我国的货币错配规模控制在可以承受的范围内，防止外部冲击通过货币错配对我国经济体系造成冲击。

（五）持之以恒地推进人民币国际化，使其最终成为国际金融市场的定价和结算工具

虽然在推进人民币国际化的过程中会暂时造成微观经济主体的货币错配风险恶化，使金融安全受到威胁，但这个风险暴露的过程也会使微观经济主体增强风险意识，更有动力去控制自身的货币错配规模。一旦人民币国际化实现，将会进一步促进中国对外贸易和投资的发展，极大缓解甚至最终消除我国货币错配风险。

其一，进一步提高人民币接受程度。推进人民币在贸易结算、直接投资、金融市场交易层面上的跨境循环使用，完善人民币国际化基础设施，引导人民币海外清算行在离岸人民币市场发展中发挥积极作用，丰富离岸人民币金融产品，提升离岸人民币市场的深度和广度，促进离岸人民币市场健康发展。加快人民币跨境支付系统（CIPS）二期建设，不断

完善功能，推动 CIPS 发挥人民币跨境清算主渠道作用，并通过深度参与全球经济治理和国际金融标准制定和落实，深入开展双边、区域和港澳台地区的金融合作，在"一带一路"上开展内容丰富的区域合作机制创新，为国际协调理论和实践提供新样本、新模式。

其二，目前实现人民币国际化的关键和需要解决的主要矛盾在于妥善处理中美贸易摩擦和政策分歧。从国际来看，国际货币的使用具有惯性，且现有的国际货币发行国为了本国的利益也将阻挠我国参与铸币税收入的争夺。重重阻力的存在使人民币国际化绝无可能在一朝一夕完成，而将是一个漫长的过程。

参考文献

［1］Aghion, Philippe, Philippe Bacchetta and Abijit Banerjee. "A Simple Model of Monetary Policy and Currency Crises", European Economic Review, Vol. 44, 2000.

［2］Barry Eichengreen, Ricardo Hausmann. 1999. Exchange Rates And Financila Fraglity. NBER Working Paper No. 7418.

［3］Beckmann, E, A Roitner and H Stix (2015): "A local or A Foreign Currency Loan? Evidence on the Role of Loan Characteristics, Preferences of Households and the Effect of Foreignbanks", European Economic Integration Q1/15, 24 – 48.

［4］Bollerslev T. Generalised autoregressive conditional heteroskedasticy. Journal of Econometrics.

［5］Calvo, Guillermo A. and Carmen M. Reinhart. 2000 "Fixing for Your Life", NBER Working Paper No. 8006.

［6］Calvo. 1998. Balance of Payments Crises in Emerging Markets. Mimeo, University of Maryland.

［7］Cowan, Erwin Hansen, Luis Oscar Herrera. 2005. Currency mismatches, Balance—Sheet Effects and Hedging in Chilean Non – Financial Corporations. IADB Working Paper. No. 521.

［8］Eichengreen Barry. 2004. Why doesn't Asia Have Bigger Bond Markets. NBER.

［9］Eichengreen, B, R Hausmann, and U Panizza . 2002. "Original Sin: The Pain, the Mystery and the Road to Redemption", Paper presented at a conference on Currency and Maturity Matchmaking: Redeeming Debt from Original Sin, Inter – American Development Bank.

［10］Eichengreen, Bary, Richardo Hausman and Ugo Panizza. Currency mismatches, Debt Intolerance and Original Sin: Why they are Not the Same and Why it Matters, NBER Working Paper No. 10036, 2003.

［11］Hausmann Ricardo, Panizza Ugo, Stein Ernesto. 2001. Why Do Countries Float the Way They Float. Journal of Development Economics (66): 387 – 414.

［12］Jeanne Olivier. 2003. Why Do Emerging Economies Borrow in Foreign Currency. CEPR Discussion Paper No. 4030.

［13］JP Morgan. 1994. Riskmetrics – Technical document. 3th Edition. New York: Morgan Guaranty Trust Company Global Research.

［14］Lane, P R and J Shambaugh (2010): "Financial Exchange Rates and Internationalcurrency Exposures", the American Economic Review (100). 1, 518 – 540.

［15］McKinnon, Ronald I. "Trapped by the International Dollar Standard". Journal of Policy Modeliing, Vol. 27, 2005.

［16］Reihart, Catmen M, Kenneth S. Rogoff and Miguel Savastano. "Debt intolerance", NBER Working Paper No. 9908, 2003.

［17］Reinhart, Carmen M., Kenneth S. Rogoff and Miguel A. Savastano. "Addicted to Dollars", NBER Working Paper No. 10015, 2003.

［18］Tobal, M (2013): "Currency mismatch: New Database and Indicators for Latin America and the Caribbean." CEMLA Research Paper (12), October.

［19］陈晓莉，杨杨. 汇率变动对银行业经营业绩的影响［J］. 金融论坛，2010（11）：22 – 28.

［20］陈晓莉. 本币升值冲击与银行业危机：一个基于不对称信息的分析框架［J］. 世界经济，2006（7）：36 – 95.

［21］戴国强，徐龙炳，陆蓉. VaR 方法对我国金融风险管理的借鉴及应用［J］. 金融研究，2000（7）：25 – 28.

［22］杜丽群. 货币供应量对我国货币政策有效性的影响研究［J］. 财政金融研究，2016.

［23］甘顺利，刘晓辉. 中国金融部门货币错配测算研究［J］. 金融研究，2011（2）.

［24］贺庆春，宋健. 货币错配对我国货币政策影响的实证研究［J］. 数量经济技术经济研究，2009（2）：127 – 136.

［25］贺庆春，刘少波. 货币错配现象的理论解释及其对我国的启示［J］. 当代财经，2007（4）.

［26］贺庆春. 中国货币错配问题研究［D］. 广州：暨南大学，2007（6）：59 – 62.

［27］黄西洋，方兆本. 货币错配：理论分析、实证检验与中国的抉择［J］. 财经问题研究，2009（9）：66 – 70.

［28］李雪莲，邓翔，刘万明. 论中国债权型货币错配对通货膨胀的影响——基于 VAR 模型的实证分析［J］. 经济学动态，2012（12）：76 – 82.

［29］李雪莲. 货币错配的宏观经济影响及对策研究——基于中国 1985—2009 年的统计数据［M］. 北京：中国经济出版社，2013.

［30］李扬. 汇率制度改革必须高度关注货币错配风险［J］. 财经理论与实践，2005（4）：2 – 5.

［31］刘斌. 货币政策冲击的识别及我国货币政策有效性的实证分析［J］. 金融研究，2001（7）：3 – 11.

［32］刘东民，宋爽，李远芳，李雪莲. 人民币国际化与中国金融安全［M］. 北京：社会科学文献出版社，2018.

［33］刘少波，贺庆春. 中国货币错配程度及其影响因素——1986—2005 年中国货币错配的演变态势分析［J］. 管理世界，2007：32 – 41.

［34］刘宇飞. VaR 模型及其在金融监管中的应用［J］. 经济科学，1999（1）：39 – 50.

［35］罗纳德. I. 麦金农. 美元本位下的汇率——东亚高储蓄两难［M］. 王信，何为，译. 北京：中国金融出版社，2005：25 – 40.

［36］梅冬州，龚六堂. 货币错配——新兴市场国家汇率制度的选择困境［J］. 工业技术经济，2010（9）.

［37］梅冬州. 货币错配、汇率升值和经济波动［J］. 数量经济技术经济研究，2011（6）：37 – 50.

［38］［美］莫里斯·戈登斯坦，菲利浦·特纳．货币错配——新兴市场国家的困境与对策［M］．李扬，曾刚，译．北京：社会科学文献出版社，2005：66－77.

［39］裴平，孙兆斌．中国的国际收支失衡与货币错配［J］．国际金融研究，2006（8）：66－72.

［40］乔海曙，李远航．基于 VaR 模型的我国货币错配影响因素研究［J］．财经理论与实践，2007（6）：72－73.

［41］苏应蓉．汇率波动、货币错配及其对我国利率政策绩效的影响分析［J］．统计与决策，2015（9）：156－158.

［42］孙华妤．传统盯住汇率制度下中国货币政策自主性和有效性：1998—2005［J］．世界经济，2007（1）：29－38.

［43］汤凌霄．金砖国家外汇储备波动的协动性及其影响因素［J］．大国经济研究，2014（5）：49－70.

［44］唐宋元．有关货币错配问题研究的文献综述［J］．金融教学与研究，2006（2）.

［45］王春峰．金融市场风险管理［M］．天津：天津大学出版社，2001.

［46］王春杰．中国货币错配程度测算及影响因素的实证分析［D］．大连：东北财经大学，2014.

［47］王中昭．货币错配风险的特征与组合评估［J］．理论探索，2010（5）：17－21.

［48］王中昭．汇率与货币错配协动性关系及机理探析［J］．国际金融研究，2009（5）：30－39.

［49］夏建伟，曹广喜．我国货币错配问题探讨［J］．财贸研究，2006（2）.

［50］夏建伟，史安娜．基于升值预期的我国货币错配状况及其经济效应［J］．上海金融，2006（9）：9－12.

［51］张宏，蔡彤娟．超额储备、人民币汇率与货币错配——后危机时代中国面临的宏观金融风险［J］．财政研究，2010（9）：40－43.

［52］张健华．利率市场化的全球经验［M］．北京：机械工业出版社，2012.

［53］张琳轩．我国货币错配程度测度［J］．知识经济，2010（14）：26－27.

［54］张晓慧．中国货币政策（2012）［M］．北京：中国金融出版社，2012：1－11.

［55］朱超．中国货币错配总体测度：方法数据与评估［J］．财经研究，2007（9）.

［56］朱超．货币错配：一种新的测度模型［J］．数量经济技术经济研究，2008（1）：85－96.

中国房地产调控的金融安全分析

——基于房地产价格泡沫空间传染模型

张　翔

1　引言

1.1　选题背景与研究思路

自 1998 年起，房地产市场经历了市场化改革，对尤其是城市建设的推动、就业数量的增长、相关产业的连带助推无一不产生了重要的影响，同时也使得房价节节攀升。2005年，随着"国六条""国八条"、国务院 24 号文件等房地产调控政策的出台，几个热点城市持续攀升的房价也相应收紧，调控政策试图降低房地产的周期性波动。2006 年 12 月，中央召开了经济工作会议，会议明确指出当前房地产市场逐渐步入了高金融属性的阶段，因此房地产调控不仅要关注表面的供需关系，更要注重其金融属性。中共十九大提出"坚持房子是用来住的、不是用来炒的"。然而，尽管各种调控政策已然落地，效果却不理想。究其原因，是房地产调控自身存在的民生与增长之间的冲突。首先房地产事关民生福利，房价持续走高会导致居民购房成本增加，进一步改变居民消费结构，从而降低居民幸福感；其次是有关经济的稳定增长，房地产资金在各投资市场上都占据重要地位，如果房价产生了过大的调整和变化，会对经济的增长有十分不利的影响，同时易引发系统性风险。

自 2018 年起，中国房地产市场再一次收紧，迎来了历史上最为严厉的调控政策。中共中央政治局在 2018 年 7 月 31 日召开了会议，会议明确指出，"下决心解决好房地产市场问题，坚持因城施策，促进供求平衡，合理引导预期，整治市场秩序，坚决遏制房价上涨。加快建立促进房地产市场平稳健康发展长效机制"。对比此前调控政策中的坚决抑制房价上涨过快，此时的"坚决遏制房价上涨"也为市场进一步的收紧打下了基础，从眼下情况来看，由于严控"一级市场"房价的政策，部分城市的二手房市场价格节节攀升，形成了严重的一二手房价格倒挂现象。无论是社会福利的提高还是经济环境的稳定，都需要房地产市场长治久安。基于这样的背景，本文试图建立泡沫模型，对我国房地产市场的泡沫进行测度；同时，为了让政府重视房地产泡沫的影响，让投资者认识到泡沫破灭带来的巨大风险，本文就房地产泡沫进行了实证检验，对泡沫破灭点、泡沫的空间传播进行了研究。

随着跨区域性投资增加，各地区之间房地产市场的价格波动反映出空间性联动。这种空间性联动进一步提高了各区域房地产市场的不稳定性。因此，本部分着眼于各区域间的房地产泡沫的测度，对各区域房地产市场价格波动之间的联系进行归因，并对房地产泡沫的空间传染效应进行研究。通过对房地产泡沫的空间性研究，不仅能够对房地产泡沫进行定性分析，而且能够总结各地房地产泡沫之间的特征关系。宏观角度上来说，这有助于政府因地制宜地进行房地产调控，也能够有效防范房地产泡沫的区域性风险。

目前学术界主要着眼于以房地产基本价值为出发点进行建模研究，从而对房地产泡沫进行定性研究。本文创新之处在于，利用对数周期加速幂律模型（Log – Periodic Power Low，LPPL）对房地产泡沫进行定性测度，拟合房价走势，并对泡沫进行分类；我们将不同泡沫类型作为交叉变量引入到新的空间杜宾模型（SDM）中，来研究横截面上不同城市的价格泡沫所带来的不同空间传染效应。为了减少计量模型的内生性影响，我们加入了不同城市出台的限购限价政策，并分析政策带来的房地产价格泡沫的影响，最后作出政策评估。

本文的研究结果表明，LPPL 模型对房价走势拟合效果较好，因此可以较好地预测未来房价的走势。从各个城市的房地产价格拟合程度来看，本文发现 LPPL 模型优于传统的供需模型。接着，本文运用交叉变量的空间杜宾模型，从不同城市不同区域的角度来研究房地产市场价格之间的空间相关性，其中正向泡沫区域与反转泡沫房地产市场区域的空间传染性不同。本文发现，一个城市（地区）的房价综合指数、二手房价格指数、新房价格指数对其他城市（地区）有显著的正效应，即一个城市（地区）的房地产泡沫极有可能给其他城市带来影响；各个城市之间有着显著的房地产泡沫正向空间依赖性，各个城市之间的房地产泡沫有空间传染效应，并且在单独分离出正向泡沫和反转泡沫的情况下空间依赖性仍然存在，这可能是因为城市间经济发展关联程度提高，各方面的联动增强。同时对于单个城市而言，其政府相关政策的出台往往不止影响本市，也会影响其他城市（地区），限购政策的出台会加剧泡沫的产生和传染。结合事件分析，可以得出结论：政府出台的各类限购政策会导致房地产市场环境的突然缩紧以及泡沫破裂加速，但房地产泡沫仍具有持久的特点，不会立即破灭。同时，由于各地地方政府政策、市场情绪，以及房价变动趋势的变化，投资者及投资资金存在空间性流动，从而加剧了一定范围内周边城市价格泡沫的形成。

综上，本文提出以下几点调控建议：

1. 坚持分类实施房地产信贷调控，分区域实施差别化住房信贷政策，谨慎应对政策调整和业务经营。首先从需求的角度考虑，政府应该对不同的购房需求区别对待。应当对自住型和改善型购房需求合理满足，对投资性、投机性购房需求予以坚决抑制。同时，金融产品创新步伐应该加快，对住房租赁市场的服务和监管应该加强。

从区域的角度考虑，应当因地制宜，因城施策。整体上，对于部分房价上涨较快的大中型城市，应打击投机，有效地去杠杆、去泡沫。另一方面，政府对部分房地产库存量较高的三四线城市，可以在有效控制风险的前提下，合理运用住房信贷的杠杆作用。

2. 强化房地产风险管控。银行业金融机构应建立房地产风险监测机制。商业银行应充分考虑地方特点，各地监管机构的监管范围应涵盖房地产企业贷款、个人按揭贷款、房地产抵押贷款、房地产企业债券，以及其他形式的房地产融资活动，同时应对各类房地产贷款进行定期监测。

3. 加强房地产押品管理。银行业金融机构应当完善抵押品准入管理机制，建立健全房地产抵押品动态监测机制，及时发布内部预警信息，采取有效应对措施。

总体而言，应加强房地产领域的宏观审慎监管，金融宏观审慎调控框架应该以"因城施策、差别化住房信贷政策"为主要内容。进一步完善房地产市场的宏观审慎政策工具，防范和化解房地产市场可能形成的系统性金融风险。另一方面，各地商业银行在流动性较为充裕、负债成本逐步下降的情况下，应结合本地及周边地区贷款具体特征，审慎经营个人住房贷款业务。

1.2 房地产泡沫模型文献综述

1.2.1 关于房地产泡沫测度的文献综述

早期关于房地产泡沫测度的文献大多是以指标法为主，指标法是选取一个或多个指标，以此来对房地产泡沫化程度进行度量。谢经荣（2002）把房地产泡沫相关指标划分成三大类，并且对各类指标作加权平均，测算出相应的系数，并根据该系数的大小来度量房地产泡沫的大小。Case 等（2003）在度量房地产泡沫时综合考虑了房价收入比以及按揭贷款利率等指标，度量的结果更具科学性。Brunnermeie 等（2008）在其研究中提到，可利用房屋租售比来对房地产市场的泡沫化程度进行度量。

由于指标需要人为确定，因此存在一定的主观性，无法对房地产泡沫的识别作出客观评判。为了对房地产泡沫进行更为客观的测度，部分学者借鉴股票市场泡沫相关研究的经验，利用统计检验法及 LPPL 模型等方法来对房地产泡沫进行定性测度。

另一分支上，部分学者结合了房地产价格与经济指标进行建模。Chan 等（2001）在其研究中加入了固定贴现率，用将来各时期的租金贴现额之和作为房地产的理论价格，然后再借助高斯混合模型 GMM 法对香港整体的房地产泡沫作了定量测算。望晓东等（2006）将租赁价格指数作为收益的度量指标，将个人住房商贷利率作为折现率的度量指标，然后再借助收益还原法来定量测算出上海市的房地产泡沫水平。

从研究结果看，李永刚（2014）将中外房价进行对比，对各测度指标进行分析，得出了中国房地产存在一定程度的泡沫。潘爱民、王鹤、陈湘洲（2014）通过构建包含区域相关的房价共同因子模型，得出中国房地产泡沫具有自我膨胀的趋势。孙焱林等（2016）借助市场供求法，对国内主要大中城市的房地产泡沫作了定量测算。Edward Glaeser（2016）通过构建模型将房价与建造成本、政府政策相结合，得出政府通过各类政策可以有效控制中国的房地产泡沫。曹琳剑（2018）运用熵权法和功效系数法对房地产业泡沫程度进行测度，得出我国房地产市场的泡沫综合测度指数总体呈下降趋势的结论。

1.2.2　关于房地产泡沫空间传染的文献综述

（一）国外相关文献回顾

对房地产泡沫空间传染的有关研究，国外相关学者起步较早。Roehner（1999）对房地产泡沫在巴黎各个城区之间的空间扩散机制作了较为全面深入的实证研究。其研究结果表明，巴黎各个城区的房地产泡沫有较为明显的空间扩散性。Capozza等（2002）通过估计均值回复系数对美国主要大中城市房价变动的空间关联性进行了较为深入的实证研究，通过实证研究得出美国各城市之间的房地产泡沫有着明显的差异，并且开发成本对房地产泡沫的影响较大的结论。Cameron等（2006）对英国主要大中城市房地产泡沫的空间关联情况作了较为全面深入的实证分析。其研究结果表明，尽管英国不存在房地产泡沫，但英国的房价波动具有显著的空间扩散效应，即从伦敦这个中心区域逐渐扩散到周围的其他城市。Fry（2009）通过构建资产价格泡沫模型来对英国房地产市场泡沫及其空间传染效应作了较为深入的实证分析。其研究发现，英国整体的房地产市场有着显著的泡沫现象，并且还具备显著的空间传染性，即从首都伦敦扩散到周边的其他城市和地区。Füss等（2011）通过构建空间计量模型对美国大中城市房地产泡沫的空间联动效应进行了较为深入的实证研究。该研究结果表明，美国大中城市的房地产泡沫主要是以地理位置作为渠道进行空间联动的。Riddel（2011）通过构建误差修正模型对洛杉矶及拉斯维加斯的房地产泡沫的空间传染性作了实证分析。其研究发现，洛杉矶及拉斯维加斯之间有着明显的房地产泡沫空间关联性。Costello等（2011）借助动态现值模型对澳洲主要大中城市的房地产理论价格作了实证测算，然后在此基础之上测度出各城市的房地产泡沫，并对其空间关联性作了较为深入的分析。其研究发现，澳洲各大中城市间有着显著的房地产泡沫空间关联性。Nneji等（2015）另辟蹊径，通过构建机制转换模型实现对各区域房地产泡沫的定量研究，并在此基础之上借助泡沫溢出模型对美国各地区的房地产泡沫空间传染性作了实证分析。其研究结果表明，美国各地区之间存在显著的房地产泡沫空间传染效应，并且该传染并非单一方向的而是多方向的。

（二）国内相关文献回顾

国内学者对房地产泡沫的空间传染的主要研究始于2006年中国房地产井喷式上涨之后。洪涛等（2007）以中国各城市房地产市场的面板数据为基础，对其泡沫化程度作了实证测算，并且在此基础之上运用自回归分布滞后方法（CSD方法）对房地产泡沫的空间扩散性作了较为深入的实证分析。其研究发现，国内主要大中城市的房地产泡沫有着明显的空间扩散性。况伟大（2008）以中国各省的房地产市场面板数据为基础，对中国不同省份之间的房地产泡沫区域差异性进行了实证研究。其研究发现，国内东部省份与中西部省份的房地产泡沫有着显著的区域差异。苑德宇等（2008）选取各主要城市面板数据，对其泡沫化程度作了实证测算，并且在此基础之上利用CD检验分析了各大中城市房地产泡沫的空间传染性，其研究结果表明，国内主要大中城市的房地产泡沫有着显著的空间传染性。台玉红等（2010）以中国四个直辖市房地产市场的面板数据为基础，对其房地产泡沫进行定量测度并且对其增长路径进行了实证分析。其研究发现，这些城市的房地产泡沫有着显著的区域差异。张亚丽（2013）以房地产价格年增长率为标准，将中国各省份划分成高、中、低三个类型，并在此基础之上对其进行实证分析。该研究结果表明，房价增长率属于低类型的省份均不存在房地产泡沫，而房价增长率属于中和高两个类型的省份往往存在显著的房地产泡沫。

1.3　我国房地产市场的发展现状

伴随着政策对房地产市场的收紧，房地产业从高速发展阶段，进入中低速发展的新阶段。从全国范围的统计数据来看，2015 年商品房销售额 8.73 万亿元，同比增长 14.4%，销售面积 12.85 亿平方米，同比增长 6.5%；2016 年商品房销售额 11.76 亿元，同比增长 34.8%，销售面积 15.73 亿平方米，同比增长 22.5%；2017 年，全国商品房销售额 13.37 万亿元，同比增长 13.7%，较 2016 年增加 1.6 万亿元，商品房销售面积 16.94 亿平方米，同比增长 7.7%；2018 年第一季度商品房销售额 2.56 亿元，同比增长 10.4%，销售面积 3.01 亿平方米，同比增长 3.6%。可以看出，虽然房地产销售额、销售面积持续增高，但是增速逐渐放缓。

根据国家统计局发布的 2018 年 3 月商品住宅销售价格变动情况统计数据，一线城市新建商品住宅销售价格同比下降 0.6%，降幅比上月扩大 0.5 个百分点；二手住宅销售价格首次出现下降，降幅为 0.1%。二线城市新建商品住宅和二手住宅销售价格同比涨幅分别比上月减小了 0.2 个和 0.4 个百分点。三线城市新建商品住宅和二手住宅销售价格涨幅减小了 0.3 个百分点。可以看出，一线城市房价在下降且降幅在扩大，而二三线城市房价在上涨但是涨幅在放缓。

从结果倒推，可以看到 2017 年一系列"限贷、限售、限签"政策的加码、资金面对与房地产市场的定向收紧，都确实使得房价过快上涨的情况得到遏制。从一二三线城市发展状况的分化看，一线城市在严厉的政策调控下，出现了明显的平稳下行。二线城市经济发展迅速、基础公共资源丰富，对劳动力需求旺盛，从而吸引了大量投资者，已成为房地产市场的主战场。同时，随着国家棚户区改造政策公布并实施，未来 3 年将再改造各类棚户区 1500 万套，为三四线城市后续 2~3 年带来坚实的购买力保障，有力促进了三四线城市商品住宅去库存化，部分三四线城市房地产销售量价齐升。

实现房地产市场的软着陆，是处理房地产泡沫的理想结果。如果不能正确处理房地产市场带来的泡沫，首先将加大金融业风险，泡沫破灭后，房地产市场价格崩溃，导致房地产市场交易紧缩，逐渐出现贷款偿付问题，从而出现大量次级贷款，引发银行自身的资金安全，甚至可能会导致金融危机的爆发。其次房地产较其他产业的高利润，会导致资源分配不均衡，随着房地产价格的不断上涨，大量资金涌入房地产市场，必然会导致其他市场的交易减少甚至萎缩，不利于社会资源的合理规划配置，从而严重阻碍经济发展。准确识别出房地产市场的泡沫，并给出合理的政策建议，具有重要的现实意义。

2　我国房地产市场的价格泡沫测度及空间计量

2.1　传统的房地产泡沫价格测度方法梳理

近年来，国内许多城市的房价都经历了大幅度的上涨，这使得中国的房地产泡沫问题成为了社会大众所关注的热点问题之一。对于当今国内房地产泡沫是否存在的讨论不绝于耳，至今对房地产泡沫的存在和定性仍没有一致结论。房地产泡沫测度的一般方法包括定量测度法、定性测度法，其中定性测度法中的 LPPL 模型结合空间计量方法会产生比较好的效果。本节先介绍房地产泡沫测度的主流方法，然后从中选择相对比较科学合理的方法来对中国主要大中城市的房地产进行研究分析。

1. 定量测度法。定量测度法包括指标法和理论价格法。指标法是以各种房价相关指标为基础来对房地产泡沫作测度，包括代理指标法和综合指标体系法。理论价格法包括边际收益法、市场供求法和收益还原法。在边际收益法中，稳态中的资本边际收益率被用来衡量基础价值的大小；市场供求法基于供需均衡的视角，通过建立相应的模型测算出均衡状态下的价格，即基础价值，然后根据泡沫的经济学含义，将实际房价与理论价格之间的差值作为泡沫大小的度量指标；收益还原法认为，房地产基础价值就是其将来全部收益的现值，而基础价值与实际房价的差值就是泡沫。

2. 定性测度法。房地产泡沫的定性测度法包括统计检验法和 LPPL 模型检验法。统计检验法是使用各种统计手段来对泡沫作定性检测的方法，是一种较为客观测度房地产泡沫的手段，包括单位根协整检验、方差界边检验法以及设定性检验法。LPPL 模型（对数周期加速幂律）是研究泡沫理论较为常用和成熟的模型，它通过拟合观测到的价格的时间序列数据，来检测泡沫和预计崩盘点 t_c，即泡沫结束的时点。LPPL 模型不仅广泛适用于股市泡沫的识别和检测，也被应用于房地产价格泡沫的研究中。

Sornette（1996）独立地提出可以将本来常用于研究地震数据的 LPPL 模型，应用到对金融市场中泡沫行为的分析当中。他认为由泡沫产生并最终破裂的金融市场与地震系统具有很多相似之处，两者都可以认为是复杂性系统。具体地，LPPL 模型的前提是假设金融市场当中的交易者只是能够在局域范围内彼此影响，并且大多数交易者的行为都属于"跟风"（herd behaviors），交易者彼此之间要么相互"模仿"（imitate）要么完全采用其最邻近交易者的决策，而只有少数的交易者是独立决策的。由于跟风行为的存在，大多数交易者在同一时刻给出相同的市场订单，这样的群体性行为不可避免地导致市场中资金流动的周期性变化，反映到资产价格也呈周期性变化的规律。但同时金融泡沫也越积越大，直至破裂。临界状态理论认为，泡沫虽然不断被"吹大"，但是仍然不可能确切地知道当泡沫有多大的时候才会破裂，也不可能清楚地知道泡沫破裂的时间，否则如果泡沫破裂的所有信息都能够被交易者知道并且成功作出应对的交易决策的话，那么有效市场假说就显然不成立了。LPPL 模型可以估计和预测出将来某时泡沫破裂的风险概率，投资者可以据此进行规避风险、应对泡沫，以减少损失或者获取收益。Johansen（1998）和 Zhou（2003）等人研究发现历史上几次金融危机以及西方金融市场的泡沫（bubble）与反转泡沫（anti-bubble）现象，都可以通过这个模型作出很好的预测，同时也从侧面反映出金融市场具有了复杂性系统的一般特性。Zhou 和 Sornette（2004）曾对中国股市及房地产的泡沫行为作出了预测，他利用 2003 年之前的数据预测中国房地产泡沫将一直持续到 2008 年。

自 LPPL 模型被用于预测泡沫与反转泡沫以来，该模型取得了不少成功的案例，比如2004 年中期的英国房地产泡沫、2008 年中期的美国房地产泡沫、2008 年的石油价格泡沫、2009 年的中国股市泡沫，以及 20 世纪 90 年代日经指数的反转泡沫、2004 年中国股市的反转泡沫等。

本文选择使用 LPPL 模型对房地产泡沫进行定性测度。LPPL 模型检验法相较于统计检验法的优势在于，LPPL 模型突破了理性泡沫的限制，能够更为全面地反映房地产市场中的实际泡沫情况，且适用范围更广，实际运用时也更具可操作性。

2.2　泡沫传染的计量

空间计量经济学是计量经济学的一个分支，主要研究如何在横截面数据和面板数据的回归模型中处理空间相互作用（空间自相关）和空间结构（空间不均匀性）结构分析。它是综合运用计量经济、空间统计和地理信息系统等相关知识来分析空间经济现象的学科。

空间计量经济学的基本思想是把空间效应引入相关计量模型中，从而对经济现象进行更为深入的分析。空间效应包括空间异质性和空间依赖性。所谓空间异质性，就是不同地区的事物之间在空间维度上所呈现出来的差异。所谓空间依赖性，就是不同地区的事物之间在空间维度上所呈现出来的互相依赖、互相制约、互相影响以及互相作用的关系。

20 世纪 70 年代以来，地理信息技术的快速发展促进了空间数据的日益丰富。空间数据的发展引起了许多学者在区域发展领域对空间区位因素的关注与考察，空间效应导致传统计量经济学中变量的独立性假设及回归参数的可靠性受到巨大质疑，空间计量经济学应运而生。Ansdin（1988）提出空间计量经济学的经典定义，将经济活动的空间相互作用和空间结构问题纳入计量经济学的考虑范围，建立空间计量经济模型。

国外空间计量经济学的研究比我国要早，在 20 世纪 60 年代的地理计量革命中，Berry 和 Marble（1968）在其地理统计专著中首次提到空间数据分析技术的概念。他们通过空间数据分析技术进而分析地理对象的空间效应，成为空间计量经济学的最早研究，之后Curry 等（1970）几位地理学家在 Berry 和 Marble 的理论基础上进一步研究探讨了空间模型的设定和估计问题。建立出基本的空间计量经济学框架和空间模型后，Rey（1999）首次在前几位地理学家的结果和方法基础上运用空间数据分析方法对近 70 年的人均收入收敛性进行了研究，并通过空间数据分析验证了空间交叉性在统计上的非显著性；随后 Baumont（2003）等人又充分运用空间数据分析方法调查分析了 1980—1995 年欧共体的空间俱乐部。

近年来，国内出现了许多空间计量经济学的研究成果。我国地理学家吴玉鸣（2000）在对数据进行分析时运用到了空间计量经济学模型，把包括中国 31 个省、自治区、直辖市在内的区域进行了集聚增长因素分析。

空间计量经济学提供了一个强大的工具来彻底地分析金融市场的联动关系。用这种方法，可以通过定义不同的金融和经济距离或者重要性指标来描述不同股票市场之间的联动关系。

3 中国房地产价格泡沫定性测度实证研究

3.1 数据描述

本文选取中国指数研究中心统计的 100 个城市作为研究对象，以其 2010 年 6 月至 2016 年 11 月的月度房价综合指数来做房地产泡沫的识别和检测。在 LPPL 模型中，用中国指数研究院发布的各城市（百城）综合价格指数来表示房价 $P(t)$。

百城价格指数是采用加权平均的方式来计算的，对不同城市的房价赋予不同权重进行加权计算，权重为该城市的建筑面积之和。表达式为：

$$P_t^{100} = \frac{\sum P_j^t \cdot Q_j}{\sum Q_j}$$

其中，P_t^{100} 代表第 t 期的百城价格，P_j^t 代表 j 个城市在第 t 期的价格，Q_j 代表 j 个城市样本项目调整后的建筑面积之和。

由于本文所选城市较多且各城市 LPPL 模型估计的操作过程具有相似性，限于篇幅限制，本文 LPPL 模型实证部分仅根据中国新城市分级名单，结合中国各主要城市房地产市场价格变化波动的趋势特征，选取北京、天津、上海、广州、深圳、成都、杭州、南京、重庆等 9 个具有代表性的一线、新一线城市进行详细说明。本文基于中国指数研究中心 2010 年 6 月至 2016 年 11 月的房价综合指数数据进行研究，每组数据的时间维度是 79。首先对各代表性城市的综合价格指数的数据进行描述性统计（见表 3 - 1）。

表 3 - 1　　　　　　　　　数据的描述性统计

城市	N	极小值	极大值	均值	标准差
北京	90	2.255	4.129	2.924	0.546
天津	90	0.976	1.362	1.084	0.072
上海	90	2.427	4.585	3.104	0.529
广州	90	1.257	1.959	1.591	0.208

续表

城市	N	极小值	极大值	均值	标准差
深圳	90	2.194	5.515	3.118	0.964
成都	90	0.718	0.829	0.777	0.031
杭州	90	1.583	2.008	1.693	0.085
南京	90	1.149	1.967	1.341	0.210
重庆	90	0.669	0.796	0.721	0.032
有效的 N（列表状态）	90				

根据表 3-1 可知，北京、上海、深圳作为中国一线城市，其房价处于中国房价的最高水平，位于西南地区的成都、重庆，其房价明显低于其他一线、新一线城市。此外，深圳房价综合指数相较其他样本城市标准差较大，即深圳近几年房价波动较大，观察其房价走势，波动主要反映在增幅明显；成都的房价综合指数标准差相较其他城市较小，说明成都房价波动程度较小，其主要反映在房价增幅有限，成都房地产市场处于震荡行情。

3.2　LPPL 模型的房地产价格泡沫实证分析

根据先前国内外学者对房地产泡沫模型的研究，我们可以认为 LPPL 模型能够较好地对房地产泡沫进行描述和定性识别，甚至在一定程度上能够对房地产价格的复杂性运动进行预测。LPPL 模型的具体阐述见附录一。

本文选择使用 LPPL 模型对房地产泡沫进行定性测度。LPPL 模型检验法相较于统计检验法的优势在于，LPPL 模型突破了理性泡沫的限制，能够更为全面地反映房地产市场中的实际泡沫情况，且适用范围更广，实际运用时也更具可操作性。

通过 Matlab 对 100 个主要城市进行估计，表 3-2 列出部分主要城市和四川及周边主要城市的参数估计值。

表 3-2　　　　　　　　　　　部分城市的参数估计值

城市	t_c	β	ω	φ	A	B	C
北京	109	0.58	10.33	1.51	5.73	-0.28	0.02
上海	79.32	0.16	8.78	0.89	7.32	-2.44	0.06
广州	109	0.35	7.69	6.09	2.82	-0.27	0.03
深圳	109	0.1	6.0	4.03	31.68	-18.85	0.28
成都	99.28	0.1	6.01	4.7	0.92	-0.09	-0.02
杭州	109	0.1	9.68	0.79	1.73	-0.02	-0.05
南京	78.75	0.1	7.51	5.25	3.714	-1.69	0.03
重庆	95.16	0.26	6.02	1.76	0.66	0.026	0.014
绵阳	78.27	0.10	8.01	1.15	1.75	-0.48	-0.02

注：t_c 代表房地产泡沫崩溃的时点，φ 代表相位参数，ω 代表波动频率，β 代表固有幂数。A、B、C 是三个线性参数。

北京、天津、上海等 9 个城市房价数据 LPPL 模型拟合结果如图 3 - 1 所示。

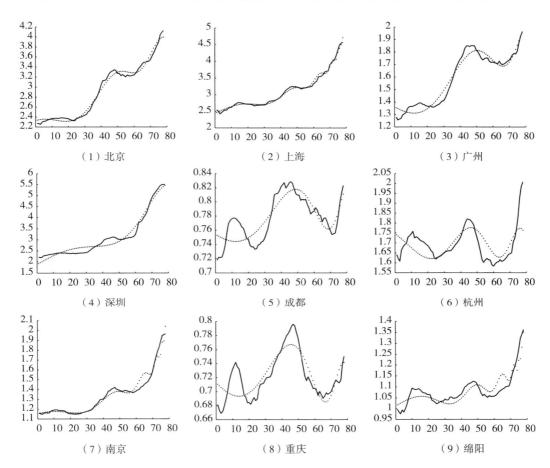

（1）北京　　　　　　　　（2）上海　　　　　　　　（3）广州

（4）深圳　　　　　　　　（5）成都　　　　　　　　（6）杭州

（7）南京　　　　　　　　（8）重庆　　　　　　　　（9）绵阳

图 3 - 1　主要城市房价 LPPL 模型拟合图

如图 3 - 1 所示，通过 LPPL 模型拟合出的价格曲线基本上能够拟合各城市房价走势。但一定置信度下对泡沫破裂的预测效果并不是很理想，可能是由于房地产泡沫趋势达到临界状态时，少量投资者的反向扰动导致 LPPL 模型对价格超越指数变动速率预测失效，并且关于房价指数的数据长度有限，从而导致泡沫破裂预测失效，因此对于房地产泡沫的崩盘点不能进行较好的预测。

具体分析四川各城市泡沫差异性，成都及周边城市确实存在泡沫，不同城市比较看来，成都泡沫现象明显，其他城市泡沫存在但并不显著。

为了研究房地产泡沫传染的辐射特性，本文使用如上同样的方法，基于 LPPL 模型对剩余城市的房地产泡沫作定性检测，筛选出其中存在泡沫的城市，通过附录一中的判定条件以判断其泡沫类型，将各城市的房价分为正向泡沫和反转泡沫。面对不同类型的泡沫，参数 t_c 的含义不同。对正向泡沫而言，参数 t_c 表示预计泡沫会破灭的时点，而对于反转泡沫来说，t_c 表示反转泡沫即市场反弹的临界点。具体分类见表 3 - 3。

表 3 – 3   城市的泡沫类型

正向泡沫	保定、北京、常熟、成都、东莞、鄂尔多斯、佛山、赣州、广州、哈尔滨、邯郸、杭州、合肥、菏泽、衡水、湖州、淮安、惠州、济南、嘉兴、江门、昆山、兰州、廊坊、连云港、柳州、洛阳、绵阳、南昌、马鞍山、泉州、厦门、汕头、上海、深圳、沈阳、石家庄、太原、天津、威海、潍坊、乌鲁木齐、无锡、吴江、武汉、西宁、湘潭、新乡、宿迁、徐州、烟台、盐城、扬州、宜昌、银川、湛江、长春、长沙、镇江、郑州、中山、珠海、淄博
反转泡沫	鞍山、包头、宝鸡、北海、常州、大连、德州、东营、福州、贵阳、桂林、海口、呼和浩特、吉林、江阴、金华、昆明、聊城、马鞍山、南宁、南通、宁波、秦皇岛、青岛、日照、三亚、绍兴、台州、泰州、唐山、温州、芜湖、西安、营口、张家港、重庆

在本文研究的 100 个城市中，有 64 个城市存在正向泡沫，有 36 个城市存在反转泡沫。分析样本各地 2010 年至 2017 年房价变化，具有正向泡沫的国内各城市房价都具有显著的上涨趋势，具有反转泡沫的各城市房价上涨幅度非常有限。具体分析其地理位置，在具有正向泡沫的城市中，大部分城市属于一线、新一线城市或位于其辐射范围之内，而在具有反转泡沫的城市中，大部分城市位于一线、新一线城市辐射范围之外。

4 房地产价格泡沫的空间传染实证分析

4.1 建立模型

（一）模型及变量设定

本部分采用将空间误差模型和空间滞后模型相结合的杜宾模型（SDM）对房地产泡沫的空间传染性进行分析研究，具体模型见附录二。通过分析上一部分的实证结果，我们针对存在正向泡沫或反转泡沫的两类城市，考虑到正向泡沫和反转泡沫对房价具有不同影响，分别建立了引入交叉变量的 SDM 模型，具体见附录三。

为了研究泡沫传染的空间依赖性，本部分将房地产价格综合指数设为被解释变量，房价指数、滞后期的房价指数和宏观变量设为解释变量，包括新房指数（New）、二手房指数（Used）、国内生产总值（GDP）、金融机构贷款（Loan）、房地产开发投资额（Invest）。其中，我们主要分析新房指数和二手房指数对房价综合指数的影响。加入滞后期房价作为解释变量以便考虑房价指数中的时间自相关以及之间可能的时空依赖性。

其中，国内生产总值（GDP）对各城市的 GDP 季度数值取均值处理，金融机构贷款（Loan）选取各城市每月的金融机构贷款额作为衡量指标。房地产开发投资额（Invest）选取各城市每月的房地产开发额作为衡量指标。新房价格指数采用的是城市综合指数，它是由该城市的住宅、写字楼、商铺三类物业的指数加权平均得出。二手房销售和租赁价格指数的计算公式与新房价格指数一样，采用拉氏公式得出，P 为项目所有样本在当月房天下的平均挂牌价格，A 为该项目所有样本的总建筑面积。以上数据来源于《中国房地产统计年鉴（2010—2016）》、《中国城市统计年鉴（2010—2016）》、CEIC 宏观经济数据库。为了消除通胀对实证结果的影响，本文将居民消费价格指数作为折扣因子，把各原始数据转换为 2010 年不变价的实际数据。此外，空间权重矩阵 W 中的各元素 w_{ij} 根据各城市中心的经纬度测算而得。

（二）空间权重矩阵构造

本部分为了更加准确地描述城市之间的空间距离关系，舍弃了二元邻权矩阵、距离反比矩阵等常用构造矩阵的方法，使用了如附录四的定义方法构造矩阵。考虑到城市间经济数据的差异后，我们接着引入 CPI 数据，构造空间权重矩阵以分析其经济距离对房价指数的影响，CPI 数据来源于各城市统计局。

4.2　空间传染实证分析

我们主要通过分析杜宾模型中解释变量的参数变量 β、θ 值来判断其对综合指数的影响。β 主要表示了解释变量对被解释变量的平均影响，即每一个解释变量对该城市房价综合指数变化的平均直接影响。θ 主要表示单个城市的解释变量对其他城市的被解释变量的影响，即每一个城市的解释变量对其他城市房价综合指数变化的平均直接影响。

使用 Matlab 程序对考虑不同泡沫影响的三种房价模型进行拟合，得到参数估计如表 4 – 1 所示，其中模型（2）、模型（3）中的解释变量均是交叉变量乘项。

表 4 – 1　　　　　　　　　　　　　参数估计结果

模型	地理距离			经济距离（物价指数）		
	（1）	（2）	（3）	（1）	（2）	（3）
ρ	0.7311 **	0.7308 **	0.7162 **	0.9345 **	0.9339 **	0.9349 **
估计的 β						
GDP	0.416	0.450	0.501 *	0.562 *	0.573 **	0.612 **
Invest	0.4268 **	0.4496 **	0.4157 **	0.414 **	0.396 **	0.271 *
Loan	0.013 **	0.012 **	0.013 **	0.012 **	0.020 **	0.015 **
New	0.144 **	0.141 **	0.112 *	0.123 **	0.212 **	0.177 **
Used	0.273 **	0.298 *	0.0147 *	0.322 **	0.385 **	0.332 **
一阶滞后综合指数	0.029 *	0.189 *	0.0108 *	− 0.036	− 0.024	− 0.022
估计的 θ						
GDP	− 0.570	− 0.734	− 0.66	− 0.395	− 0.174	− 0.102 *
Invest	0.296 **	0.179 *	0.080	0.263 **	0.135 *	0.025
Loan	− 0.003	0.002	0.000	0.001	− 0.001	− 0.001
New	0.303 **	0.041 *	0.0672	0.106 *	0.083 *	0.047 *
Used	0.271 **	0.046 *	0.0965 *	0.133 *	0.056 *	0.104 *
一阶滞后综合指数	0.307 **	0.238 **	0.069	0.106 *	0.083 *	0.047
是否控制变量	是	是	是	是	是	是
是否具有固定效应	是	是	是	是	是	是

注：标有一个 * 的参数值在 10% 的水平有显著性，带有 ** 的参数值在 5% 的水平显著。

　　根据参数估计结果，在两个矩阵下的各三个模型中 ρ 均显著为正，经济距离矩阵下的数值显著大于空间距离矩阵下的数值，说明房地产市场中价格的经济距离传染显著明显于地理距离。且每组矩阵下的三个模型的 ρ 值相比较几乎一致。这表明各个城市之间有着显著的房地产泡沫正向空间依赖性，各个城市之间的房地产泡沫空间传染效应明显，并且在单独分离出正向泡沫和反转泡沫的情况下空间依赖性仍然存在，这可能是因为城市间经济发展关联程度提高，各方面联动性增强导致的。

　　在未考虑正向泡沫和反转泡沫的模型（1）中，在地理距离矩阵下，除 GDP 外其他宏观变量的 β 值在 5% 的置信度下均显著为正，说明金融机构贷款、GDP、房地产投资额对房地产价格综合指数的影响显著。此外，新房指数 β 值与二手房指数 β 值均显著为正，但新房 β 值相较二手房较低，这表明新房价格指数和二手房价格指数对各城市综合价格指数有较好的正向效应，且二手房对房价综合指数的影响更大。在经济距离矩阵下，宏观变量中，GDP 的 β 值较地理距离矩阵下更大，而金融机构贷款、房地产投资额的 β 值变化有限，这反映出 GDP 在经济距离中更能明显反映房价的上涨。新房指数与二手房指数的 β 值表现与地理距离矩阵下相似，也反映为二手房指数 β 值大于新房指数。究其原因，可能是政府在部分大中城市执行房屋限购政策、提高非首套房首付比例等措施，导致新房市场成交量减少，而二手房市场的限制条件较少，这使得二手房的市场更加活跃。在考虑正向泡沫影响的模型（2）中，在地理矩阵下，除 GDP 外，其他宏观变量影响仍然显著。观察具体数值可知，在考虑正向泡沫的影响下，房地产投资额对房价综合指数的平均解释能力下降。新房指数的 β 值为 0.141，二手房指数的 β 值为 0.298，说明在仅考虑正向泡沫时，新房价格指数和二手房价格指数对综合价格指数仍具有正向影响且较为显著。在经济距离矩阵下，宏观变量中，GDP 的 β 值较未考虑正向泡沫时增大，较地理距离矩阵下也增大，这反映了在正向泡沫中，GDP 对房价的解释能力进一步增强。新房和二手房指数的 β 值也较未考虑正向泡沫时增大。在模型（3）中，主要考虑反转泡沫的影响，地理距离矩阵下各宏观变量的 β 值均显著。新房指数和二手房指数的 β 值都为正，且在 5% 水平下显著，说明新房价格指数和二手房价格指数对各城市综合价格指数有正向效应，且二手房价格指数对房价综合指数的影响比新房价格指数更大。通过比较参数估计值，分析可知在仅考虑正向泡沫的情况下，新房和二手房指数对房价综合指数的影响更明显。后两个模型的滞后综合价格指数的系数显著为正值，这表明每月房价综合指数的正相关性，但仅考虑反转泡沫的影响时，一阶滞后房价综合指数的参数估计值较小。经济距离矩阵下，GDP 的 β 值进一步增大，房地产投资额的 β 值显著降低，新房、二手房指数的 β 值均较未考虑反转泡沫时增大，但略小于考虑正向泡沫时的 β 值。这说明在对泡沫进行进一步细分的情况下，新房、二手房价格指数均能进一步增大对房价综合指数的影响，且在考虑经济距离的情况下，这种影响力更为强烈。

　　分析宏观解释变量的 θ 值可知，在地理距离矩阵下，在不考虑正向泡沫和反转泡沫的影响时，每个城市金融机构贷款、房地产投资均对其他城市房价综合指数具有显著影响；

在单独考虑正向泡沫和反转泡沫的影响时，个别城市 GDP 水平、金融机构贷款对其他城市的综合房价指数影响有限，而每个城市的房地产投资额在任一模型下均能够显著影响其他城市的房价综合指数。综合分析三个模型的房价指数变量的显著性，θ 值都在置信度 5% 的水平下显著为正，可以认为各城市房地产泡沫均对邻近城市的房地产泡沫产生正向影响。单独比较各模型拟合参数的数值可知，在不考虑泡沫的单独影响下，新房的 θ 值大于二手房的 θ 值，说明每个城市的新房价格指数对其他城市的房价综合指数的影响比二手房价格指数对其他城市的房价综合指数的影响更明显。在经济距离矩阵下，在不考虑正向泡沫和反转泡沫的影响时，每个城市金融机构贷款、房地产投资均对其他城市房价综合指数具有显著影响，但 GDP 水平对其他城市房价的影响效果有限；二手房指数的 θ 值要大于新房指数的 θ 值，这表明在经济距离下二手房指数对其他城市房价的影响比新房指数对其他城市房价影响更显著。在单独考虑正向泡沫和反转泡沫的影响时，个别城市金融机构贷款投资额对其他城市的综合房价指数影响有限，而每个城市的房地产投资在任一模型下均能够显著影响其他城市的房价综合指数。综合分析三个模型的房价指数变量的显著性，θ 值都在置信度 5% 的水平下显著为正，可以认为各城市房地产泡沫均对邻近城市的房地产泡沫产生正向影响。究其原因，可能是房地产投资者更倾向于投资升值空间较大的新房，当某城市新房价格过高时，投资者会将目光投向其他城市，进而引起其他城市的房价综合指数上升。而研究正向泡沫和反转泡沫的模型（2）、模型（3）中，地理距离矩阵下新房指数的 θ 值小于二手房指数的 θ 值，与不考虑泡沫影响的模型（1）的结果不同，考虑正向泡沫或反转泡沫的情况下，二手房房价较新房房价对综合房价的直接影响更大，可以认为不论是正向泡沫还是反转泡沫均对二手房房价的影响更大。通过比较模型（2）和模型（3）的参数估计值，在仅考虑正向泡沫的情况下，某城市房地产泡沫对邻近城市的房地产泡沫产生的正向影响大于考虑反转泡沫时的影响，说明正向泡沫的空间传染性相较反转泡沫更为明显。在经济距离矩阵下，在考虑正向泡沫或反转泡沫的情况下，二手房房价较新房房价对综合房价的直接影响更大，在仅考虑正向泡沫的模型（2）中新房指数的 θ 值大于二手房指数的 θ 值，而在仅考虑反转泡沫的模型（3）中，新房价格指数的 θ 值小于二手房指数的 θ 值，这表明仅考虑正泡沫的影响，在经济距离下，新房价格指数对其他城市房价影响更为显著，但仅考虑反转泡沫的影响，二手房指数对其他城市房价的影响要更显著。

4.3 横截面区域性影响实证分析

接下来研究泡沫空间传染的区域性影响，因为地理距离矩阵可以合理反映区域间的距离，所以本节专注于使用地理距离矩阵研究区域性距离对房地产泡沫传播所造成的影响。为了分析不同区域之间的影响，本文基于地理位置及经济水平将 100 个城市分类，具体分类结果见表 4 - 2。

表 4 - 2　　　　　　　　　　　　　　城市分类表

A	鞍山、包头、保定、北京、大连、德州、东营、鄂尔多斯、哈尔滨、邯郸、菏泽、衡水、呼和浩特、吉林、济南、廊坊、聊城、秦皇岛、青岛、沈阳、石家庄、太原、唐山、天津、威海、潍坊、烟台、营口、长春、淄博、日照
B	常熟、常州、杭州、合肥、湖州、淮安、嘉兴、江阴、金华、昆山、连云港、马鞍山、南通、宁波、绍兴、苏州、台州、泰州、温州、无锡、芜湖、吴江、宿迁、徐州、盐城、扬州、张家港、镇江
C	北海、东莞、佛山、福州、赣州、广州、桂林、海口、惠州、江门、泉州、三亚、厦门、汕头、湛江、中山、珠海
D	洛阳、南昌、湘潭、宜昌、长沙、郑州
E	宝鸡、成都、贵阳、昆明、兰州、柳州、南宁、乌鲁木齐、西安、西宁、新乡、银川、绵阳

对区域分组后，为了在模型中更好地反映空间传染的区域性效应，需要对原空间权重矩阵作出适当调整。具体而言，以四城市空间权重矩阵为例，若城市 1 和城市 2 同处于区域 A，而城市 3 和城市 4 同处于区域 B，则空间权重矩阵 W' 中表示相同区域城市的元素均为 0，即：

$$W' = \begin{bmatrix} 0 & 0 & w_{13} & w_{14} \\ 0 & 0 & w_{23} & w_{24} \\ w_{31} & w_{32} & 0 & 0 \\ w_{41} & w_{42} & 0 & 0 \end{bmatrix}$$

将调整的权重矩阵 W' 代入原方程后，通过 Matlab 编程对模型进行拟合。由于我们重点研究新房指数和二手房指数对房价综合指数的影响，表 4 - 3 中结果仅列示新房指数与二手房指数的相关数值。

表 4 - 3　　　　　　　　　　　　　　参数估计结果

模型	(1)	(2)	(3)
ρ	0.8316 **	0.8421 **	0.8288 **
估计的 β			
New	0.078 *	0.011 **	0.153 **
Used	0.097 **	0.297 *	0.196 *
一阶滞后综合指数	0.061 *	0.312 **	0.157 *
估计的 θ			
New	0.041	0.041 *	0.067 *
Used	0.039	0.049 *	0.122 *
一阶滞后综合指数	0.012 *	0.097 *	0.085 *
是否控制变量	是	是	是
是否具有固定效应	是	是	是

注：标有一个 * 的参数值在 10% 的水平有显著性，带有 ** 的参数值在 5% 的水平显著。

分析结果可知，在两个矩阵下的各三个模型中 ρ 值均显著为正。分析两个矩阵下的具体数值，经济距离矩阵下除考虑正向泡沫的模型（2）以外，均大于空间距离矩阵下的数值，说明跨区域的房地产市场价格的经济距离传染显著明显于地理距离。在分离出正向泡沫的情况下，地理距离矩阵下的泡沫空间传染性更强，反映出房价上涨在地区之间的区域间的传染性更为强烈。各模型中的 ρ 值显著为正，说明不论是否考虑泡沫的交叉影响，房地产泡沫在不同城市之间均存在显著的聚集现象，即各个区域之间的房地产泡沫显著存在正向空间依赖性。这表明房地产泡沫在各区域间存在空间传染效应，某区域房地产泡沫的增加会带动同期其他相邻区域房地产泡沫的增加。究其原因，自改革开放以来，各经济区域联系日趋紧密，发展领先的东南地区带动了内陆地区的发展，各区域间发展有明显联动效应，这种效应也体现在房地产市场中。

在模型（1）中，新房与二手房 β 值在10%置信度水平下均显著为正，这表明在不考虑泡沫对房价的交叉影响的情况下，新房价格指数和二手房价格指数对各区域综合价格指数有显著的正向效应，且二手房对房价综合指数的影响更大，这主要是因为在其中大部分区域的房市受国家宏观调控的影响，导致新房交易受限，成交减少，从而间接增加了二手房的市场活跃度。在模型（2）中，新房 β 值为0.011，二手房 β 值为0.297，说明在仅考虑正向泡沫时，新房价格指数和二手房价格指数对综合价格指数皆具有正向影响且较为显著，其中二手房相较新房对区域性影响明显。在仅考虑反转泡沫的交叉影响下，模型（3）中新房和二手房的 β 值都在5%水平下显著为正，说明新房价格指数和二手房价格指数对各区域综合价格指数在仅有反转泡沫的情况下仍具有正向效应，且二手房价格指数对房价综合指数的影响比新房价格指数更大。通过比较参数估计值可知，新房价格指数在存在反转泡沫的情况下影响更大，而二手房价格指数在存在正向泡沫的情况下对各区域综合价格指数的影响更显著。地理距离矩阵下三个模型的滞后综合价格指数的系数显著为正值，这表明上期房地产泡沫对当期房地产泡沫产生持续影响，即房地产泡沫具有持久性，短时间内不会破灭。投资者预期房价仍会持续上涨，从而会继续增加对房地产的投资，投资者高涨的投资热情会导致房地产价格被进一步推高，这也反映了投资者"买涨不买跌"的跟风心理。

模型在经过调整后，θ 值解释为反映各区域之间房价的关联水平更符合实际情况。由表4-3可以看出，在模型（1）中新房与二手房的 θ 值均不显著，说明在不考虑泡沫交叉影响的情况下，不同区域间的新房和二手房均不存在明显的关联效应。比较具体数值可知，新房市场区域间相互影响的现象更为明显。而在模型（2）和模型（3）中加入了交叉变量后，地理距离矩阵下，新房与二手房均在10%置信度下显著，说明在考虑正向泡沫、反转泡沫的影响下，新房与二手房对房价的关联水平的影响相比在不考虑泡沫的交叉影响下更为显著，即单独识别出泡沫后能更好地反映房价影响的区域关联效应。分析模型（2）和模型（3）的具体数值，一定区域内二手房价格对其他地区的影响大于新房价格对其他地区的影响。在分析拟合结果和后续房价泡沫的表现后，我们认为模型（2）和模型（3）的结论更符合房价相互影响的实际情形，即考虑了存在正向泡沫和反转泡沫的不同情况下，新房和二手房的价格指数。最后我们分析考虑改变空间权重矩阵前后的模型表现情况以说明房价空间传染的区域性影响。通过比较表 4-1 和表 4-3 的参数估计结果可知，考虑传染区域性的模型的 ρ 值小于未考虑传染区域性模型的 ρ 值，这表明各个区域之间存在的房地产泡沫正向空间依赖性大于各个区域间的房地产泡沫正向空间依赖性，即区域间的房地产泡沫空间传染效应更为显著。这可能是区域化的空间权重矩阵增强了某些城市之间的联系。加入交叉变量前后的两种情形都能说明房价综合指数有明显自相关性，且某城市（地区）的房价综合指数、二手房价格指数、新房价格指数对其他城市（地区）有显著的正效应，这说明全国房市联系紧密、不可分割，但是区域化后的模型参数估计结果解释能力较弱。分析其原因，2016 年国家对各地区实施不同的调控政策，稳定限制一、二线城市房价，通过提高信贷等一系列的措施控制房价，鼓励三四线城市房地产市场发展，通过降低信贷条件实现房地产市场去库存，这一政策导向弱化了区域间的联系。

5　事件分析框架下对城市间泡沫传染的分析

5.1　事件研究概述

事件分析法用于分析某个事件是否对社会经济活动起到影响。我们可以根据事件分析法的原理，选择一个事件并统计此事件发生前后房地产市场的变化情况，以解释样本股票价格的变化与特定事件对收益率的影响。各城市推行的限购政策为本部分选定的事件。在房地产市场中，"限购政策"的出台具有重大影响，并且在一定程度上具有随机性特点。分析该政策能够较好地排除其他因素，探究事件本身对房地产市场的影响。本部分的研究对象选定为与限购城市空间距离接近的其他城市。根据不同的限购事件，我们的研究将从 2011 年至 2017 年，分为三组不同的时间窗口。选定的三个限购事件分别为上海 2012 年限购事件、深圳 2013 年限购事件、成都 2016 年限购事件。

上海于 2012 年 1 月 31 日出台了落实新"国八条"房地产调控政策的上海版细则。这也是上海第一次对房产限购。上海市政府出台的限购政策，对房屋购买权限进行了严格的规定。对于已有一套住房的上海户籍居民家庭和没有住房的非上海户籍居民家庭，只有在满足提供购房前在上海一年以上的社保或个人所得税缴纳记录的条件下，限购一套住房；拥有两套及以上的上海市户籍居民家庭或拥有一套及以上住房的非上海市户籍居民家庭以及不能提供相关税费缴纳证明的非上海市户籍居民家庭，没有权利购买住房。

深圳市政府在 2013 年 10 月 4 日出台了文件《关于进一步促进我市房地产市场平稳健康发展的若干措施》。深圳市规定，深圳市本地户籍家庭限购两套住房，深圳籍单身人士仅限购一套住房；对于非深圳本地户籍的家庭，需要提供 5 年及以上的个税或社保缴纳记录方允许限购一套住房。同时，深圳市对购房者在银行贷款条件上也有较为严格的限制，没有公积金贷款的家庭、无房但有公积金贷款记录和家庭名下拥有一套住房的，最低贷款首付比例分别 30% 、50% 、70% 。

自 2016 年 10 月 3 日起成都市实施住房限购，成都市政府出台《关于促进我市房地产市场平稳健康发展的若干措施》。该措施限制每个成年人或企业法人仅可购买一套全新商品房。同时成都市住房限购地区银行信贷政策也十分严格，购买第二套房商业性个人住房的贷款首付款比例不低于 40% 。这一事件被称为成都限购 1.0。

从市场反应来看，三个城市的限购事件都直接引爆了当地的房地产热度。以上海为例，限购政策推行当天，关于限购的搜索指数接近 20 万。搜索热度飙高的不仅仅是限购城市当地，限购城市所辐射到的卫星城的房地产市场也成了网友关注的重点。限购事件究竟是否会加剧房地产泡沫的传染，是本部分将要讨论的问题。

5.2　实证分析

综合上文，我们选择了上海、成都、深圳三个城市为中心城市，分别以其在 2012 年、2013 年、2015 年推出的限购政策为事件，作为房地产泡沫的空间传染现象可能发生转变的三个时间点。SDM 泡沫传染模型与 4.1 节相同。基本表达式为：

$$y = \rho(I_T \otimes W(t))y + X\beta + (I_T \otimes W(t))X\theta + D\alpha + \varepsilon$$

本部分的研究目的是，探究限购城市的限购政策对周边城市新房房价的影响，因此本部分的研究对象为中心城市及其周边地理距离最近的 19 个城市。本部分研究的关键在于，建立新的空间矩阵，即基数为相距中心城市的距离计算距离中心城市最近的城市之间的相对距离，从而实现中心城市对周边城市的影响分析。改进的空间权重矩阵 W 如式（5.1）所示：

$$C_{ij} = 1 - \frac{\max_j F_{ij} - F_{ij}}{\max_j F_{ij} - \min_j F_{ij}} \tag{5.1}$$

对于所有的 $i \neq j$，否则 $C_{i,j} = 0$。F_{ij} 是城市 i 与中心城市之间距离和城市 j 与中心城市之间距离的相对空间测度，也是空间权重矩阵 W 的变量。其涵盖了城市之间的直线距离，即城市之间的地理距离。通过谷歌地球，我们得到经纬度数据，通过各城市的经纬度计算得到距离。同时包括，使用房地产开发企业本年资金来源于国内贷款占来源于总计的比例计算得到的房地产开发企业国内贷款占比数据。此外还有代表城市经济发展水平的经济指标，包括人均 GDP 和金融信贷方面的影响，金融信贷影响选取年末金融机构各项贷款余额代替。

将改进得到的矩阵 $W(t)$ 代入泡沫传染测度模型：

$$y = \rho(I_T \otimes W(t))y + X\beta + (I_T \otimes W(t))X\theta + D\alpha + \varepsilon$$

本部分研究的主要问题是 2010 年 6 月至 2017 年 11 月间（共 90 组月度数据），主要城市的限购政策对泡沫空间传染的影响，因此本部分中的三个实证模型分别将 90 组月度数据依照限购事件发生的时间节点分为前后两部分，使两段时间长度一致，以达到对"限购对泡沫传染影响"问题的研究。同样考虑正向泡沫和反转泡沫带来的不同效应。交叉变量的设定如下。

在模型（2）中，交叉变量定义为：

$$B_i = \begin{cases} 1 & \text{第 } i \text{ 个城市存在正向泡沫} \\ 0 & \text{其他情况} \end{cases} \tag{5.2}$$

在模型（3）中，交叉变量定义为：

$$B_i = \begin{cases} 1 & \text{第 } i \text{ 个城市存在反转泡沫} \\ 0 & \text{其他情况} \end{cases} \tag{5.3}$$

首先对成都在 2016 年 10 月推行的限购政策进行分析。依照定义，T1 = T2 = 13。通过 Matlab 求解得到参数估计见表 5 - 1。

表 5 - 1　　　　　　　　　　　成都限购前后对比

参数	限购前参数估计结果			限购后参数估计结果		
	（1）	（2）	（3）	（1）	（2）	（3）
ρ	0.8124 **	0.8204 **	0.8102 **	0.8324 **	0.8378 **	0.8370 **
新房 β	0.152 *			0.146 *		
新房 βB_1		0.142 *	0.0114 *		0.139 *	0.0110 *
新房 θ	0.310 **			0.313 **		
新房 θB_1		0.040 *	0.0669 *		0.045 *	0.0675 *
一阶滞后综合指数 β	0.125 *	0.184 *	0.0104 *	0.132 *	0.192 *	0.0110 *
一阶滞后综合指数 θ	0.304 **	0.239 **	0.0690 *	0.310 **	0.242 **	0.0689 *
是否控制变量	是	是	是	是	是	是
是否具有固定效应	是	是	是	是	是	是

注：标有一个 * 的参数值在 5% 的水平有显著性，带有 ** 的参数值在 1% 的水平显著。

针对成都限购前后，对成都周边城市的房价泡沫传染情况进行建模。根据参数估计结果，在成都限价政策发生前后，三个模型中 ρ 值均显著为正，证明成都市房价一直对周边城市房价产生着正向影响。分析限价前后变化，限价后可以发现 ρ 值显著增加，从而反映限价后成都的房价指数对周边城市房价的影响增大，观察成都及周边城市在成都限价政策后房价的变化趋势也可以看出，成都在 2011 年 2 月后房价增速明显放缓，而周边重庆、绵阳等城市的房价增速较成都限购前有一定增长，这也反映了投资者及投资资金的空间流动情况，在查询具体新闻后可知，成都周边地区在 2016 年 11 月前后并未发生类似的政府实际限价限购措施，这在一定程度上说明周边城市的房价涨幅上升是由于成都限购措施导致投资资金向周边地区流动导致的。具体分析可以观察到模型（1）中可以看出，限购后影响因子 β 减少，表明限购后成都市新房指数对自身房价的影响效应变弱，从而使得成都房价增速放缓。在模型（2）、模型（3）中加入交叉变量后，限购后的影响因子也大于限购前，说明仅考虑正向泡沫、反转泡沫时，限购后成都市新房价格指数对自身房价水平影响效果有限，成都的房价上涨得到抑制。

从 θ 的估计值可以看出，就模型（1）来说，限购后的 θ 值大于限价前的 θ 值，说明限购后，成都的新房指数对周边的房价综合指数的影响比限购前的影响更明显，这直接体现了限购政策对泡沫传染现象的加剧作用，验证了之前对投资者及投资资金在空间上向限购城市周边流动的论断。在考虑了交叉变量的模型（2）和模型（3）也可以得到同样的结论。

同理，我们得到了深圳在 2013 年 10 月和上海在 2011 年 2 月限购政策出台前后房价泡沫的表现。估计值分别如表 5-2 和表 5-3 所示。

表 5-2 深圳限购前后对比

参数	限购前参数估计结果			限购后参数估计结果		
	（1）	（2）	（3）	（1）	（2）	（3）
ρ	0.8126 **	0.8213 **	0.8105 **	0.8455 **	0.8421 **	0.8324 **
新房 β	0.140 *			0.158 *		
新房 βB_1		0.143 *	0.0109 *		0.158 *	0.0118 *
新房 θ	0.316 **			0.319 **		
新房 θB_1		0.037 *	0.0659 *		0.048 *	0.0702 *
一阶滞后综合指数 β	0.132 *	0.180 *	0.0103 *	0.145 *	0.198 *	0.0125 *
一阶滞后综合指数 θ	0.307 **	0.243 **	0.0691 *	0.334 **	0.249 **	0.0702 *
是否控制变量	是	是	是	是	是	是
是否具有固定效率	是	是	是	是	是	是

注：标有一个 * 的参数值在5%的水平有显著性，带有 ** 的参数值在1%的水平显著。

表 5-3 上海限购前后对比

参数	限购前参数估计结果			限购后参数估计结果		
	（1）	（2）	（3）	（1）	（2）	（3）
ρ	0.8455 **	0.8423 **	0.8326 **	0.8562 **	0.8430 **	0.8421 **
新房 β	0.160 *			0.177 *		
新房 βB_1		0.161 *	0.0118 *		0.179 *	0.0121 *
新房 θ	0.321 **			0.353 **		
新房 θB_1		0.050 *	0.0704 *		0.061 *	0.0721 *
一阶滞后综合指数 β	0.147 *	0.201 *	0.0131 *	0.152 *	0.211 *	0.0145 *
一阶滞后综合指数 θ	0.336 **	0.251 **	0.0703 *	0.341 **	0.272 **	0.0747 *
是否控制变量	是	是	是	是	是	是
是否具有固定效率	是	是	是	是	是	是

注：标有一个 * 的参数值在5%的水平有显著性，带有 ** 的参数值在1%的水平显著。

与成都结论类似，限购后，深圳、上海的房价指数对各自的矩阵邻近城市产生的正向要明显强于限购前。而且观察发现，随着不同城市依次展开限购政策，城市之间泡沫传染现象更加严重。从三组对比模型可以看出，如果某城市房地产泡沫增加，与之经济或信贷市场相似的其他城市则会被传染，并使它们的房地产泡沫增加。根据矩阵距离选择的标准，我们认为房地产泡沫在不同城市之间的正向传染主要基于市场的相似性。即市场存在适应性预期，投资者对周边城市房地产市场的预测和估计会受到主要城市的房地产市场的变化的影响。当投资者普遍认为具有相似市场条件的城市会在其中一个城市出现房地产泡沫，同时政府进行调控之后，大概率会出台相应政策，因此投资者资金涌入这些城市，希望抢先于调控政策，由此导致周边城市房地产泡沫上升，形成泡沫传染。根据矩阵距离的测量标准，具体来说，城市间的泡沫传染的形成有以下两个原因：

首先，作为全国经济中心的主要城市，具有大量人才、资金和资源集聚优势，卫星城市的经济发展，促进了区域间人才、技术和资金的交流，从而导致主要城市和卫星城市的房地产市场的供给和需求趋同，从而形成了区域性的房价集聚现象。

其次，地理位置邻近的城市间资金、技术以及人力资源的流动较为便利，地理位置邻近一方面有利于城市间经济的协调发展，另一方面，相邻城市间消费者由于示范效应的存在，对房地产的需求与政策预期也会逐渐趋于一致，房价出现齐涨现象也由此产生。房地产价格泡沫的空间传染性会导致房价的波动效应放大。具体来说，某个城市的高房价会推动周边城市的房价上涨。

5.3　小结

本部分将房地产泡沫的空间传染效应细分为不同时间点限购政策前后空间传染效应的对比，基于中国三个主要城市及其周边共 60 个城市 2011—2017 年的面板数据，并根据上节构造的空间结构模型，重新对房地产泡沫进行测度。

实证研究结果主要反映了以下几点：第一，地方政府出台的各类限购政策，虽然对自身房价的增幅实现一定控制，但对周边城市房地产泡沫会产生显著的正向影响，表明房地产市场粗放式监管的收紧反而将加剧房地产泡沫。第二，限购前后各项系数的方向相同，表明房地产市场泡沫传染现象一直存在并且房地产泡沫具有持久性，不会立即破灭。

6　泡沫原因分析及政策建议

6.1　泡沫原因分析

从上文的实证分析中，我们已经得出国内房地产市场确实存在泡沫的结论。具体分析泡沫产生的原因，可以从住房投资者（消费者）、政府和银行（政策发布者）、房地产开发商（供应者）三个角度进行探讨。

（一）住房投资者

对于住房的投资者，其需求分为投资需求和消费需求，其中消费需求是政策中需要保障的部分。而投资需求则不是，这部分需求是政策制定中需要抑制和转移的部分。

投资需求的形成原因主要是普遍存在的房价不跌的预期和资金的过剩。对于现在社会中的中产阶级及以上的投资者，普遍存在较多的闲置资金，因此会有投资需求。根据住房价格在过去的表现，市场普遍认为房地产在抵抗通货膨胀的同时具有较高的收益率，而且对于房地产价格上涨形成了普遍预期。同时其他投资渠道的回报表现和准入标准往往不如房地产，所以房地产吸引了大量的投资。

持有住房几乎没有成本，拥有一套闲置住房的成本很小。除此以外，房价上涨还具有溢出效应，对于地理上邻近和经济发展水平相似的城市，如果一个城市的房价上涨，则会有租房人或者买房人套利去其他城市租房或者买房，进而导致其他城市的房价随之上涨。而且出租人和卖房人也会时刻注意其他城市房价的消息，防止因为买方套利而对卖方造成损失。所以房价上涨具有空间溢出效应。

住房的投资者由于对住房的要求和其他实际需求相关而导致住房的供求局部不均衡。比如学区房的供不应求，这种住房的价格往往上涨较快，进而产生溢出效应，带动区域房价上涨。而其他较为冷门地段的住房，由于几乎没有存放成本和房价上涨预期，其价格也不会轻易下降。这导致住房的价格具有黏性，房价容易上涨而不容易下降，归根结底是由普遍存在的房价预期和过少的持有成本造成的。

而对于具有消费需求的住房投资者，这种需求的需求弹性很小，而且市场中普遍存在价格上涨预期，再加上政府和银行的补助，所以往往愿意支付较高的价格，进而实现了预期，加剧了住房价格的黏性。

（二）政府和银行

政府推出了住房的限购政策，对于个人的第一套住房给予优惠，表面上保护了住房的消费需求，实际上也为投资需求提供了捷径，许多人利用子女等手段以较低的价格买到住房，实际上是投资。但该政策还是有效地抑制了住房的投机需求。而政府推出的住房价格限制政策则会导致住房市场供小于求，过剩的需求会转移到其他城市，进而产生溢出效应，推动周围城市和相似城市的房价上涨。

除此以外，银行的房屋按揭贷款政策也助长了投资需求。越是具有更多资产和住房的客户银行越是能够给予较大的贷款金额和优惠的贷款政策（风险溢价较低），这使得部分住房投资者能够使用杠杆的方式投资房地产，在住房价格上涨的预期下收益可观，进而增大了住房的投资需求。

我国的城乡二元结构导致大量农村人员进城务工或者农村人口向城市转移。而大城市集聚效应导致周围城市的人口向大城市汇聚。这些大城市新增人口的住房需求往往是消费需求，是刚需，根据上面的分析，会加剧住房价格黏性。

（三）房地产开发商

一个城市的土地资源是有限的，这导致一个城市的商品房用地资源是有限的。市场上又普遍存在房价上涨预期，消费需求刚性和价格黏性使得开发商倾向于减少新房供应量以抬高价格。

　　而房地产开发市场的准入门槛较高，一个城市的有限房地产市场往往只能容纳几家开发商，进而形成寡头垄断市场，寡头之间往往达成供应量和价格的共识，所以房价一般不会下跌而趋于平稳，有时会因为经济形势的转好，需求上涨而房价逐渐上涨。

　　除此以外，开发商还和部分媒体合作，故意渲染住房的投资价值和价格上涨预期，激发投资需求，抬高价格，与上述的有限供应策略协同，使得住房价格上涨。

6.2　政策建议

　　目前中国房地产市场的局部泡沫已经出现，表现为个别城市的房价不合理的飞涨。为了防止泡沫在空间上转移，传染到更多区域上去甚至导致全国范围内出现房地产泡沫，从政府的角度来说，房地产政策应当贯彻中央"房子是用来住的，不是用来炒的"的基调，建立因地制宜、因时制宜的制度体系。中央政府应当深化改革相关制度，加强风险防控和金融监管，加快住房租赁体系建设，保障居民合理自住需求；地方政府则应当加快住房制度改革，对房屋土地供应进行改制调控。

　　1. 在房地产市场调控方面，国家各部委要积极部署房地产调控工作会议，加快促进房地产市场平稳运行的长效机制构建。如住建部要深化住房制度改革，加快建立多主体供给、多渠道保障、租购并举的住房制度，做好通过分类调控房地产市场的工作，切实促进房地产市场平稳健康发展；银保监会要努力抑制居民杠杆率，重点控制居民杠杆率的过快增长，严控个人贷款违规流入股市和房市。继续遏制房地产泡沫化，严肃查处各类违规房地产融资行为；人民银行要切实防范化解金融风险，加强金融风险研判及重点领域风险防控，加强影子银行、房地产金融等的宏观审慎管理；国家发展改革委也要做好引导规范房地产企业境外发债资金投向的工作，对房地产企业外债资金投资境内外房地产项目、补充运营资金等加以限制，并承诺资金用途；在基础性关键制度方面，要健全地方税体系，稳妥推进房地产税立法。

　　2. 政府要强化土地资源管理。通过监控土地的供应量情况，对其进行适度调整，从而有效控制商品房价格的异常波动。政府应该根据房地产市场的要求，确保土地的合理供应，对各类用地的供应比例进行动态调控。对新的土地招标和房地产开发谨慎处理，以防结构性库存过剩，进而引发房地产泡沫。政府应当对房地产投资进行调控，对违期开发的土地进行处罚和收回。坚决打击开发商圈地和炒地的投机行为，清除政府内部腐败的源头。

　　3. 政府要加强控制房地产开发规模。土地资源必须通过政府途径释出，开发活动须经过政府相关部门审批通过，从而得以在数量和质量对房地产建设的各方面进行直接干预。政府必须对"圈地热"这种土地投机行为情况加以控制，从源头上控制房地产市场的稳定。

　　4. 政府要预防过度投机。一方面，房地产投资的过度增长导致房地产投资的增长速度远远超过了城市化进程，造成了市场供给与市场需求的严重不平衡。另一方面，相关政策和市场建设的不健全在一定程度上纵容了投机的发生。房地产行业的根基在于土地，在投机资本的作用下，土地价格急剧上涨，市场进一步拉大了供求差距。土地的稀缺性导致价格水涨船高，严重脱离了其实际价值而产生地价泡沫，进而导致房地产价格泡沫的形成。

5. 政府对房地产市场的宏观监管需要加强。控制房地产泡沫的当务之急是政府通过对宏观经济形势判断制定相关政策，从而形成居民收入、税收、就业等方面联动反应。当房地产泡沫趋于明显时，政府就必须制定政策加强对房地产市场的管理。首先，加强对房地产的投建管理，使房地产的供给符合人民需要；其次，加强对房地产二级市场的管理，防止楼市波动，导致房地产泡沫；最后，对房地产开发结构进行调整，确保房屋真正能够满足各层次人群需求，同时加大市场统计和预测工作力度。

另一方面商业银行应当更加审慎地对待住房信贷政策的调整和实施，应根据区域、需求不同，对住房贷款进行差别化对待，始终服从和服务于房地产市场平稳健康发展的总体要求。房地产产业整体的调控受住房信贷政策的影响，因此对于降低房地产泡沫，住房信贷政策有着举足轻重的作用。

相较于地方政府出台限购政策，住房信贷政策对于调整房地产市场短期的投资性需求、投机性需求有着更为明显的作用。贷款利率、首付比例对购房者收入及贷款年限的限制等影响购房成本的主要因素，都会对消费者尤其是投机者的购房行为产生影响。对住房信贷政策进行调整，可以入手的方面有调整贷款总量、贷款价格、贷款条件、贷款首付以及贷款期限。量价并举，长短结合，既调控价格又调整总量，既着眼当下又引导预期。但同时不可为实现政策预期而因噎废食，让真正有住房需求的居民难以购房。政府不仅要对各地区房地产泡沫的差异性进行考虑，采取分城施策、分类调控，出台更多具有地方色彩的调控措施，而且也要对地理邻近、经济相似等城市之间房地产泡沫的相互影响和作用予以考虑，以防止某一地区的房地产泡沫传染至其他地区。

具体而言，政府应当对如下几点进行调控：

1. 坚持分类实施房地产信贷调控，分区域实施差别化住房信贷政策，谨慎应对政策调整和业务经营。首先从需求的角度考虑，政府应该对不同的购房需求区别对待。但是需要注意的是，我国当前仍有部分居民特别是中小城市居民的购房需求未能得到实现。因此对政府而言，应当对自住型和改善型购房需求合理满足，对投资性、投机性购房需求予以坚决抑制。同时，金融产品创新步伐应该加快，对住房租赁市场的服务和监管应该加强，坚持"房子是用来住的，不是用来炒的"。

从区域的角度考虑，应当因地制宜，因城施策。整体上，对于部分房价上涨较快的大中型城市，打击投机，控制贷款总量，上调贷款利率，收紧贷款条件，例如提高贷款首付比例，从而有效地去杠杆、去泡沫。另一方面，对部分房地产库存量较高的三四线城市，可以在有效控制风险的前提下，合理运用住房信贷杠杆，对有住房需求的居民在贷款利率、贷款条件、贷款首付等方面进行适当补助，进而助力房地产市场"去库存"。

2. 强化房地产风险管控。银行业金融机构应建立房地产风险监测机制。商业银行应考虑地方特点，各地监管机构的监管范围应涵盖房地产企业贷款、个人按揭贷款、房地产抵押贷款、房地产企业债券，以及其他形式的房地产融资活动，同时应对各类房地产贷款进行定期检测，加强对房地产业务合规性管理，严防违规资金流入房地产市场。各级监管机构应当重点关注相关指标异常的金融机构。

3. 加强房地产抵押品管理。银行业金融机构应当完善抵押品准入管理机制，建立健全房地产抵押品动态监测机制，及时发布内部预警信息，采取有效应对措施。

总体而言，我国政府应不断加强房地产领域的宏观审慎监管，金融宏观审慎调控框架应该以"因城施策，差别化住房信贷政策"为主要内容。进一步完善房地产市场的宏观审慎政策工具，防范和化解房地产市场可能形成的系统性金融风险。另一方面，各地商业银行在流动性较为充裕、负债成本逐步下降的情况下，应结合本地及周边地区市场的具体特征，审慎经营个人住房贷款业务，以利于稳定家庭部门杠杆、抑制房地产市场泡沫。

7　本文小结

许多城市发生了房价上涨现象，这使得中国的房地产泡沫问题成为了社会和学界所关注的热点问题之一。地区之间的房地产价格的空间联系随着资本的地区流动性增加而明显，房地产价格的波动和房地产市场的不稳定性因而加剧，政府调控房地产市场的政策制定变得愈加困难。

本文研究的两个问题分别是中国城市的房地产市场是否存在泡沫及各大城市的房地产泡沫是否存在空间关联。本文围绕房地产价格和泡沫，并回顾现有房地产泡沫的测度方法和空间面板模型进行理论分析，通过分析比较，LPPL 模型是比较成熟的测度泡沫的方法，LPPL 是一种客观的模型，基于数据本身进行分析，不需要人为地确定指标；SDM 模型将空间误差模型和空间滞后模型相结合，能更好地产生无偏估计。因此，本文使用 LPPL 模型和 SDM 模型进行实证分析。

本文的主要结论如下：

1. 本文对中国指数研究中心包含的 100 个城市的房地产泡沫作了实证测度。首先，本文运用 LPPL 模型对这 100 个大中城市的房地产泡沫进行定性测度，以识别和检测出存在房地产泡沫的城市，并获得所有城市房地产泡沫的参数估计，然后画出了基于参数结果的部分城市的房地产价格拟合图像，通过图像可知 LPPL 模型能够较好地对各城市的房价数据进行拟合，即 LPPL 模型拟合效果较好。本文按每个城市的参数估计可将这些城市的泡沫分类，其中，36 个城市存在反转泡沫，64 个城市存在正向泡沫。

2. 本文基于第一部分实证对泡沫的分类，引入两种定义的交叉变量，从而得到两个新的模型。其中，第一部分以城市的空间权重矩阵来讨论，第二部分以区域化的空间权重矩阵来讨论。综合两个情形的模型结果可知，空间自相关系数 ρ 的估计值显著为正，可以认为某城市（地区）房地产泡沫空间相关性较强。此外，某城市（地区）的房价综合指数、二手房价格指数、新房价格指数对其他城市（地区）有显著的正效应，这说明全国房市联系紧密，不可分割，部分城市的房地产泡沫极有可能给其他城市带来影响。近年来，房地产市场的不健康发展不仅不能使人民安居，甚至严重阻碍了我国的经济发展，国家应该通过调整信贷政策，调控宏观资源，引导房地产产业重回正轨。

3. 本文的研究还存在一些不足之处和进一步拓展深化的空间，具体包括以下几点：第一，本文仅使用 LPPL 模型对房地产泡沫进行定性测度并拟合房价走势图，但是由于房地产泡沫的测度方法有很多且各有千秋，房地产泡沫的测度是一个相当复杂的问题，在后续研究中可以通过对不同测度方法进行实证比较，验证不同测度方法的适用性。也可以基于现有的研究，对房地产泡沫测度的新方法进行探究，进而在房地产泡沫测度的方法上作出贡献。第二，本文以新房价格指数和二手房价格指数为解释变量对房地产泡沫的空间传染效应进行实证分析，然而，房地产泡沫的空间传染效应并不局限于这两方面的原因，其影响因素极其复杂，因此在后续研究中，可以拓宽研究视角，加入国家宏观经济形势、居民购买力等解释变量进行深入研究。

附录一　LPPL 模型

LPPL 模型（对数周期加速幂律）是研究泡沫理论较为常用和成熟的模型，它通过拟合观测到的价格的时间序列数据，来检测泡沫和预计崩盘点 t_c，即泡沫结束的时点。LPPL 模型不仅广泛适用于股市泡沫的识别和检测，也被应用于房地产价格泡沫的研究中。

LPPL 模型具体的表达式如式（5.1）所示：

$$\ln P(t) = A + B(t_c - t)^\beta + C(t_c - t)^\beta \cos(\omega \ln(t_c - t) + \varphi) \tag{5.1}$$

其中，A、B、C 是三个线性参数，t_c 代表资产价格泡沫破灭的时点，φ 代表相位参数，β 代表固有幂数，ω 代表波动的频率。运用最小二乘法对式（5.1）作估计，可以得到其中 7 个参数的估计值。

LPPL 模型中一共有 7 个待估参数，其中 A、B、C 为线性参数，t_c、β、ω、φ 为非线性待估参数。由于模型中变量较多，为了减小对房地产泡沫拟合过程中产生的误差，本文首先使用四个非线性参数 t_c、β、ω、φ 对 A、B、C 三个线性参数进行线性回归来得到非线性参数的最优解。由于 t_c、β、ω、φ 四个参数是高度非线性的，如果使用常用算法会导致对房地产泡沫估计失效，因此本文选择使用禁忌搜索算法，在全局中搜索其最优解。

LPPL 模型根据参数的不同特点，可以分为四种泡沫类型，现归纳总结如下：

1. $B < 0$，$t_c > t$，此类情况就是我们最常见的所谓泡沫，价格趋势向上。

2. $B < 0$，$t_c < t$，此类情况为所谓的反转泡沫，价格趋势向下，t_c 表示反转泡沫的起始点。

3. $B > 0$，$t_c > t$，此类情况为反转泡沫，价格趋势向下，t_c 表示反转泡沫即市场反弹的临界点。

4. $B>0$，$t_c<t$，此类情况为反转泡沫，价格趋势向上，t_c 表示反转泡沫的起始点。

附录二　空间误差模型与空间滞后模型

空间误差模型的基本形式如式（5.2）所示：

$$y_{it} = \sum_m x_{it}^{(m)} \beta_k + \varepsilon_{it}, \varepsilon_{it} = \sum_{j=1}^N \lambda\, w_{ij}\, \varepsilon_{jt} + \mu_i + \gamma_t + v_{it} \tag{5.2}$$

其中，i 表示各个地区，t 表示各个时期，x_{it} 表示解释变量，y_{it} 表示被解释变量，ε_{it} 表示随机误差项，w_{ij} 表示地区 i 与地区 j 的空间权重因素，μ_i 及 γ_t 分别代表个体效应及时间效应，λ 代表空间自相关系数，v_{it} 代表随机扰动项。

空间误差模型的矩阵形式如式（5.3）所示：

$$\begin{cases} y = X\beta + \varepsilon \\ \varepsilon = \lambda(I_T \otimes W_N)\varepsilon + \mu + \gamma\,\tau_N + v, |\lambda| < 1 \end{cases} \tag{5.3}$$

其中，X 代表解释变量矩阵，y 代表被解释变量向量，ε 代表随机误差项向量，W_N 代表空间权重矩阵，μ 及 γ 分别代表个体效应及时间效应，λ 代表空间自相关系数，v 代表随机扰动项向量。

空间滞后模型（Spatial Autoregressive Model，SAM）能够很好地描述某空间个体直接对其他空间个体的影响。

空间滞后模型的基本形式如式（5.4）所示：

$$y_{it} = \sum_{j=1}^N \rho\, w_{ij}\, y_{jt} + \sum_k x_{it}^{(k)} \beta_k + \mu_i + \gamma_t + v_{it}, |\rho| < 1 \tag{5.4}$$

其中，i 表示各个地区，t 表示各个时期。x_{it} 表示解释变量，y_{it} 表示被解释变量，w_{ij} 表示地区 i 与地区 j 的空间权重因素，μ_i 及 γ_t 分别代表个体效应及时间效应，ρ 代表空间自相关系数，v_{it} 代表随机扰动项。

空间滞后模型的矩阵形式如式（5.5）所示：

$$y = \rho(I_T \otimes W_N)y + X\beta + \mu + \gamma\,\tau_N + v, |\rho| < 1 \tag{5.5}$$

其中，X 表示解释变量矩阵，y 表示被解释变量向量，W_N 表示空间权重矩阵，μ 和 γ 分别代表个体效应及时间效应，ρ 表示空间自相关系数，v 表示随机扰动项向量。

空间杜宾模型（SDM）在普通空间面板模型的基础上加入了解释变量的空间滞后项和因变量的空间滞后项，如式（5.6）所示：

$$(I - \rho W)y = (I - \rho W)X\beta + \varepsilon$$
$$y = \rho W_y + X\beta - \rho WX\beta + \varepsilon$$
$$\varepsilon \sim N(0, \sigma^2 I_n) \tag{5.6}$$

经等价变换，得到空间杜宾模型的常用形式：

$$y = \rho W_y + X\beta + WX\theta + \varepsilon, \varepsilon \sim N(0, \sigma^2 I_n) \tag{5.7}$$

其中，y 是被解释变量的观察值向量，X 是解释变量的观察值矩阵，β 是对应的系数向量，ε 是异质误差向量，W 是空间权重矩阵，ρ 是空间自回归参数。

空间杜宾模型的矩阵形式可以简写成：

$$y = (I_{NT} - \rho(I_T \otimes W(t)))^{-1}(X\beta + (I_T \otimes W(t))X\theta + D\alpha + \varepsilon) \tag{5.8}$$

其中，$W(t)$ 是空间权重矩阵，它是 N 维方阵，N 是样本截面数据的大小；向量 y 包含 NT 个被解释变量的观察值（月度收益），T 是时间序列的维度；类似地，X 是 $NT \times K$ 维的矩阵，包含 K 个解释变量（包括滞后的被解释变量），β 和 θ 是对应的参数向量；D 是全局常数，α 是对应的系数向量；最后，ε 是异质误差向量，I_T 是 T 维单位矩阵，表示 $\otimes$ 克罗内克乘积。

附录三 引入交叉变量的 SDM 模型

为了反映出正向泡沫和反转泡沫对房价具有不同影响，在随后的模型（2）和模型（3）中引入不同的交叉变量：若第 i 个城市存在正向泡沫，则定义值为 1；若第 i 个城市存在反转泡沫，则定义值为 -1。

在模型（2）中，交叉变量 1 如下定义：

$$B_i = \begin{cases} 1 & \text{第 } i \text{ 个城市存在正向泡沫} \\ 0 & \text{其他情况} \end{cases} \tag{5.9}$$

在模型（3）中，交叉变量 2 如下定义：

$$B_i = \begin{cases} -1 & \text{第 } i \text{ 个城市存在反转泡沫} \\ 0 & \text{其他情况} \end{cases} \tag{5.10}$$

其中，模型（2）为研究考虑正向泡沫影响的房价泡沫模型，即将交叉变量 1 引入模型，形如：

$$y = \rho(I_T \otimes W(t))y + X\beta \cdot B_i + (I_T \otimes W(t))X\theta \cdot B_i + D\alpha + \varepsilon$$

最后对考虑反转泡沫影响的房价泡沫模型（3）进行研究，模型（3）与模型（2）相似，仅交叉变量定义不同。

附录四

在空间面板分析中，通常设定二元对称空间权重来表示各空间之间的相互关系，其形式如下：

$$W = \begin{bmatrix} w_{11} & w_{12} & \cdots & w_{1n} \\ w_{21} & w_{22} & \cdots & w_{2n} \\ \cdots & \cdots & \cdots & \cdots \\ w_{n1} & w_{n2} & \cdots & w_{nn} \end{bmatrix}$$

其中，w_{ij} 定义为区域 i，j 之间的邻近关系。在空间计量模型中，对空间权重矩阵的选择影响了最终模型的实际效果。为了得到标准距离矩阵 W，本文首先构造一个邻近矩阵 C，用以描述样本中所定义的城市间的接近测度或距离测度，即泡沫在任意一组城市中是如何从城市 j 传染到城市 i 的。

当 F_{ij} 为城市 i 和 j 之间的接近测度时，当 $i \neq j$ 时，C 矩阵的第 i 行、第 j 列元素为：

$$C_{ij} = 1 - \frac{\max_j F_{ij} - F_{ij}}{\max_j F_{ij} - \min_j F_{ij}} \qquad (5.11)$$

当 $i = j$ 时，$C_{i,j} = 0$。相比之下，当 F_{ij} 是城市 i 和城市 j 之间的距离测度时，对于所有的 $i \neq j$，C 矩阵的 i 行和 j 列元素为：

$$C_{ij} = 1 - \frac{F_{ij} - \min_j F_{ij}}{\max_j F_{ij} - \min_j F_{ij}} \qquad (5.12)$$

当 $i = j$ 时，$C_{i,j} = 0$，即城市自身距离为 0。邻近的定义保证了 C 矩阵的元素都是 0 和 1，如果城市 i 和 j 有最短的距离，则 $C_{ij} = 1$，如果城市 i 和 j 间有最长的距离，则 $C_{ij} = 0$。对 C 进行行标准化可得矩阵 W，使得对 W 中每个 i，都有 $\sum_j W_{ij} = 1$。通过构造标准矩阵 W，可以用 W 表示各城市间的距离，以便反映城市的相对距离以及泡沫的空间传染。

参考文献

［1］董贵昕. 金融泡沫的形成、运行与控制［M］. 上海：复旦大学出版社，2005.

［2］Walsh Gallery C. From Gaza to Beijing：Photography by Gao Lei［M］//董贵昕. 金融泡沫的形成、运行与控制研究. 上海：复旦大学出版社，2005.

［3］王玉贵. 金融泡沫的形成机理及我国股市、房地产泡沫实证研究［D］. 北京：中国人民大学，2005.

［4］张建伟. 噪声交易、金融泡沫与金融市场多重均衡理论［J］. 当代经济科学，1999（4）：17 – 21.

［5］林海. 噪声交易的进化博弈分析［J］. 印度洋经济体研究，2003（1）：35 – 38.

［6］张灿. 金融泡沫论［M］. 上海：上海财经大学出版社，2002.

［7］杨胜刚，费婧蓉. 金融泡沫与信用制度的内在缺陷——基于美国次贷危机的分析［C］// 信用经济与信用体系国际高峰论坛论文集. 2009.

［8］许海燕. 日美经济泡沫现象成因比较分析［D］. 保定：河北大学，2010.

［9］蔡楠. 金融泡沫化：理论及基于中国的实证分析［J］. 世界经济研究，2003（9）：57 – 62.

［10］Blanchard O J, Watson M W. Bubbles, Rational Expectations and Financial Markets［J］. Nber

Working Papers, 1982.

[11] Phillips P C B, Yu J. Dating the timeline of financial bubbles during the subprime crisis [J]. Quantitative Economics, 2011, 2 (3): 455 – 491.

[12] Gunduz Caginalp, David Porter, Vernon Smith. Financial Bubbles: Excess Cash, Momentum, and Incomplete Information [J]. Journal of Psychology & Financial Markets, 2001, 2 (2): 80 – 99.

[13] Penman S H. The Quality of Financial Statements: Perspectives from the Recent Stock Market Bubble [J]. Accounting Horizons, 2003, 17 (s – 1): 77 – 96.

[14] Zhou W X, Sornette D. A case study of speculative financial bubbles in the South African stock market 2003 – 2006 [J]. Physica A Statistical Mechanics & Its Applications, 2007, 388 (6): 869 – 880.

[15] Sornette D, Woodard R. Financial Bubbles, Real Estate Bubbles, Derivative Bubbles, and the Financial and Economic Crisis [J]. Social Science Electronic Publishing, 2009 (CCSS – 09 – 003): 101.

[16] Demarzo P M, Kaniel R, Kremer I. Relative Wealth Concerns and Financial Bubbles [J]. Review of Financial Studies, 2008, 21 (1): 19 – 50.

[17] Andersen J V, Sornette D. Fearless versus fearful speculative financial bubbles [J]. Physica A Statistical Mechanics & Its Applications, 2003, 337 (3): 565 – 585.

[18] De M B, O'Doherty J P, Ray D, et al. In the mind of the market: theory of mind biases value computation during financial bubbles [J]. Neuron, 2013, 79 (6): 1222 – 1231.

[19] Demarzo P M, Kaniel R, Kremer I. Relative Wealth Concerns and Financial Bubbles [J]. Review of Financial Studies, 2008, 21 (1): 19 – 50.

[20] Andersen J V, Sornette D. Fearless versus fearful speculative financial bubbles [J]. Physica A Statistical Mechanics & Its Applications, 2003, 337 (3): 565 – 585.

[21] De M B, O'Doherty J P, Ray D, et al. In the mind of the market: theory of mind biases value computation during financial bubbles [J]. Neuron, 2013, 79 (6): 1222 – 1231.

[22] 刘昱清, 法元升. 关于中国金融泡沫的分析 [J]. 现代经济信息, 2014 (17): 357 – 359.

[23] 池凡. 金融泡沫检定方法之比较 [J]. 清华大学计量财务金融系学位论文, 2016.

[24] 张群. 金融市场复杂性与金融泡沫现象研究 [D]. 广州: 华南理工大学, 2016.

[25] 李育安. 分位数回归及应用简介 [J]. 统计与信息论坛, 2006, 21 (3): 35 – 38.

[26] 郝令昕, 丹尼尔·Q. 奈曼. 分位数回归模型 [M]. 上海: 格致出版社, 2012.

[27] 李东. LPPL 模型算法的初步探讨 [J]. 淮海工学院学报 (自然科学版), 2012, 21 (3): 4 – 7.

[28] Dong L I. Study of Fitting Algorithm of LPPL Model [J]. Journal of Huaihai Institute of Technology, 2012.

[29] JI Xiang, GAO Ying. Bubbles and Anti – bubbles in China's Stock Market—An Empirical Study Based on LPPL Model [J]. Journal of Shanxi Finance \ s& \ seconomics University, 2012.

[30] Kanan Y, Matsumoto H H, Sokolov M, et al. Serine/threonine kinase akt activation regulates the activity of retinal serine/threonine phosphatases, PHLPP and PHLPPL [J]. Journal of Neurochemistry, 2010, 113 (2): 477 – 488.

[31] 夏锟. 市场经济背景下金融市场与对数周期幂律研究 [J]. 中国商论, 2014 (13): 127 – 128.

［32］纪川. 中国股市泡沫的实证检验［D］. 长春：吉林大学，2011.

［33］Zhang Q, Sornette D, Balcilar M, et al. LPPLS bubble indicators over two centuries of the S&P 500 index［J］. Physica A Statistical Mechanics & Its Applications, 2016, 458：126 – 139.

［34］Kristin J. Forbes and Roberto Rigobon. No Contagion, Only Interdependence：Measuring Stock Market Comovements［J］. The Journal of Finance, 2002, 57（5）：2223 – 2261.

［35］Gerlach S. , Smets F. Contagious Speculative Attack, European Journal of Political Economy, 1995（11）：45 – 63.

［36］Goldsten I. , Pauzner A. Contagion of Self – fulflling Financial Crisis Due to Diversification of Investment Porgfolios, Journal of Economic Theory, 2004（119）：151 – 183.

［37］Koders L. E. , Pritsker M. A Rational Expectations Model of Financial Contagion, Journal of finance, 2002（67）.

［38］Reinhart C. M. , Kaminsky G. L. , On Crises Contagion, and Confusion, Journal of International Economics, 2000（51）.

［39］Local Autocorrelation Statistics：Distributional Issues and an Application. Ord J K, Getis A. Geographical Analysis . 1995.

［40］On the estimation and testing of spatial interaction in Gaussian lattice processes. J. E. BESAG, P. A. P. MOR. Biometrika . 1975.

［41］Spatial econometrics. Anselin L, Baltagi B. A Companion to Theoretical Econometrics . 2001.

［42］On Stationary Processes in the Plane. Whittle P. Biometrika . 1954.

［43］Maximum likelihood estimation of models for residual covariance in spatial regression. Mardia KV, Marshall RJ. Biometrika . 1984.

［44］Spatial dependence in linear regression models with an introduction to spatial econometrics. Anselin L, A Bera. Handbook of Applied Economic Statistics . 1998.

［45］Some robust approaches to testing and estimation in spatial econometrics. Luc Anselin. Regional Science and Urban Economics . 1990.

［46］Estimation of Spatial Regression Models with Autoregressive Errors by Two – Stage Least Squares Procedures：A Serious Problem. Harry H. Kelejian, Ingmar R. Prucha. International Relations . 1997.

［47］Interpolation of Air Quality Measures in Hedonic House Price Models：Spatial Aspects. Luc Anselin, Julie Le Gallo. Spatial Economic Analysis . 2006.

［48］Estimates of time to economic convergence：an analysis of regions of the European Union. Fingleton, B. International Relations . 1999.

［49］Estimation Strategies for a Spatial Dynamic Panel using GMM. A New Approach to the Convergence Issue of European Regions. Salima Bouayad – Agha, Lionel Vedrine. Spatial Economic Analysis . 2010.

［50］Modeling economics and ecology：the importance of a spatial perspective. Bockstael NE. American Journal of Agricultural Economics . 1996.

［51］Neighborhood influence and technological change. Anne Case. Regional Science and Urban Economics. 1992.

［52］Budget spillovers and fiscal policy interdependence：Evidence from the states. Case A C Jr, Hines J

R，Rosen H S. Journal of Public Economics . 1993.

［53］Spatial processes：models and application. Cliff AD，Ord JK. 1981.

［54］Estimation methods for models of spatial interaction. Ord JK. Journal of the American Statistical Association . 1975.

［55］Spatial Data Analysis：Theory and Practice. Haining Robert. 2003.

［56］Theory of Probability. Jeffreys H. 1961.

［57］Information theory and an extension of the maximum likelihood principle. Akaike H. Second International Symposium on Information Theory . 1973.

［58］Estimating the dimension of a model. Schwarz G. The Annals of Statistics . 1978.

［59］Sampling－based approaches to Calculating marginal densities. Gelfand A E，Smith A F M. Journal of the American Statistical Association . 1990.

［60］Monte Carlo sampling methods using Markov Chains and their applications. Hastings W K. Biometrika. 1970.

［61］Bayesian Estimation of Spatial Autoregressive Models. James P. Lesage. International Relations. 1997.

［62］Introduction to spatial econometrics. LeSage，J. P，Pace R. K. 2009.

［63］Convergence，Human Capital and International Spillovers. Cem Ertur，Wilfrield Koch. IDEAS Working Paper . 2006.

［64］A general location principle of an optimum space－economy. Isard W. Econometrica . 1952.

［65］"Estimation methods for spatial autoregressive structures". Anselin，Luc. Regional Science Dissertation and Monograph Series，No. 8 . 1980.

［66］Spatial models and regional science：a comment on Anselin's paper and research directions. Haining R. Journal of Regional Science . 1986.

［67］Some further notes on spatial models and regional science. Anselin L. Journal of Regional Science. 1986.

［68］Spatial Autocorrelation：A Primer. Griffith D A. Resource Publications in Geography（Washington：Association of American Geographers）. 1987.

［69］Bayesian Estimation of Limited Dependent variable Spatial Autoregressive Models. LeSage，J. P. Geographical Analysis . 2000.

［70］Economic modeling of cross－sectional de－pendence. Conley，T. G. 1996.

［71］Using Spatial Econometric Techniques to Estimate Spatial Multipliers：An Assessment of Regional Economic Policy in Yucatan，Mexico. JAMES J B. The Reviewof Regional Studies . 2003.

［72］Regional disparities in the European Union：Convergence and agglomeration. Geppert K，Happich M，Stephan A. Papers in Regional Science . 2008.

［73］Model boosting for spatial weighting matrix selec－tion in spatial lag models. P KOSTOV. Environment and Planning B：Planning and Design . 2010.

［74］Spatial patterns in household demand. Case Anne. Econometrica . 1991.

［75］A Review of Measures of Contiguity for Two and K－Col－or Maps. Dacey，M. Spatial Analysis：A

Reader in Statistical Geography . 1968.

［76］Peeters. Estimation of the Coefficients of a Linear Regression in the Presence of Spatial Autocorrelation：An Application to a Belgian Labour – Demand Function. Bodson，P. and D. Environment and Planning A. 1975.

［77］Bayesian Model Choice in Spatial Econometrics. Leslie W Hepple. Advances in Econometrics . 2004.

［78］GMM Estimation of Spatial Autocorrelation Models with Unknown Heteroskedasticity. Lin X. The Ohio State University，Working Paper . 2005.

［79］Bayesian Treatment of the Independent Student Linear Model. Geweke，J. Journal of Applied Econometrics . 1993.

［80］Heteroskedasticity. Griffiths，William E. A Companion to Theoretical Econometrics . 2003.

［81］Do spatial effects really matter in regression analysis？. Anselin Luc，Daniel A Griffith. Papers of the Regional Science Association . 1988.

［82］Bayesian Computation and Stochastic Systems. Julian Besag，Peter Green，David Higdon，Kerrie Mengersen. Statistical Science . 1995.

［83］Theoretical economic geography and spatial econometrics：dynamic perspectives. Bernard Fingleton. Journal of Econometrics . 2001.

［84］GMM estimation of spatial error autocorrelation with and without heteroskedasticity. Anselin，L. GeoDa Center for Geospatial Analysis and Computation Arizona State University Technical report . 2011.

［85］GMM estimation of spatial error autocorrelation with and without heteroskedasticity. Anselin，L. GeoDa Center for Geospatial Analysis and Computation Arizona State University Technical report . 2011.

［86］Bayesians in space：using Bayesian methods to inform choice of spatial weights matrix in hedonic property analyses. Mueller J M，Loomis J B. The Review of Regional Studies . 2012.

［87］Models for dynamic panels in space and time – an application to regional unemployment in the EU. Elhorst J P. ERSA conference papers . 2005.

［88］蒋永雷，吕靖，李晶 . 产业转型下上海新进外资企业空间分布分析［J］. 世界地理研究，2015（1）.

［89］汪桥红 . 经济波动、空间依赖与长期增长——基于我国地级城市数据的分析［J］. 江苏社会科学，2015（1）.

［90］魏建漳 . 开放创新视角下区域创新竞争策略研究——基于 2001—2012 年空间计量面板数据［J］. 湖北民族学院学报（哲学社会科学版），2015（1）.

［91］马玉珠，钟全林，靳冰洁，卢宏典，郭炳桥，郑媛，李曼，程栋梁 . 中国植物细根碳、氮、磷化学计量学的空间变化及其影响因子［J］. 植物生态学报，2015（2）.

［92］常宝瑞 . 房产价格与固定资产投资效率的空间集聚关系研究［J］. 产业经济评论，2015（1）.

［93］茹蕾，司伟 . 所有制结构与企业能源效率——基于制糖业的实证研究［J］. 大连理工大学学报（社会科学版），2015（1）.

［94］赵光 . 基于空间计量视角下的碳排放与经济增长分析与对策——以中国地级市为研究对象［J］. 经济与管理，2015（1）.

［95］姚丽，谷国锋 . 区域技术创新、空间溢出与区域高技术产业水平［J］. 中国科技论坛，2015（1）.

［96］王国洪，杨翠迎 . 我国失业保险金标准的空间差异与影响因素分析——省级面板数据的空间

计量 [J]. 现代财经（天津财经大学学报），2015（1）.

[97] 贾兴梅，贾伟. 中国制造业集聚对城市化的空间效应分析 [J]. 财经科学，2015（1）.

[98] 胡健，焦兵. 空间计量经济学理论体系的解析及其展望 [J]. 统计与信息论坛，2012（1）.

[99] 王兵，张技辉，张华. 环境约束下中国省际全要素能源效率实证研究 [J]. 经济评论，2011（4）.

[100] 李林，丁艺，刘志华. 金融集聚对区域经济增长溢出作用的空间计量分析 [J]. 金融研究，2011（5）.

[101] 文继群，濮励杰，张润森. 耕地资源变化的空间计量及其驱动力分析——以江苏省为例 [J]. 长江流域资源与环境，2011（5）.

[102] 汪克亮，杨宝臣，杨力. 基于 DEA 和方向性距离函数的中国省际能源效率测度 [J]. 管理学报，2011（3）.

[103] 何文强，汪明星. 全要素能源效率的 DEA 模型评价——基于中国 1991—2007 年数据的实证检验 [J]. 上海商学院学报，2009（5）.

[104] 王群伟，周德群，陈洪涛. 技术进步与能源效率——基于 ARDL 方法的分析 [J]. 数理统计与管理，2009（5）.

[105] 屈小娥. 中国省际全要素能源效率变动分解——基于 Malmquist 指数的实证研究 [J]. 数量经济技术经济研究，2009（8）.

[106] 张学良. 中国区域经济收敛的空间计量分析——基于长三角 1993—2006 年 132 个县市区的实证研究 [J]. 财经研究，2009（7）.

[107] 王家庭，贾晨蕊. 我国城市化与区域经济增长差异的空间计量研究 [J]. 经济科学，2009（3）.

[108] 袁晓玲，张宝山，杨万平. 基于环境污染的中国全要素能源效率研究 [J]. 中国工业经济，2009（2）.

[109] 李勇. 基于先验信息的先验分布选择方法研究 [J]. 西南大学学报（自然科学版），2009（1）.

[110] 孙洋，李子奈. 一种空间矩阵选取的非嵌套检验方法 [J]. 数量经济技术经济研究，2008（7）.

[111] 涂正革. 环境、资源与工业增长的协调性 [J]. 经济研究，2008（2）.

[112] 李小胜，夏玉华. 当代贝叶斯计量经济学分析框架与展望 [J]. 财贸研究，2007（6）.

[113] 马骊. 空间统计与空间计量经济方法在经济研究中的应用 [J]. 统计与决策，2007（19）.

[114] 魏楚，沈满洪. 能源效率及其影响因素：基于 DEA 的实证分析 [J]. 管理世界，2007（8）.

[115] 吴玉鸣. 县域经济增长集聚与差异：空间计量经济实证分析 [J]. 世界经济文汇，2007（2）.

[116] 张继红，吴玉鸣，何建坤. 专利创新与区域经济增长关联机制的空间计量经济分析 [J]. 科学学与科学技术管理，2007（1）.

[117] 吴玉鸣，李建霞. 中国区域工业全要素生产率的空间计量经济分析 [J]. 地理科学，2006（4）.

[118] 杨丰. LPPL 模型预测金融市场泡沫 [A]. International Monetary Institute Working Papers

（2010—2014 年合辑）［C］. 2014：8.

［119］李东. LPPL 模型算法的初步探讨［J］. 淮海工学院学报（自然科学版），2012，21（3）：4－7.

［120］崔颢. 金融市场崩溃的对数周期型幂律模型及其实证研究［D］. 上海：上海交通大学，2014.

［121］林增进. 基于对数周期性幂律模型的创业板股市泡沫分析［D］. 南京：南京航空航天大学，2015.

［122］洪博. 基于对数周期幂律模型的中国股票市场泡沫破裂临界时间实证研究［D］. 大连：东北财经大学，2013.

［123］吉翔，高英. 中国股市的泡沫与反泡沫——基于对数周期性幂律模型的实证研究［J］. 山西财经大学学报，2012，34（12）：27－38.

［124］张俊. 人民币升值与房地产和股市泡沫的实证研究［D］. 上海：复旦大学，2014.

［125］司艳. 经济全球化背景下的金融泡沫研究［D］. 上海：复旦大学，2006.

［126］Qunzhi Zhang, Didier Sornette, Mehmet Balcilar, Rangan Gupta, Zeynel Abidin Ozdemir, Hakan Yetkiner. LPPLS bubble indicators over two centuries of the S&amp；P 500 index［J］. Physica A：Statistical Mechanics and its Applications，2016，458.

［127］Jan Henrik Wosnitza, Jens Leker. Can log－periodic power law structures arise from random fluctuations?［J］. Physica A：Statistical Mechanics and its Applications，2014，401.

［128］L. Lin, R. E. Ren, D. Sornette. The volatility－confined LPPL model：A consistent model of "explosive" financial bubbles with mean－reverting residuals［J］. International Review of Financial Analysis，2014，33.

［129］Yue－Jun Zhang；Ting Yao. Interpreting the movement of oil prices：Driven by fundamentals or bubbles? Economic Modelling. 2016.

［130］Dean Fantazzini. The oil price crash in 2014/15：Was there a（negative）financial bubble?［J］. Energy Policy，2016，96.

［131］Didier Sornette, Ryan Woodard, Wanfeng Yan, Wei－Xing Zhou. Clarifications to questions and criticisms on the Johansen－Ledoit－Sornette financial bubble model［J］. Physica A：Statistical Mechanics and its Applications，2013，392（19）.

［132］Bodo Herzog. An Econophysics Model of Financial Bubbles［J］. Natural Science，2015，7（1）.

［133］Zhi－Qiang Jiang, Wei－Xing Zhou, Didier Sornette, Ryan Woodard, Ken Bastiaensen, Peter Cauwels. Bubble diagnosis and prediction of the 2005－2007 and 2008－2009 Chinese stock market bubbles［J］. Journal of Economic Behavior and Organization，2010，74（3）.

［134］Sornette D, Johansen Diagnosing Bubbles in Fixed Income Markets. Journal de.

［135］Legendre，Ledoit O. Predicting financial crashes using discrete scale invariance. Journal.

［136］Bassett，Ledoit O, Sornette D. Crashes as critical points. International Journal of Theoretical and.

［137］Williams. Why stock markets crash：Critical events in complex financial systems. Princeton University.

［138］Robert P. Flood and Peter M. Garber. Shocks, crashes and bubbles in financial markets. Brussels

Economic.

［139］Blanchard，Watson 2010；53（2）：201 ± 253. Alcock，J.，& Carmichael，T. A.（1982）. Nonparametric American option pricing. *Journal of Futures Markets*，28，717 – 748.

［140］Campbell and Shiner.（1987）. Modeling VIX Futures and Pricing VIX Options in the Jump Diffusion Modeling. Stockholms University.

［141］Irving Fisher.（2002）. Fast trees for options with discrete dividends. *Journal of Derivatives*，21，49 – 63.

［142］Scheinkman，A.（2002）. Discrete dividends and the FTSE – 100 index options valuation. *Quantitative Finance（Special Issue：Themed Issue on Derivative Pricing & Hedging）*，14（10），1765 – 1784.

［143］Li Dong，A.，& Goldys，B.（2015）. Market model for VIX Futures. *Working paper*.

［144］Fang Yong.，Cao，C.，& Chen，Z.（1997）. Empirical performance of alternative option pricing models. *Journal of Finance*，52（5），2003 – 2049.

［145］Koenker and Bassett（1978）. Financial bubbles，real estate bubbles，derivative bubbles，and the financial and economic crisis. Tokyo：Springer – Verlag；2010.

［146］Sornette D，Cauwels P. 1980 ± 2008：The illusion of the perpetual money machine and what it bodes for the future. Risks. 2014，2（2）：103 ± 131. doi：10. 3390/risks2020103.

［147］Sornette D，Cauwels P. Managing risk in a creepy world. Journal of Risk Management in Financial Institutions. 2015，8（1）：83 ± 108.

［148］Black F. Noise. The Journal of Finance. 1986，41（3）：529 ± 543. doi：10. 1111/j. 1540 – 6261. 1986. tb04513. x.

［149］谢经荣. 地产泡沫与金融危机：国际经验及其借鉴［M］. 北京：经济管理出版社，2002.

［150］Case K E，Shiller R J. Is there a bubble in the housing market［C］// Conference of the Brookings – Panel – On – Economic – Activity. 2003：299 – 362.

［151］Brunnermeier M K，Julliard C. Money Illusion and Housing Frenzies［J］. Review of Financial Studies，2008，21（1）：135 – 180.

［152］Chris Brooks，Apostolos Katsaris，Tony McGough. Testing for bubbles in indirect property price cycles［J］. Journal of Property Research，2001，18（4）：341 – 356.

［153］韩德宗. 基于 West 模型的房地产泡沫的实证研究——以北京、上海、深圳为例［J］. 当代经济科学，2005，27（5）：6 – 11.

［154］Zhou W X，Sornette D. Is there a real – estate bubble in the US［J］. Physica A Statistical Mechanics & Its Applications，2005，361（1）：297 – 308.

［155］Hott C，Monnin P. Fundamental Real Estate Prices：An Empirical Estimation with International Data［J］. Journal of Real Estate Finance & Economics，2008，36（4）：427 – 450.

［156］肖靖. 房地产泡沫：理论、检测方法与实证分析［D］. 济南：山东大学，2008.

［157］Mikhed V，Zemčík P. Testing for Bubbles in Housing Markets：A Panel Data Approach［J］. Journal of Real Estate Finance & Economics，2009，38（4）：366 – 386.

［158］Ardila D，Cauwels P，Sanadgol D. Is There A Real Estate Bubble in Switzerland？（Diagnostic as of 2012 – Q4）［J］. SSRN Electronic Journal，2013.

[159] Bourassa S C, Hendershott P H. Australian Capital City Real House Prices, 1979 – 1993 [J]. Australian Economic Review, 1995, 28 (3): 16 – 26.

[160] Abraham J M, Hendershott P H. Bubbles in Metropolitan Housing Markets [J]. NBER Working Papers, 1994, 7 (35): 171 – 192.

[161] Chan H L, Shu K L, Kai Y W. Detecting rational bubbles in the residential housing markets of Hong Kong [J]. Economic Modelling, 2001, 18 (1): 61 – 73.

[162] 望晓东, 吴顺辉. 上海市房地产泡沫实证检测 [J]. 中国房地产金融, 2006 (11): 40 – 44.

[163] 吴丽华, 傅春. 运用资本边际收益率法测度房地产泡沫: 以厦门为例 [J]. 南方金融, 2007 (5): 9 – 11.

[164] 杨灿, 刘赟. 关于房地产泡沫量的测度研究 [J]. 统计与决策, 2008 (19): 41 – 43.

[165] 韩冬梅, 刘兰娟, 曹坤. 基于状态空间模型的房地产价格泡沫问题研究 [J]. 财经研究, 2008, 34 (1): 126 – 135.

[166] 孙焱林, 张攀红. 房地产泡沫测度及区域间联动与传染 [J]. 金融学季刊, 2016 (1): 1 – 19.

[167] Meese R A. Testing for Bubbles in Exchange Markets: A Case of Sparkling Rates [J]. Journal of Political Economy, 1986, 94 (2): 345 – 373.

[168] Shiller R J. The Volatility of Long – Term Interest Rates and Expectations Models of the Term Structure [J]. Journal of Political Economy, 1979, 87 (6): 1190 – 1219.

[169] West K D. A Specification Test for Speculative Bubbles [J]. Quarterly Journal of Economics, 1987, 102 (3): 553 – 580.

[170] Hossein Asgharian a, Wolfgang Hess b, c, Lu Liu a Journal of Banking & Finance 37 (2013) 4738 – 4754.

[171] Cryptocurrency reaction to FOMC Announcements. Evidence of Heterogeneity Based on Blockchain Stack Position: Shaen Corbet, Charles Larkin, Brian Lucey, Andrew Meegan, Larisa Yarovaya, 2017. 11. 1.

西部地区乡村振兴战略中的
农村金融支持研究

赵爱清　邢　岩　陈琼蓉　雷　磊

【摘要】党的十九大作出了"乡村振兴战略"的重大部署，这是决胜全面建成小康社会、全面建设社会主义现代化国家的重大历史任务，是新时代做好一切"三农"工作，解决好一切"三农"问题的顶层设计和总抓手。乡村振兴战略围绕农业农村现代化的总目标和产业兴旺、生态宜居、乡风文明、治理有效、生活富裕的总要求进行规划实施。显然，其实施过程中的关键问题就是人才问题、土地问题和资金问题。抓住这三个关键问题的解决才能保证乡村振兴的顺利推进和目标实现。

乡村振兴战略作为一项重大的系统工程，需要举全国之力，发挥多方协同的作用去克服困难。在资金筹措方面，金融支持必然要发挥重要的作用。那么，乡村振兴战略中需要怎样的金融服务和金融产品？从金融供给侧应该如何实现有效的金融支持？这些问题既是政策制定者、金融机构正在探索的，也是学术理论界需要研究的。

由于我国存在地区之间的巨大差异，在某一个地方试点成功的经验，并不一定就适用于其他地区，特别是对于西部落后贫困乡村来说，由于各种条件所限，更是无法直接借鉴来自东部基础条件优越的试点地区的经验。因此，西部地区在乡村振兴战略中，需要充分考虑当地的自然环境、产业和经济发展特点，探索出一条有地域特色的金融支持路径。

本课题组在深刻解读乡村振兴战略内涵的基础上，从供给端和需求端匹配的思路出发，通过实际的调查案例研究和相关的理论分析，力图探索出对于西部落后地区有借鉴意义的乡村振兴金融支持政策建议。本课题一方面调查四川省若干地区在实施乡村振兴过程中，各经济主体产生的金融需求；另一方面调查总结各金融机构在服务"三农"、响应落实乡村振兴战略中所采取的实际行动和经验；最后结合需求和供给的综合分析，提出了一些针对性的观点和政策建议，以期对西部地区的乡村振兴战略顺利实行作出一定贡献。

本课题组调查研究后认为，目前西部乡村振兴金融支持领域存在的问题主要有：农村金融体系不完善——供给无法完全满足需求；农地两权抵押贷款推广存在若干障碍；金融创新不足；涉及"人"的全面发展的金融服务不足。

在接下来的乡村振兴战略实施过程中，应该着重从以下几个方面进行推进：构建多元化的普惠农村金融体系；实现银行、政府、企业以及农户的多方协同；鼓励金融创新，满足现代农业以及农村人力资本积累的金融需求。

鉴于时间、人员、经费等方面的限制，本课题组所做的实地调研范围主要在四川省，虽然获得了若干有价值的一手数据和信息，但是调查样本的数量和范围还需要进一步扩大，相应的研究结论也有待进一步的验证和深化。这些工作将会在后续研究和相关项目中继续。

1　文献述评

自 2017 年党的十九大正式提出乡村振兴战略以来，虽然只有一年多的时间，但是全国上下在理论和实践上的探索与研究如火如荼。2018 年 9 月 26 日，中共中央、国务院印发了《乡村振兴战略规划（2018—2022 年）》，对实施乡村振兴战略第一个五年工作做了具体部署，这是我国出台的第一个全面推进乡村振兴战略的五年规划，是统筹谋划和科学推进乡村振兴战略这篇大文章的行动纲领。可以预见，乡村振兴战略在未来相当长的时间内，将持续吸引社会各界的关注，有关的实践创新和理论探索成果也将持续涌现。

乡村振兴战略是我们党审时度势、顺应时代的发展趋势以及为实现国家富强目标而提出的，但是它并不是完全的新生事物。实际上，进入 21 世纪以来，我国始终将解决"三农"问题放在非常重要的地位，相关的研究成果也非常丰富，包括"三农"领域的金融支持、金融创新以及普惠金融、扶贫金融的研究文献也比较丰富。这些文献为研究"乡村振兴"战略中的金融支持提供了基础。同时，"乡村振兴"可以说是独具中国特色的问题，所以我们在此重点关注国内的相关研究成果。

1.1　农村金融与经济增长之间的关系

经济与金融是相互依存的关系，这一点在学术界已经达成共识。然而对经济与金融之间的因果关系，从不同的角度出发分析，就会有不同的结论。美国经济学家 Patrick 从金融供求角度提出两种金融发展模式。[1]一是供给领先模式（supply‐leading），该模式认为金融机构及相关金融服务的供给先于需求，强调金融服务的供给对于经济的促进作用。二是需求追随模式（demand‐following），在这种模式中，经济主体在经济增长中产生对金融服务的需求，导致了金融机构及相关金融服务的出现。他认为，在一些国家经济发展的早期阶段，供给领先模式居于主导地位；随着经济的发展，需求追随型模式将逐渐居于主导地位。大量的研究文献表明，我国农村经济增长离不开金融的支持。李春霄、贾金荣（2012）[2]基于 1985—2009 年的时间序列数据，运用协整分析和误差修正模型，对我国农村金融发展和农村经济增长的关系进行实证分析，结果显示：农村金融发展与农村经济增长在长期内具有协整关系，在短期内农村经济增长与农村金融结构的关系明显，与农村金融规模和效率的关系则不明显，基于此，提出优化农村金融结构、提高农村金融效率等政策建议。张宏彦等（2013）[3]基于中国 1983—2009 年的数据进行了实证分析，得出结论认为农村金融的发展扩大了城乡居民收入差距，原因在于农村资金外流和非正规金融发展力度不够。

1.2 农村金融抑制问题以及普惠金融

关于金融抑制的福利效应，20 世纪 80 年代有大量文献研究，进入 21 世纪后，我国学者也曾经研究过金融抑制问题，特别是农村信贷市场的金融抑制。2014 年以后，在中国知网（CNKI）上没有检索到专门论证我国农村金融抑制问题的文献，原因可能是中国农村的金融抑制是否存在已经是个不争事实。大量的文献认为，中国的农户甚至涉农中小企业的金融需求无法从金融机构得到满足，农村地区存在严重的金融抑制问题。田杰、陶建平（2011）[4]从全国和东、中、西部两个层面对我国县域金融排斥与城乡收入差距的关系进行了实证分析。研究表明，从全国层面看金融排斥和城乡收入差距之间存在显著的正相关关系，非农产业比重高的县域，两者存在负相关关系。从区域层面看，西部县域存在最严重的金融排斥，中部次之，东部县域金融排斥不显著。东、西部地区金融排斥与城乡收入差距负相关，中部地区不显著。董晓林、徐虹（2012）[5]的研究发现，人口规模小、社会消费品零售总额小、金融基础设施状况差的地区，更易受到金融排斥；分机构研究表明，商业银行设计网点分布时，主要参考城镇人口规模与城镇居民收入，而农村信用社设计网点分布时主要参考人口规模，收入规模参考度不显著。

正是因为我国在"三农"领域存在着比较严重的金融抑制，普惠金融的理念被提到重要的地位。普惠金融（inclusive finance）这一概念由联合国在 2005 年提出，是指以可负担的成本为有金融服务需求的社会各阶层和群体提供适当、有效的金融服务，小微企业、农民、城镇低收入人群等弱势群体是其重点关注对象。世界银行扶贫协商小组强调了普惠性金融体系既要服务于弱势群体，又要实现服务机构自身的可持续发展。

自 2006 年开始，国内学者和社会各界对普惠金融的发展进行了研究和实践探索。杜晓山（2006）[6]认为，普惠性金融体系框架认同的是只有将包括以穷人为对象的金融服务有机地融入微观、中观和宏观三个层面的金融体系，才能使过去被排斥于金融服务之外的大规模客户群体获益。具体而言：客户层面，贫困和低收入客户是这一金融体系的中心之一；微观层面，金融体系的脊梁仍然是零售金融服务的提供者；中观层面，包括了基础性的金融设施和一系列能使微观金融服务提供者降低交易成本、扩大服务规模和深度、提高技能、促进透明的目标的措施；宏观层面，必须有适宜的法规和政策框架。许宏波、谢升峰（2015）[7]总结了美、日、英、德四个国家普惠金融支持城乡统筹的经验：美国的发展模式以政府主导的农村政策性金融体系即农村合作金融体系为主；日本以农协为主体的合作金融机构为主，政策性金融为辅；德国的普惠性金融体系以合作金融机构为主体，其他政策性金融机构、商业银行作为补充；英国以商业化金融机构引导区位化发展，其他金融机构作为辅助来实现。

关于普惠金融的发展，最大的问题就是如何实现商业性金融机构提供普惠金融业务的可持续性。尤其是面向广大农村地区、贫困农户和弱势农业而提供的普惠金融信贷，面临着较高的违约风险。对于以盈利为宗旨的商业性金融机构来说，其对于亏损的容忍度是有限的，于是很多文献提出了普惠金融可持续发展的对策。比如：丰富金融供给主体；培育合格的金融需求主体；优化政策和监管；借助互联网科技进行创新；等等。[8] 其中，互联网金融被寄予厚望。

1.3 乡村振兴中的金融支持问题

自乡村振兴的战略提出来之后，国内学者们积极进行了大量的实地调研和思考总结，试图从多个视角探索乡村振兴中的金融支持问题。现有文献主要从以下几个方面进行了研究。

（一）金融在农地承包经营权流转中的作用

现代农业的一个发展趋势就是实现规模经营，农村土地使用权的流转也是发展的内在需求。以前由于农村土地的所有权属于集体，农户融资困难的一个重要原因就是缺乏合格的资产作为抵押物。进入 2013 年之后，我国各地农村陆续开展了促进农村土地承包经营权合理流转的尝试，并对农村土地进行"颁证确权"。相应地，全国多个"农村改革试验区"进行了相应的探索。学者们也对一些问题进行了归纳和对策探索。刘会（2017）[9] 基于在皖北的入户调查，总结出了目前农村土地流转中存在的问题，并提出了借鉴土地银行制度对细碎的农村土地进行吸纳存储，并由其规模投资或集中转包，从而促进土地流转和规模化经营的建议。侯明利等（2016）[10] 以河南新乡市作为研究对象，总结了金融支持农村土地流转中存在的问题有：土地流转抵押体制不完善，农村现有金融信贷产品单一，农业保险经营机制不完善，以及涉农企业市场融资能力弱等，并从农地抵押融资制度、农村金融机构、农业保险体系等方面给出相关建议。在实践中，2015 年中国农业发展银行推出了农村土地流转贷款支持现代农业发展。章含和（2016）[11] 分析了江西省农发行发放农村土地流转贷款的规模和问题，指出贷款在地区之间发放不平衡、与产业扶贫结合不够，以及基层银行员工不重视等问题，提出结合农业现代产业园区，高标准农田建设等具体项目进行信贷推广的对策。

（二）互联网金融助力乡村振兴

许多学者们认识到，仅仅依靠传统的农村金融服务，无法满足乡村振兴战略中对金融服务的需求，其中一个重要的原因就是农业经营主体的小规模和分散化，提供金融产品和服务的成本较高，因此金融创新是必然选择。但是，在目前的制度框架下，创新的空间和途径也比较有限。互联网技术能够降低交易成本，理所当然地被寄予厚望。当前金融科技方兴未艾，农村地区加速进入移动互联时代，推进互联网与实体经济融合，促进融资便利化，建设普惠金融服务，加强对小微企业、"三农"和偏远地区的金融服务，是乡村振兴的重要着力点。丁维岱[12] 介绍了中国农业银行江苏省分行推行的"惠农 e 贷""惠农 e 付"等业务的发展。总结了一些先进的经验。

（三）精准扶贫与金融支持

普惠金融理念在中国"三农"领域的意义重大，最明显的体现和应用就是在扶贫金融方面，为贫困人口提供所需的金融服务，并且尽可能地帮助其成功脱离贫困。在实践领域，各家银行特别是有国有资本背景的银行，都把精准扶贫、定点扶贫作为考核业绩的一项指标，扶贫金融同时也是金融机构承担社会责任的体现。其中中国农业银行、中国农业发展银行、农村商业银行、村镇银行、邮政储蓄银行等金融机构蓬勃发展，网点分布规模不断扩大，专项扶贫银行点也在不断增多；小额贷款公司、融资担保公司、资金互助组织和涉农保险机构也在不断发展。它们承担了金融扶贫的主要任务。其他商业银行则主要通过定点扶贫来履行社会责任。[13]

　　一些文献在总结实际案例的基础上，对目前金融精准扶贫中存在的困难进行了分析，并提出了相应的对策建议。王童、蒋尧（2015）[15]认为，精准扶贫应该加强金融体制与财政体制的结合，在市场经济发展中创新使用财政工具和金融工具。罗宛婷（2017）[14]调研了四川遂宁、山东聊城、湖北潜江三地的农村电商金融服务平台建设，总结了三种模式，即"政府＋银行"模式、"银行＋电商"以及"银行综合经营"模式。认为存在的问题是：农村电商与农村金融发展仍处于相对割裂状态，并未真正实现有机融合。即使是已经开办村级电商金融服务平台的地区，政府"引路人"和"辅助者"的角色把握不足。农村电商网络硬件设施落后，农民金融意识淡薄等因素，都限制了农村电商金融平台效用的发挥。

（四）金融支持乡村振兴的思路与建议

　　刘西川（2018）[16]认为，乡村振兴提出了小农和现代农业发展的有机链接，目前的涉农贷款需求发生了一些变化：贷款需求大额、长期的性质突出，因此需要创新金融产品从供给端满足需求。针对农业现代化提出的新需求，在农业金融创新过程中应提倡市场思维、风险思维与系统思维。

　　有些文献通过调研整理了实践案例。总的来说，金融机构首先突破的领域就是在乡村产业振兴上寻找机会。目前，各家商业银行在"三农"领域的优质客户方面，都瞄准了这几个领域：旅游、城镇化、PPP项目、农业产业园区、基础设施、公共产品、土地整治、建设用地增减挂钩项目、现代农业。农业龙头企业是重点客户，但同时也是多家金融机构争抢的优质客户，它们的金融需求可以优先得到满足。

　　涂永红、马九杰（2018）[17]在进行实地调研后认为，应该引导"生产、供销、信用"三位一体的合作经济组织的发展，完善"商业金融—合作金融—政策性金融"协同的农村金融服务体系，以产业为核心构建乡村振兴的金融支持体系。

1.4　对已有文献研究的评价

　　现有文献关注农村金融领域的实践，解读政策总结经验的文献居多，提出的对策建议也主要是指出金融创新的方向，以及政策支持的必要性。还少有文献将农村金融的需求和供给侧同时考虑。此外，虽然农村金融扶贫、普惠金融等理念倡导了很多年，与农村产权制度相关的金融创新陆续出现，也搞了很多试点，但是真正落地到实处并切实解决问题的金融产品仍然不足，乡村金融抑制状况没有得到根本改变。原因在于我国地区之间的巨大差异导致特殊的经验无法推广到一般，选择条件良好的地区作为试点，存在推广的条件限制。更重要的是，在乡村振兴和农村金融领域到底需要什么样的金融体系，哪些金融机构应该具体承担哪些方面的作用，政府、银行、企业、农户、合作组织等各主体之间如何进行协同？这些问题都需要我们进一步思考和研究。

2　乡村振兴战略中的金融需求——政策层面

乡村振兴战略是要实现我国广大乡村的全面振兴，其目标是多维的，并不仅限于县域农业经济的发展和农民的增收方面。2018 年 9 月，中共中央、国务院印发的《乡村振兴战略规划（2018—2022 年）》指出，坚持把解决好"三农"问题作为全党工作重中之重，坚持农业农村优先发展，按照产业兴旺、生态宜居、乡风文明、治理有效、生活富裕的总要求，建立健全城乡融合发展体制机制和政策体系，统筹推进农村经济建设、政治建设、文化建设、社会建设、生态文明建设和党的建设，加快推进乡村治理体系和治理能力现代化，加快推进农业农村现代化，走中国特色社会主义乡村振兴道路，让农业成为有奔头的产业，让农民成为有吸引力的职业，让农村成为安居乐业的美丽家园。乡村振兴战略是解决"三农"问题的系统工程。

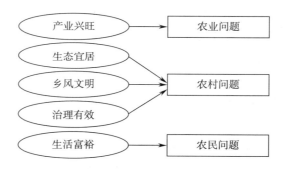

图 2 - 1　乡村振兴与"三农"问题的关系

伴随着乡村振兴战略的实施，"三农"领域将会产生一系列的金融需求。我们将从以下几个方面来分析。

2.1　农村基础金融服务需求

以普惠金融的视角来看，农村各主体都存在基础的金融需求。农村基础金融服务是指通过利用金融产品、各种服务形态的网点、信息与互联网技术等，为农村居民提供多种金融服务，它至少应包含以下四个层面内容。

一是"便农"金融服务。构建发达的金融服务网络，在农村地区的农家店、小超市、供销社、农资连锁店、通信及电网运营商、新农保（新农合）村镇服务站等场所设立服务点。

二是"惠农"金融服务。对接农村民生工程，对接新农保、新农合等民生项目，通过一定的载体和渠道，可为农民的"养老钱""保命钱""补贴钱"安全高效地归集、发放和管理服务。

三是"富农"金融服务。提供多样化的现代金融产品，包括传统的存贷款产品，以及理财产品、电子银行、自助服务渠道等现代金融产品。

四是"利农"金融服务。通过实施多项优惠减免政策，让"利"于农，发挥农村金融供给中的"稳定器"作用。

2.2　伴随乡村振兴战略产生的金融需求

金融是现代经济的核心部门之一，乡村振兴战略需要金融服务支持。新型农业经营主体培育、农村土地制度改革、一二三产业融合发展、现代化农业发展、精准扶贫、农户消费升级等目标的实现，需要配套的信贷、支付结算、资本市场、保险等金融服务的综合支持。

2.2.1　农村土地制度改革带来的金融需求

农村土地的"三权分置"改革，赋予农村土地要素经营权流转功能，实现了"资源变资产"，使农村土地经营权具有了金融属性，带来了若干金融需求。

（一）"三权分置"改革激活农地金融

农村土地"三权分置"改革是乡村振兴战略的重要举措之一，随着农地经营权流转规模不断扩大，农村集体经营性建设用地、农民住房抵押试点范围扩大，农村土地要素资源得以盘活，激发了农村金融市场活力。一是激活农户的融资需求。农地经营权流转促进了农村土地规模经营，土地流入方相较于流出方在经营意愿、经营能力、经营规模等方面更有优势，盘活了农村闲置土地，从而带来了租金、农资、种植方面的资金需求。并且导致资金需求的规模增加，期限延长。二是扩大了农户抵押物的范围。农地经营权流转更加普遍，流转市场不断扩大，也使经营权作为抵押物，估值、处置变现更加容易。三是扩大了农地信贷数据来源。政府推进土地确权、流转工作，部分地区建立了信息化的土地流转市场，为商业银行提供了更多土地权属数据，有利于开展基于"三权分置"改革的信贷融资业务。

（二）农村土地经营权流转带动信托等新的金融需求

信托、集合债、资产支持证券等金融产品，具有较好的资金集合管理功能，有利于吸引社会资本，激发农地金融需求。自2013年国内第一款土地流转信托产品推出以来，土地流转信托集合社会资本，整合土地资源和农产品种植、营销资源，将土地经营收益转化为信托收益，取得了一定成效。当前农村地区对信托等产品的了解仍很有限，农地经营权资产证券化、信贷等金融需求潜力较大但是发展滞后。随着乡村振兴中土地制度改革的推广和深入，金融创新的基础条件越来越扎实，一些新的金融需求也会增长。

2.2.2 新型农业经营主体集约经营带动的金融需求

随着农业现代化的逐步推进，各种新型农业经营主体发展迅速，传统的家庭式小农户正在逐步被新型农业经营主体替代。与小农户相比，新型农业经营主体具有集约化、专业化、组织化、社会化四大特点，其金融需求也呈现新特点。

（一）新型农业经营主体的信贷需求

新型农业经营主体的生产经营模式不同于传统的小农经营主体，这种改变也带来信贷需求改变。一是融资需求多样化、链式化。新型农业经营主体的生产流程逐步社会化，需要技术推广、种植加工、市场营销等配套服务，具备完整产业链特征，相应的资金需求也呈现多样化、链式化。二是融资需求规模化。新型农业经营主体大多实现了集约化经营，其生产规模大、生产周期长、投入高，有较大的贷款需求。据调研，黑龙江等农业规模化经营区域，经营 1000 亩土地需要的资金规模就在数百万元以上，除土地租金、农资机械购买用途外，基于农产品加工、流通、商贸等综合性经营环节带来的融资需求也在增加。三是融资期限长期化。新型农业经营主体生产的机械化程度较高，对大型农机、大棚和厂房、仓储等方面的需求增加，资金占用时间延长，融资需求也相应长期化。

（二）新型农业经营主体的风险保障需求

新型农业经营主体经营规模和资产规模大，一方面其风险承受能力比小农户要强一些，但是另一方面，其经营受自然灾害、市场因素的影响也较大，从而面临的风险也更大。众所周知，农业是一个经营风险较高的行业，由于当前对灾害和其他风险的预警、防范机制建设相对不足，新型农业经营主体的风险抵御能力较弱，遇上较大损失不仅自身根本无法承担，也会给相关的金融机构带来较大风险。因此，对于新型农业经营主体而言，目前和未来迫切需要农业保险提供风险保障。

（三）新型农业经营主体对直接融资的需求

十九大报告指出要增强金融服务实体经济能力，提高直接融资比重。2019 年初，国家又提出了金融业供给侧改革的战略。目前，我国已形成了包括风险投资、场外股权交易、新三板、创业板、中小板、主板等在内的多层次资本市场，科创板也即将推出。随着农业新业态、新型经营主体的不断涌现，也产生了直接融资需求。但当前资本市场对农业企业的支持还有待加强。根据证监会行业分类标准，2018 年 A 股农林牧渔类上市公司 88 家，仅占全部上市公司的 2.5%。未来期望更多的新型农业经营主体通过直接融资获得资金支持。

2.2.3 农业发展带来的综合金融需求

（一）产业融合发展催生链式信贷需求

农村一二三产业融合发展是乡村振兴战略的重要内容，在融合过程中催生了新的信贷需求。一是信贷需求不断扩大。随着农产品产销一体化、农工贸一体化进程加快，农业产业链条延伸，农业领域"三流"（物流、资金流和信息流）加速融合，催生出一大批深加工产业集群和农产品仓储物流基地。农业特色产业，如特色果品、现代乳业、休闲农业等，也是信贷需求的重点。二是信贷支持更加多样。相较于传统农户贷款，一二三产业的融合、特色农业的发展也增加了整个产业的收益来源和抵押担保标的种类，票据、存货、商标、专利、应收账款、股权等扩大了抵押范围。三是对金融科技的需求迫切。通过农业与二三产业融合，借助与农户相关的二三产业经营者的采购、生产、销售、资金流等信息，银行可以获取农户经营数据，利用金融科技拓展信贷业务。

（二）农业现代化催生农机设备租赁需求

2016 年中央一号文件指出要大力发展农村金融租赁业务。随着农业规模化种植水平不断提高，新型农业经营主体对大型机具设备的需求日益旺盛，而这类机具设备价格高达几十万元甚至上百万元，对经营主体构成较大资金压力。发展金融租赁成为解决农机、农资需求的必然要求。金融租赁可有效降低银行信贷资金风险、减轻农户资金压力，对抵押担保的要求也相对较低，可作为信贷支持的重要补充。

（三）农业生产链条化带动的保值避险需求

随着农业生产社会化分工的深化，面对的风险环节也日益增多。传统农业保险主要集中于农业经营活动可能面临的灾害和意外事故，缺乏对生产资料采购、农产品加工、运输、销售环节的全产业链服务。除保险外，期货市场作为重要的避险保值工具，对农业生产、销售领域的风险防范都有重要作用。但目前通过期货市场套期保值的农业经营主体较少；期货品种主要为粮棉油糖等大宗商品，难以满足对鲜活农产品、高附加值特色产品、农业生产资料的需求；期货交易市场与现货市场不匹配，影响了避险功能发挥。

2.2.4 精准扶贫需要金融精准支持

消除贫困、提升农民生活水平是乡村振兴战略的重要目标之一，国家建立了贫困户建档立卡机制，提升了扶贫工作的精准度，也为银行开展金融精准扶贫提供了信息资源。

（一）精准扶贫金融需求

一是扶贫贷款需求巨大。据人民银行统计，2018 年第一季度末全国建档立卡贫困人口及已脱贫人口贷款余额 6353 亿元，惠及 835 万建档立卡贫困人口，虽然贷款覆盖面不断扩大，但与脱贫攻坚目标的要求还存在较大差距。二是信贷需求差异化。建档立卡贫困人口中，因病、因残致贫占比较高，其金融需求与有正常劳动能力者不同，即使对于同一贫困户，在脱贫不同阶段也有不同需求。银行需要准确识别不同贫困户和同一贫困户不同阶段的需求差异，通过政府公共数据、银行自身数据，科学分析、精准对接。

（二）扶贫信贷对外部增信、保险的需求迫切

贫困户通常达不到抵押担保要求，需要引入外部机构增信给予有针对性的支持。通过农户借款人应银行要求签订以银行为受益人的保险合同，保证保险与贷款联结，既有利于农民增信获得信贷支持，也有利于保险公司增加客户资源，同时保险公司通过收取保费承担农户还款违约赔偿责任，充当信贷机构与农户借款人之间的信号传递第三方，有利于降

低信息成本、分散风险。

2.2.5　农村消费升级引致的综合金融需求

近年来，国家加大财政对农业的补贴力度，拓展农民收入渠道，提升农民生活水平，推进农村消费升级，也带来广泛的金融需求。

（一）农村电商发展带动的支付结算、融资需求

近年来，农村地区电子商务发展迅速，农户对通过电商渠道采购生产生活用品、销售农产品需求迫切，从而对电商相关的支付、融资提出了新的需求。据课题组调研，电商业务对线上化、便捷化的新型支付结算工具需求强烈，电商活动中的融资需求主要依附于线上交易订单产生，需求频繁、期限较短，对电商交易数据的挖掘分析、客户的信用水平判断提出了较高要求。金融机构对农村电商需求及其相关的支付结算、融资需求关注不足，明显落后于互联网龙头企业。

（二）惠农政策、公共服务落地带动的支付结算需求

一是惠农政策需要支付结算服务支撑。近年来，我国城乡统筹的社保体系建设不断加强，涉农财政补贴力度不断加大。社保、财政补贴的发放、支取等，对农村支付结算体系提出了较高要求。二是生活服务领域的支付需求。随着农民生活水平提升，城乡统筹发展、各项服务在农村覆盖率日益提升，农民对于生活缴费、学费、医疗挂号、交通购票、演出购票等方面的支付结算需求逐步增加。

（三）农村消费升级带动的融资需求

一是宅基地改革带动的融资需求。《乡村振兴战略规划2018—2022年》指出探索宅基地所有权、资格权、使用权三权分置改革，激活了农村住房用地和房屋使用权的流转信贷市场，也为农民自建房贷款打开了突破口。二是农民城镇置业带动的需求。农民到城镇就业，需要购房置业，带动了房贷需求。三是其他消费升级带动的融资需求。除购房需求外，农户医疗、教育、子女婚嫁对资金需求较大，随着农村消费升级，智能家电、购车、旅游等方面消费需求也需要有针对性的金融服务。

（四）农民增收带动的投资理财需求

随着农民收入水平增加、金融意识增强，对投资理财的需求也在增加。一是理财需求。据农业银行总行调研，约65%的农户在有闲置资金的情况下愿意购买理财，其中约28%的农户在近5年开始产生购买意愿。但城镇、农村理财需求差异较大，城市居民多数对理财的偏好高于储蓄，而农民多数仍将储蓄投资作为首选，对额度较低、期限较短的产品更加青睐，对资产的保值更加关注。从渠道看，农村地区银行网点较少，非物理网点的理财营销渠道（如智能终端、掌银）对农村地区的渗透不足，农民了解理财的渠道相对较少，在选择产品时，更依赖于本地熟人推荐或相信大型银行。二是证券、基金投资需求。根据调研，仅26%的农民表示对股票投资有了解，15%的农民愿意从事股票投资；对证券投资基金了解的有19%，愿意投资的有11%。证券、基金公司在农村地区的实体机构、

流动宣传、专门的网络营销都几乎空白。银行基金代销业务对农村宣传也严重不足。农村金融知识普及不足，尤其是对证券、基金投资的风险警示教育不足；基金产品的额度、期限设计不适宜农村客户；交易、咨询渠道缺乏，制约了投资需求。

3 微观金融需求——来自四川省农村的抽样调查

乡村振兴战略在未来较长的一段时期内必然会给我国农村带来巨大的变化。首先我们可预期的是脱贫事业的成功，到 2020 年将全面实现小康社会；其次，农村的经济、社会和环境都将会有较快的发展和提升，农民对美好生活的向往也逐步实现。随着现代农业、绿色农业和产业融合、科技的发展，农村各经济主体的金融需求也必将跟随发生变化。

第二部分我们从政策带来的发展方向和发展机遇的视角，分析了乡村振兴战略的实施过程中会存在哪些金融需求，进行了一般性的预测和分析。由于中国的农村地区差别巨大，乡村振兴战略不存在一套适用于全国农村的统一发展模式，必须因地制宜地进行。具体到我国西部的农村来说，经济发展水平相对落后，自然生态环境脆弱，贫困人口规模较大，耕地细碎零散等条件的限制，使得乡村振兴目标的实现难度更大。相应的金融需求也具有西部的特点。

本部分我们基于四川省的实际，选择一些有代表性的农村金融微观主体，进行微观金融需求的调查。希望进一步了解目前西部落后地区农村的金融需求概况和特点。

3.1 调查对象

本课题确定的调查对象主要分为两类：农户和农业产业园（集团）。

课题组委托成都五洲智库工程管理咨询有限公司，于 2018 年 5 月至 8 月陆续展开调研。主要对四川省邛崃市、巴中市和蓬溪县的抽样村及产业园区进行了问卷调查和实地调研。成都五洲智库工程管理咨询有限公司已经在规定时间内顺利完成调查，并已完成问卷检查和数据录入工作。本次调查共获得有效农户样本 172 个，另外还实地调研了 1 家农业产业园——蓬溪县天福红江现代农业产业园区。

3.2 乡村振兴中农户金融需求调查结果分析

考虑到被访问农户的文化程度参差不齐，本次调查所设计的问题尽量简洁易懂（具体问卷见附件）。

（一）户主基本特征

户主的平均年龄为 51 岁，表 3－1 显示，其中 35 岁及以下的只占 5.23%，36～45 岁的占 11.63%，46～55 岁的占 31.98%，56～65 岁的占 19.77%，66 岁及以上的占 25.58%。

表 3 – 1   户主年龄结构

	样本数	比例（%）
35 岁及以下	9	5.23
36～45 岁	20	11.63
46～55 岁	55	31.98
56～65 岁	34	19.77
66 岁及以上	44	25.58
缺失数据	10	5.81

从表 3 – 2 可以看出，户主的文化程度以初中及以下为主，其中小学及以下的占 50.57%，初中的占 34.88%，高中及以上的占 12.20%。

表 3 – 2   户主学历分布

学历	样本数	比例（%）
没上过学	25	14.53
小学	62	36.04
初中	60	34.88
高中、技校、职高	16	9.30
中专	3	1.74
大专	2	1.16
大学本科及以上	0	0.00
缺失数据	4	2.33

从表 3 – 3 可以看出户主现在担任村级或村级以上干部的占 5.23%，以前担任过干部的占 11.05%，没有担任过干部的居多，占 82.56%。

表 3 – 3   户主是否担任干部

是否干部	样本数	比例（%）
现在担任	9	5.23
以前担任过	19	11.05
否	142	82.56
缺失数据	2	1.16

（二）农户金融行为及需求

1. 基础金融服务的需求。对于农户的基础金融服务需求，调查结果见表 3 – 4。在调查样本中有 82.2% 的家庭至少有一个成员拥有银行账户，仍然有 17.8% 的家庭没有银行账户，也就是说，有些农户还没有获得基础金融服务。有 64.3% 的受访者认为，目前他所在社区的金融机构数量不足。65.9% 的受访者使用手机或者网络付款。在日常的支付方式中，最常用的支付手段排序分别为：现金、微信/支付宝、银行卡、网上银行。

表 3-4   基本金融服务需求   单位:%

题目	是	否	其他
是否有银行账户	82.2	17.8	
金融机构网点是否充足	32.2	64.3	3.5
使用手机在线支付	65.9	35.1	

由调查可见，目前农民的基本金融需求主要是满足支付结算以及储蓄的需求。手机移动支付和互联网支付已经走入农村，并且普及率快速增长，但是在某些偏远贫困的农村，由于 WiFi 等基础设施不足等原因，还无法利用移动支付手段，老年人和受教育水平低的农民，对于使用网络和移动支付的知识技能欠缺，也影响了移动支付的使用。据报道，2018 年西部地区农村移动支付的使用率为 55.9%，低于全国平均水平（65%）。而本次调查中农民使用移动支付的百分比接近全国平均水平，原因可能是成都平原周边的农村通信网络基础设施条件较好。

2. 融资行为。在被调查的 172 份样本中，有 91 位 52.91% 的农户在 2017 年发生过对外借款行为，有些家庭一年内多次获得贷款，其余 81 户家庭在过去的一年中没有发生借款行为，在问及没有发生借款的原因时，有 71.2% 的户主回答是"不需要"，另外 29.2% 的人回答是"申请没有批准，贷不到"。被调查的农户在 2017 年共计发生借款 921 万元，最高利率水平为 11.88%，最低利率为 8.36%，平均年利率 9.78%。为了鼓励金融机构贷款向"三农"领域倾斜，农村信用社的贷款利率浮动区间为央行基准利率的 0.9~2.3 倍。一般来说，民间借贷的利率高于正规金融机构贷款利率。有 86.5% 的农户认为，目前的贷款利率偏高。

3. 信用状况。一直以来，农村小额信贷的风险和可持续性问题都是备受关注的，因为农户的收入来源不稳定，可抵押的家庭资产不足，从而面向农户的贷款信用风险相对较大。但是实践中也有通过制度设计和科学的贷后管理措施，成功实现农村小额信贷的低违约率。

本次调研中涉及农户信贷行为中的信用状况问题见表 3-5。

表 3-5   信用、还款意识

题目	是	否	不确定
过去 2 年是否发生还款拖欠	25	147	
扶贫贷款是否必须偿还	136	26	10

可见，农民的主观信用状况良好，还款意愿比较高。产生贷款违约风险的关键，还是在于是否有良好的产业项目，即农民的经营收入是否能够保障贷款本息的偿还。此外，农民对于扶贫金融贷款的认识存在一定的误解，有部分人认为扶贫贷款能还就还，实在还不了也就不用还了。对于贫困地区或者贫困家庭来说，一些建档立卡贫困户缺乏产业发展机会，信贷有效需求不足，单纯提供小额信贷并不能取得显著的扶贫效果，还必须依据具体

情况精准设计，找到有效的脱贫路径。少数贫困户把小额信贷作为一种准救济性质的资金而接受，导致还款风险增大。如何实现精准扶贫、产业扶贫，真正地帮助贫困人口持久脱贫，是扶贫金融的重点和难点。

4. 潜在的金融需求。73%的受访者预期自己家庭在未来 2 年需要借款，而预期的借款原因主要是：改善居住条件、生产需求和子女教育。

在借款获得途径的排序中，农民会首先选择从亲朋好友处借贷，其次是正规金融机构贷款，民间借贷排在最后，这种排序的原因应该是利率高低和贷款可获得性。此外，有42.8%的受访者表示，未来如果经济条件允许的话，愿意购买商业保险。这表明农村保险需求没有得到满足，另一方面也表明，目前的因病返贫对于农民家庭构成威胁。

3.3 现代农业产业园的金融需求

乡村振兴战略的一个重要方向，就是实现小农与现代农业的成功对接。目前，各地的农业产业园区方兴未艾，园区以各种方式探索小农户与现代产业的结合，并且形成产业特色、产业融合的新趋势。

2018 年 3 月 24—25 日，本课题组成员赴四川省蓬溪县进行调研，现场考察并调研了蓬溪县天福红江现代农业产业园区，并着重了解了园区的金融需求。蓬溪县属于丘陵地区，经济发展水平相对落后，截至 2017 年第三季度仍有 43 个贫困村没有脱贫。不过天福红江现代农业产业园区农民可支配收入高于全县平均水平 20%。

天福红江现代农业示范区（以下简称示范区）辖天福、红江、常乐、明月等 4 个乡镇，总面积 100 平方公里。其中核心区 5 万亩，辐射区 5 万亩。着力打造国家现代农业示范区、中国西部农谷、中国西部食用菌之乡、中国出口食用菌质量安全示范区。重点打造六大产业园区：食用菌产业基地、绿色蔬菜产业基地、中药材产业基地、绿色生猪产业基地、核桃产业基地、航天水稻新品种高产创建片。同时，打造现代农业科技试验区；休闲、观光、体验、旅游农业示范区；产村相融新农村建设样板区；农产品加工物流园区。该产业园突出产园一体、镇园一体、景园一体"三位一体"的工作路径，促进园区一二三产业融合发展，积极培育新产业、新业态，其中天福万象农业观光园区成为遂宁市农旅融合发展新典范。

位于该产业园的琪英菌业是全国第五大杏鲍菇生产企业，年产值上亿元，已经成为效益良好的优质企业，从而也成为各家金融机构提供金融服务的目标客户。这种龙头企业的金融需求，主要有支付结算和贷款需求。而对于通过土地流转加入园区和企业的贫困农民来说，脱贫或者融资仍然需要外界的支持。园区管委会和琪英菌业按 4:6 出资 600 万元建立食用菌创业发展基金，实行政府、企业共管，用于带动农户发展食用菌，食用菌创业农民在获得收益后逐步返还基金投入的资金。设立创业发展基金，缓解了农民建大棚、购菌种的资金压力，并获得较高的回报；企业通过提供菌袋和产品回购，实现了资源的循环利用，延伸了产业链条，提升了企业产能，形成了企业和农民合作共赢的格局。

在调研中我们发现，现代农业产业园区的资金缺口仍然存在。虽然政府调动财政资金对重大项目进行支持，但是政府对园区的投入主要用于园区的道路、基础设施等建设。园区内的企业仍然存在融资瓶颈，最突出的是信贷抵押品缺乏。农业项目投资得不到确认，金融机构对农业项目信贷设立程序较多，企业获得信贷支持困难，园区 22 家企业主仅 3 家获得了信贷支持，中小微企业以及处于成长期的涉农企业融资难的困境依然存在，制约了企业做大做强。

3.4　小结

本部分通过对四川省一部分农村的调查和调研，了解了农户和新型农业产业园及龙头企业的金融需求和金融行为，是从需求端的视角进行的观察。

我们发现，目前对于西部相对落后的农村来说，基础金融服务仍然没有得到充分的满足，普惠金融和金融基础设施建设仍然存在发展空间。受到收入水平的限制，低收入和贫困农户的有效金融需求不足。农户获得贷款的利率普遍偏高。但是他们的信用表现较好，贷款违约风险主要来自于生产经营的损失。大型农业产业园在探索与农户合作和培育专业合作社方面取得了创新，其本身的信贷约束较少。但是核心企业上下游产业链的中小企业和农民，他们的信贷需求仍然没有满足。这意味着发展以农村龙头企业为核心的供应链金融存在良好预期。

4　金融供给——来自金融机构的实践和案例

目前在乡镇一级设置网点或者提供服务的金融机构，主要有中国农业银行、农村信用社、邮储银行和中国农业发展银行等。这些金融机构是服务"三农"的主力，而其他商业银行主要在县城服务于企业，也提供农民在县城购买商品房的按揭贷款。另外，所有商业银行都肩负着精准扶贫的任务。本部分我们从供给端的角度来分析在乡村振兴战略中，我国西部农村金融的市场结构、金融产品和服务的供给状况，以及未来发展的趋势。

4.1　西部农村金融供给市场结构

目前，我国西部农村金融市场的供给主体分为几大类：政策性银行——中国农业发展银行和国家开发银行（某些项目）；商业银行：四大国有控股银行、部分股份制银行、区域性商业银行、农村信用社、邮政储蓄银行；合作金融和村镇银行等新兴金融机构。

根据某课题组①2014 年的调研资料，以四川省巴中市平昌县为例。几家主要农村金融服务机构在全县共设立网点 102 个，其中：农业发展银行 1 个；农业银行 7 个（其中：在县城设立网点 6 个，在乡镇设立网点 1 个，对现有乡镇的覆盖率为 0.02%）；邮政储蓄银

---

①　百度文库提供的某课题组调查报告，但是原文没有标明课题组具体名称。

行 33 个（其中：在县城设立网点 7 个，在乡镇设立网点 26 个，对现有乡镇的覆盖率为 60%）；农村信用社 61 个（其中：在县城设立网点 8 个，在乡镇设立网点 53 个，对现有乡镇的覆盖率为 123%）。另据报道，2015 年 10 月，平昌农科村镇银行建立。到目前为止平昌县的农村金融供给主体和市场结构变化不大。

农村信用社不仅在有乡镇的地方设立了机构，实现了金融机构全覆盖，还在没有设立乡镇的地方设立网点 10 个，最远的喜神信用分社距离县城达 100 多公里。农村金融市场的供给主体结构如图 4 - 1 所示。

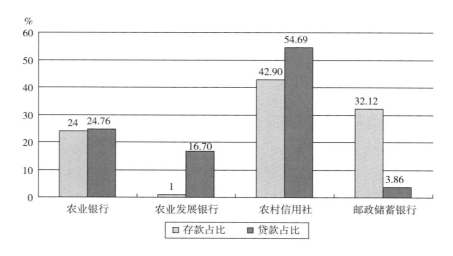

图 4 - 1　2014 年底四川省平昌县金融机构存贷款市场占比

由图 4 - 1 可以看出，农村信用社和邮政储蓄银行在机构网点上更接近农民，因此吸收存款方面这两家银行具有优势。农业银行仍然在服务"三农"，其存款和贷款所占的比重相当，基本上实现了服务本地经济的目标。农村信用社对农业方面的资金投放力度较大，其在贷款方面对当地农村经济和农民的支持较多，农村信用社发放了全县 80% 以上的妇女创业贷款、95% 以上的再就业贷款、98% 以上的农业贷款、100% 的生源地国家助学贷款和三分之一以上的中小微企业贷款，为"三农"、中小微企业和县域经济的发展作出了积极贡献。但是也出现了"一农"难支"三农"的困境。农业发展银行作为政策性银行，发挥了明显的"输血"功能，其贷款占比远远高于存款占比，对落后地区的经济发展提供了资金支持。而邮政储蓄银行，其机构网点设置虽然覆盖率较高，但从农村地区吸收存款较多，其对当地的贷款支持力度小，实际上发挥了"抽水机"的功能——从农村经济落后地区吸收存款，但是对当地的贷款投放较少，资金主要流向了城镇和非农领域。

总结西部农村金融市场供给状况，具体到农村金融市场的空间层面，呈现出以下特征。

1. 县域市场——垄断竞争。四大国有控股商业银行的机构撤离农村市场，但是在县城基本上仍然设立有机构。因此，县域经济的优质企业（包括非农的企业和涉农企业）成为各家商业银行竞争的对象。此外，随着前些年房地产的升温，县城的房地产开发企业以及商品房抵押贷款也成为商业银行竞争的目标。近年来，涉及城镇化、政府投资项目以及PPP模式的项目，由于规模大、风险小的特点，也是商业银行竞争的焦点。

2. 乡镇市场——寡头。在乡镇层面上设立机构的主要是农村信用社和邮政储蓄银行，少数大型的乡镇有农业银行的网点。这些金融机构的主要服务对象是个体工商户和农民。以平昌县为例，邮政储蓄银行主要提供客户的存款、汇款业务，贷款只发放5万至10万元以内的个体工商户及中小企业担保贷款。面对农户的贷款主要是由农村信用社、农业发展银行和农业银行所承担。

3. 村级市场——服务延伸。所谓的农村金融村级市场，也就是直接面向农民家庭的金融服务供给。由于农户居住分散，以及金融需求的小额、频繁等特征，依靠传统的金融网点服务成本高，因此造成了农村金融最前沿的市场供给不足，甚至存在金融供给空白。不过，目前随着精准金融扶贫和乡村振兴战略的推进，政策性金融机构以及其他金融机构开始采取措施，将金融服务直接送到农户身边。比如扶贫金融的工作人员深入农户家中了解需求寻找产业发展机会，为客户办理相关业务。

近年来，农业银行利用互联网和移动互联网科技，大力进行了农村金融基础服务硬件设施建设。农业银行推出的"金穗惠农通工程"为偏远地区的农户提供了金融基础服务以及小额信贷服务，在一定程度上弥补了其网点不能下伸的空白。

4.2 金融供给的热点领域

从金融供给端的角度来看，目前和未来一段时间内，在乡村振兴战略推进的过程中，各金融机构关注的热点领域有哪些？各自具有什么特征？经过课题组的调查和分析，我们发现乡村振兴中的金融供给主要集中在以下几个领域。

（一）有政策支持的行业和项目

乡村振兴战略的全面实施，必然涉及从中央到地方的多种配套政策。相应地，伴随着这些政策而产生的项目落地，也带来了潜在的金融需求和利益空间。

目前，各家商业银行在确定"三农"领域的优质客户方面，都纷纷瞄准了旅游、城镇化、PPP项目、农业产业园区项目、基础设施、公共产品、土地整治、建设用地增减挂钩项目、现代农业等领域。

经过调研发现，多家商业银行制定了乡村振兴战略中的工作重点。基本集中在以下几个方面：（1）强化县域旅游金融服务。（2）强化县域城镇化金融服务。比如农网改造、燃气供应、城乡供水一体化、省级以上园区等有现金流的经营性项目，政府购买服务产品，易地扶贫搬迁项目，运用PPP项目；重点介入使用者付费或者政府进行缺口性补助的垃圾处理、水电气等领域PPP项目；运用农村土地整治产品，积极支持城乡建设用地增减挂钩项目。（3）强化现代农业金融服务，以及个人生产经营贷款、商户贷款等联动服务。（4）强化农村产权改革金融服务，主要涉及"三权分置"中的相关抵押贷款。

（二）政策性金融机构的服务领域

农业作为相对"弱质"的产业，其面临的风险大，利润率偏低，需要国家进行相应的扶持，这是全世界包括发达国家通行的做法。由于农业经营利润率偏低风险较大，金融需求零散分散，贷款管理成本高，以及农村经济社会发展的落后，农民教育水平和相关技能的缺乏，商业性金融机构往往很难在"三农"市场上获得普遍的盈利并控制风险。因此，世界各发达国家均设立了政策性金融机构，支持农村、农业和农民的发展，政策性金融机构成为农村金融市场不可或缺的供给主体。

在我国，农业发展银行作为服务"三农"的主要政策性金融机构，其主要职责是：（1）办理粮食、棉花、油料、食糖、猪肉、化肥等重要农产品收购、储备、调控和调销贷款；（2）办理农业农村基础设施和水利建设、流通体系建设贷款；（3）办理农业综合开发、生产资料和农业科技贷款；（4）办理棚户区改造和农民集中住房建设贷款；（5）办理易地扶贫搬迁、贫困地区基础设施建设、特色产业发展及扶贫专项贷款；（6）办理县域城镇建设、土地收储类贷款；（7）办理农业小企业、产业化龙头企业贷款；（8）组织和参加银团贷款，办理票据承兑贴现业务；（9）按规定设立财政支农资金专户，并代理拨付财政支农资金；（10）代理买卖承销债券，从事同业拆借、存放，代理收付款项及保险，资产证券化，企业财务顾问等业务。

农业发展银行的资金来源渠道主要是：吸收业务范围内开户企事业单位的存款，吸收居民储蓄存款之外的县域公众存款，吸收财政存款，发行金融债券等。

由此可见，农业发展银行的经营宗旨就是为了实现国家的战略，所承担的信贷业务多数是需要国家支持的、微利或者无盈利的业务。在农产品收购储备、农村基础设施建设、科技推广以及扶贫等方面，农业发展银行发挥着重要作用，形成了与商业性金融机构的互补与合作关系。由于其资金来源成本较低，中国农业发展银行在2017年实现了171.18亿元的净利润。在未来的乡村振兴战略中，农业发展银行还需要进一步发挥其支农惠农的作用，充分发挥其政策性银行的职能，在那些非营利性的"三农"领域担当主要角色，适当降低对营利性的追求，在实现国家乡村振兴战略的同时，"微利或者保本"经营。

（三）扶贫金融

习近平同志在十九大报告中提出，从现在开始到2020年，是全面建设小康社会的决胜期。要实现全面小康的目标，就必须补上贫困人口脱贫的这块短板，而西部地区的农村扶贫任务仍然比较艰巨，金融在精准扶贫方面发挥着重要的作用。各家金融机构都积极参与精准扶贫工作，除了完成各级政府考核分配的扶贫任务之外，这也是金融企业履行其社会责任的重要体现。

中国农业银行提出要坚持走协同扶贫、立体帮扶、精准创新的商业金融扶贫路子，主动与各级党政对接合作，启动实施现代农业金融扶贫、基础设施金融扶贫、支柱产业金融扶贫、贫困户自主创业金融扶贫"四项工程"，既输血又造血，既做实"精准滴灌"又下足"绣花功夫"。

【**案例一**】阿坝州农业银行以"扶贫小额贷款"为拳头产品，精准信贷建档立卡贫困户的发展特色养殖业。截至 2018 年 3 月 31 日，投放扶贫小额贷款 1 442 笔，余额 5 889 万元。该行州县两级成立常态化"服务三农金融分队"14 个，并根据全辖 13 个县市资源禀赋、产业发展特色、贫困人口现状等绘制了"金融服务三农图谱"，按图索骥分片区深入藏乡羌寨 40 余次，开展评级授信调查 500 余人次，主动问需客户需求。紧盯紧扣紧抓九寨沟地震、茂县叠溪重建和 22 个扶贫专项计划实施方案，制定《阿坝分行 2018 年金融扶贫服务方案》，既精准对标脱贫任务，又精准滴灌需求群体。精准运用优势信贷产品"农家乐贷""财补贷""返乡创业贷""金穗惠农贷"、推广"惠农 e 贷"。线上线下齐发，简化信贷流程、提高获贷效率。

【**案例二**】扶贫小额信贷的"旺苍模式"有这样几个关键词：政府增信、财政贴息、多方带动、共同推进。其根本是解决了当前金融助力脱贫攻坚所面临的四个实际问题。一是解决"钱从哪里来"。银行业监管分支机构引导银行业机构积极用好人民银行扶贫再贷款政策，充分激发银行扶贫小额信贷工作积极性。二是解决"怎样贷得到"。通过指导银行业机构召开院坝会等形式送金融知识下乡，提高建档立卡贫困户对扶贫小额信贷的知晓度；科学制定贫困户诚信度评价指标体系，通过政府增信，提高农户评级授信比例和授信额度。三是破解"如何用得好"。该模式充分发挥了银行在资源、信息、人才、网络等方面的优势，以"金融+电商""龙头企业+贫困户""致富带头人+贫困户"等模式，帮助贫困户找到脱贫致富门路。四是解决"风险怎样控"。旺苍建立了"三级防护"机制，即县级设扶贫小额信贷风险补偿金，村级建立风险互助资金，贫困户参与政策性农业保险、扶贫小额保险。

2017 年，旺苍县 1.96 万户建档立卡贫困户信用评级率 100%，扶贫小额贷款余额 2.69 亿元，支持 6 910 个贫困家庭持续增收。"旺苍模式"在广元市全面推广后，扶贫小额信贷余额达 20.58 亿元，接近四川省的六分之一。

"旺苍模式"在实践探索中，先后受到国家扶贫办、省委省政府的肯定，被财政部评为"最佳执行项目"，被国际扶贫中心、联合国粮农组织、亚非拉国家学习调研。

总结旺苍模式的关键是选准产业项目，实现多方联动是该模式的核心条件。

原广元银监分局局长刘平说，这套模式有很强的可复制性，整个广元市已率先得到推广和验证。目前金融扶贫遇到的问题集中在两个方面，一边是贫困户不想贷款，一边是银行担心风险，如果选准了产业项目，可以让贫困户有信心，银行有意愿，政府也有了引导的基础。

要实现"旺苍模式"，还得多方联动，才能科学引导产业项目的选择，使贫困户掌握产业发展的技能。而龙头企业、带头人、大户要发挥示范引领作用，就地就近提供就业岗位，帮助贫苦户找到致富路径。另外，还要建立多种利益共享机制，促进扶贫工作顺利开展。

农业银行四川省分行已将"旺苍模式"复制至全省 97 家支行。目前，已累计发放 18

亿元的小额扶贫贷款，共支持4.9万贫困户。

（四）互联网金融科技在农村市场的应用

传统的金融供给，主要依靠设立实体的金融机构和金融工作人员接近需求者，广大西部偏远农村由于各种条件所限，造成设置金融网点的成本过高，金融基础设施建设落后，影响了普惠金融的覆盖面。近年来，互联网和金融科技的发展，为弥补偏远农村地区金融网点和设备不足的缺憾提供了技术条件。有些商业银行开始探索利用互联网技术和设备，为农村和农民提供便捷的金融服务。在我们的实地调研中也发现，目前农民通过手机上网和移动支付的比率快速上升，农民获得金融服务变得相对容易了。

1. 农业银行惠农通。中国农业银行作为大型的主要服务于"三农"的商业金融机构，利用其网点和技术、人才等优势，率先在农村地区创新推出了互联网惠农工程——惠农通。农业银行要面向"三农"，要解决农村金融网点空白的问题。"惠农通"是一个有着POS机刷卡、小票打印、政府信息服务等多功能的小型信息平台，是经中国人民银行批准，中国农业银行依托商务部"万村千乡市场工程"综合信息服务平台，在符合商务部要求的乡镇连锁经营超市布放的具有小额取现功能的POS终端。"惠农通"作为一项专门为农村群众设计的银行卡取现服务，拓展了农家店的服务项目和用卡渠道。农业银行充分利用农村地区POS机网点资源，在农村地区开展了金融服务的全新探索实践，为农民持卡取现提供了一条直接延伸到家门口的便捷通道。"惠农通"作为服务基层农村群众的现代金融业务，非常安全、便捷和准确，广大农村对这项服务是有需求的，因为它省时、省力、实惠、安全，同时，也需要培养农民朋友的支付习惯。"惠农通"这一现代金融服务，是缩小"三大差距"的一个具体举措，有利于把农村资产转化为农业资本。

2. 农村电子商务平台。以阿里和京东为首的互联网巨头，搭乘着"电商"的方舟，进入农村金融领域，它们提供三项服务——支付、保险、贷款，试图用互联网的方式，开拓农村市场。截至2015年，蚂蚁金服旗下的"三农"用户数达到了2.92亿，京东招募27万名乡村推广员，覆盖27万个行政村。

2017年初，中央一号文件发布了关于农村金融的"千字文"，大力鼓励发展农村金融。"政府的大门打开了"，农分期CEO周建说，"政策给了互联网系的平台一个官方'身份'"。互联网金融的创新者们开始以惊人的速度发展。从2016年至今，共有12家农村金融平台宣布获得融资。今后在乡村振兴大力推进的环境下，大量的平台将在资本和政策的加持下迅速崛起。

4.3 小结

本部分从供给端分析了当前乡村振兴战略中提供金融服务的主体，以及主要的金融服务发展现状。我们可以得到以下几点认识和启示。

1. 目前我国农村金融市场仍然以商业银行和信用社（农村信用社其实也类似于商业银行）为主导，政策性银行和地方合作金融组织为辅助。某些金融机构仍然在充当"抽水机"的角色，吸收农村地区的存款但是信贷支农力度不足。

2. 西部地区农村金融覆盖率有了明显的改善，基本的金融服务，比如存款、储蓄、支付结算、汇兑等业务覆盖面扩大。手机成为农民介入互联网的主要方式，因此移动支付在农村发展迅速。

3. 在涉及"三农"信贷资金投入方面，商业银行主要关注的领域涉及政策支持、财政投入相关的项目，以及发展前景良好的产业。扶贫小额信贷是主要的金融扶贫手段，目前已经探索出一些比较成功的案例。政策性金融主要关注盈利性差的项目和公共产品领域。

4. 金融在支持乡村振兴的过程中，离不开政府、银行、企业和农户的多方协同。

5 金融有效支持乡村振兴战略的路径

前面几部分我们从乡村振兴的金融需求和金融供给方面分别进行了调研和分析。接下来我们将需求端和供给端结合起来，分析当前乡村振兴中的金融供需平衡问题。最后总结出在西部农村，金融如何有效地支持乡村振兴战略。

5.1 供求匹配分析

在第二部分和第三部分中，我们分别分析了乡村振兴战略在实施过程中可能带来的金融需求，以及西部农村微观主体真实的金融需求。第四部分介绍了当前四川省的农村金融供给现状。现在总结出乡村振兴中金融供给和需求的匹配情况（见表 5 - 1）。

表 5 - 1　　　　　　　　　西部乡村金融供求匹配情况表

需求方 供给方	大型涉农企业	合作组织、中小企业	涉农项目承建方	农户、农民
商业银行（包括农村信用社）	为优质客户提供全面服务，为其他企业提供基础服务	贷款难，不能充分满足信贷需求	为与政策相关的、风险小的项目贷款	小额贷款、抵押贷款、扶贫贷款、基础金融服务
政策性银行（农发行、国开行）	特定的企业	符合条件的贷款	财政资金代理、银团贷款	扶贫专项贷款
村镇银行	非核心客户	提供融资	非核心客户	经营性小额贷款
新型合作金融				在社员内部提供融资
电商平台企业	链式金融服务	电商平台会员企业		小额贷款电商消费信贷
小额贷款公司		融资		小额贷款

可以看出，股份制商业银行（特别是国有控股的商业银行）肩负着普惠金融的责任，提供的金融服务覆盖面最广、种类最多。因为利润的驱动，这些大型商业银行一般瞄准优质的大型涉农企业以及具有政策支持的大型项目。政策性银行的服务主要是落实国家相关

的政策和战略，涉及的客户和领域有限，一般不对农村中小企业贷款。村镇银行和小额贷款公司的主要服务对象是农村的中小企业和农户，但是这些金融机构的数量较少，规模有限，提供的金融产品不能满足实际中的需求。此外，这两类金融供给主体的抗风险能力较弱，其提供的贷款利率较高。电商平台以大型核心企业或者电子平台为核心，沿着供应链为上下游企业和农户提供金融服务，是一种具有潜力的金融形式。目前，我国农村的合作金融组织发展不充分，合作金融的性质和优势仍然没有发挥出来。

5.2 目前存在的问题

5.2.1 农村金融体系不完善——供给无法满足需求

目前我国农村的金融体系，仍然是以商业银行为主体，以其他金融机构为辅助。截至2014年，全国已经核准设立的村镇银行有1 045个，县域覆盖率达到54.57%。但是中国各地的经济发展不同，金融资源分布也不均衡。在西部地区，有些乡镇甚至没有一个最基础的金融机构，同时一些机构的网点偏离农村，呈现出冠名村镇、身处县城的现象，难以在真正意义上回流农村。截至2017年底，全国还有588个县市没有设立村镇银行，其中有88%分布在中西部地区，有58%属于国定贫困县和连片特困地区县；全国村镇银行县市覆盖率低于50%的省份有7个，在中西部地区就有6个。[7]

而商业银行作为追求利润的金融机构，其经营原则必须要兼顾盈利性、流动性和安全性。在乡村振兴战略的实现过程中，普惠金融、扶贫金融等各种形式的金融需求对供给侧提出了挑战。以商业银行为供给主体的农村金融体系，必然会面临着根本性的矛盾：一方面商业银行要保持盈利性和可持续发展，另一方面普惠金融和扶贫金融并不具有可观的盈利空间。正是因为这一个矛盾，导致了在相当长的时间内，我国各家商业银行对于服务"三农"表现出战略高度上足够重视，而金融供给实践中具体措施不够，只好将投入集中在扶贫领域。因为在精准扶贫金融方面投入不至于影响商业银行的整体盈利性和风险，并且容易出亮点。这种服务"三农"的"雷声大雨点小"的现实，也是商业银行不得已的选择。本课题组认为，不能主要依靠商业银行去提供全部的"三农"金融支持，应该继续探索多元化的农村金融供给体系，特别是在西部落后地区的农村，更加需要根据乡村振兴战略的实现和真实的金融需求，去构建有效提供金融服务的完善的农村金融体系，政府、银行、企业和农民多方协同，实现各种金融机构的合理分工和适度竞争。

5.2.2 农地两权抵押贷款推广的障碍

目前，全国和四川省设立了多个试点地区，尝试将土地经营权转化为农民的资产，解决农户和涉农企业融资缺乏抵押物的难题。在试点的地方，各种创新的金融服务也陆续开展。在我们调研的蓬溪县，政府出资设立了风险保证基金。在土地承包经营权抵押贷款试点方面进行了创新：一是农村产权全面确权颁证。二是建立了抵押登记制度。三是健全了交易流转市场。四是建立了纠纷调解仲裁体系。五是创新抵押贷款试点产品。六是推进了农村信用体系建设，对农户进行信用评价。七是建立贷款风险缓释机制。八是建立了抵押物处置机制。九是建立正向激励的政策支持机制。截至 2017 年 12 月末，全县累计发放农村承包土地经营权抵押贷款 164 笔，金额 3.18 亿元，累计发放林权抵押贷款 41 笔，金额 3 029 万元。

但是，土地（宅基地）抵押贷款在试点地区进行了创新性的探索，推广却面临巨大的障碍。主要来自于法律和制度方面的难题，需要从更高层面进行制度创新才能够解决。比如，在实行土地承包经营权或宅基地抵押贷款业务中，如果面临着违约风险，抵押物在处置的环节就可能会出现困难：一是缺乏成熟的土地承包经营权流转市场；二是住宅和耕地承担着农民社保养老的功能，一旦被处置就会涉及许多复杂的后续问题。

5.2.3　金融创新不足

在乡村振兴推进中，随着现代农业的发展以及新型农业经营主体的不断涌现，一些新的金融需求随之产生，但是目前的金融产品创新没有跟上时代发展的趋势和步伐。比如农村供应链金融的发展滞后；互联网金融缺乏健康发展的环境和有效监管；除了通过项目，国家财政资金如何进一步带动金融资源投入到乡村振兴建设中；农业保险发展滞后；农产品期货等远离农村市场；农民缺乏投资理财的产品。

当然，不能为了金融创新而创新，创新需要来自需求端的吸引力，也需要来自供给端的推动力，还需要具备一定的外部环境和条件。

5.2.4　涉及"人"自身发展的金融服务滞后

乡村振兴主要是解决人才问题、土地问题和资金问题。而所有目标的最终实现，都指向人的全面发展问题。从政府到金融机构再到企业和农户，首先关注产业振兴和具体的项目建设。诚然，产业和项目作为资金和其他要素投入的载体，在乡村振兴战略中至关重要。然而在调研中我们发现，西部农村目前面临着一个严峻的问题是"乡村空心化"。毕竟乡村振兴的主体是农民本身，那么面对持续已久的劳动力外流、老弱病残妇孺留守农村的现状，有些基层干部不得不发出疑问：没有人的乡村如何振兴。

以往的金融支持方式，就是把金融服务和资金投入到有前景的产业和具体的项目中去。而目前除了助学贷款和少数面对妇女的小额信贷以外，针对乡村中"人"的因素提供的金融服务单一而且滞后。如何借助金融的手段和服务，培育新型农民，吸引农民返乡，提高现有劳动力的技能和素质，这些都是下一步需要从供给侧解决的问题。

5.3　金融支持乡村振兴的路径

乡村振兴战略是一项协同乡村和城镇、农业与其他产业的系统性事业，遵循统筹城乡发展的理念。长期的城乡分割二元经济结构，造成"三农"问题成为实现全面小康和现代化的短板。"三农"领域需要国家和社会的更多投入，需要财政资金和政策的倾斜性支持，需要工业主动地反哺农业。因此，乡村振兴中的金融支持，应该以中央制定的发展理念为指导，因地制宜寻找有效路径。

5.3.1 构建多元化普惠性农村金融体系

目前我国农村的金融体系以国有控股商业银行和信用社为主体，其他金融机构发挥的作用有限。国有控股商业银行在遵照利润最大化原则经营的同时，也担负着一些社会责任，比如积极投入扶贫金融。但是，商业银行毕竟是盈利性的企业，在服务"三农"、提供普惠金融的过程中，它们对于"损失"和"风险"有一个容忍度。因此，商业银行不愿意"独当一面"。乡村振兴需要发展乡村普惠金融，深入推进银行业金融机构专业化体制机制建设，形成多元化农村金融服务主体。

根据美、日、德的经验，政策性银行必须在农村金融领域发挥更大的作用。此外，我国的农村合作金融机构也需要得到充分的发展。并不是说要排斥商业金融机构服务"三农"，而是要形成互补。除了一些存款类金融机构外，应该培育新型金融机构，例如村镇银行、小额贷款公司等，引导这些机构在金融贫困地区设立网点或者鼓励金融机构提高互联网金融服务，引导资金回流农村。向以农户和一些中小企业等为代表的弱势群体提供金融服务，增加他们的发展机会，提高劳动收入。在构建过程中需要国家给予政策税收优惠和扶持，解决一些机构目前在试点过程中所遇到的问题。

5.3.2 实现银行、政府、企业的多方协同

乡村振兴中的产业振兴、公共产品提供、生态环境的治理、乡风文明等各方面都存在资金需求，除了银行之外，还需要各级政府的政策、财政以及社会资本之间的相互协同。

第一，在政策方面，应继续通过奖励、补贴、税收优惠等政策工具支持"三农"金融服务，抓紧出台金融服务乡村振兴的指导意见。人民银行要发挥再贷款、再贴现等货币政策工具的引导作用，将乡村振兴作为信贷政策结构性调整的重要方向。落实县域金融机构涉农贷款增量奖励政策，完善涉农贴息贷款政策，降低农户和新型农业经营主体的融资成本。健全农村金融风险缓释机制，加快完善"三农"融资担保体系。充分发挥好国家融资担保基金的作用，强化担保融资增信功能，引导更多金融资源支持乡村振兴。改进农村金融差异化监管体系，合理确定金融机构发起设立和业务拓展的准入门槛。[18]

第二，开展银政对接。一是对接扶贫规划。加强与各级政府特别是深度贫困县政府对接，签订银政合作协议，融入地方政府主导实施的产业扶贫、易地搬迁、光伏发电、乡村旅游等重点扶贫项目。例如农业银行推出了"农行+政府+大学生""农行+妇联+农户"等产品。二是对接增信机制。协调地方政府整合各类涉农资金，建立风险补偿金、政策性担保公司等增信机制，为贷款提供风险缓释手段。三是对接贷款管理。充分发挥地方政府组织优势，借助扶贫办、财政局等部门特别是驻村工作队的力量，做好贷款客户筛选、贷款调查、贷后管理和资金收回等工作。

第三，加大财政资金对"三农"领域的倾斜。财政资金的投入可以带动金融资本和社会资本参与到乡村振兴之中。财政资金重点投入农村公共服务、扶贫脱贫、环境保护、大型水利设施，以及基层组织建设等领域。在财政资金的统筹运作方面，农业发展银行和国家开发银行的职能应该进一步发挥。

5.3.3 鼓励金融创新，满足现代农业及农村人力资本积累的金融需求

目前，农村地区的金融供给不足，乡村振兴战略提出要创新服务模式，构建普惠金融机制满足现代农业的金融需求。而金融科技将在多个方面充当创新的依托。

第一，引导持牌金融机构通过互联网和移动终端提供普惠金融服务，促进金融科技与农村金融规范发展。金融科技应当也能够在乡村振兴中的农户金融领域发挥积极作用。加快农村金融产品和服务方式创新，持续深入推进农村支付环境建设，全面激活农村金融服务链条。稳妥有序推进农村承包土地经营权、农民住房财产权、集体经营性建设用地使用权抵押贷款试点。探索县级土地储备公司参与农村承包土地经营权和农民住房财产权"两权"抵押试点工作。充分发挥全国信用信息共享平台和金融信用信息基础数据库的作用，探索开发新型信用类金融支农产品和服务。结合农村集体产权制度改革，探索利用量化的农村集体资产股权的融资方式。提高直接融资比重，支持农业企业依托多层次资本市场发展壮大。

第二，鼓励银行和电商平台机构进行农村供应链金融创新。目前多家商业银行已经在城市和国际贸易领域开展了供应链金融服务，线上供应链金融服务也在探索和快速发展之中，阿里、京东等多家电商平台也积极为其客户提供供应链融资。供应链金融打破了只关注融资企业自身的财务和信用的传统授信模式，而是将供应链作为一个整体，基于核心企业的信用与供应链整体的运作，为上下游企业提供资金支持，由于供应链金融具有自偿性，所以通常实现双赢和风险较低的特点，是解决中小企业融资难的有效方式。未来在乡村振兴战略实施过程中，农村领域的供应链金融服务发展前景可观。商业银行、电商平台以及中小金融机构，均能够根据自身的优势投入到供应链金融市场之中。农村供应链金融的发展，不仅能够为农户和中小企业提供所需的资金和金融服务，而且还有利于形成健康高效率的供应链，提升我国农业的整体竞争力和农村经济活力，推动乡村振兴目标的实现。

第三，由政府主导，政策性银行牵头，建立农业保险制度。农业经营由于受到气候和自然环境的影响，风险较大。并且，随着土地集中规模化经营，其风险程度也增加，可能会超过经营者的承受能力。为了促进现代规模农业的发展，保障农民的权益，我国应尽快探索建立农业保险。农业保险对于转移农民的经营风险至关重要，但是普惠性的农业保险必须要有财政资金的参与，才能保证其可持续性。农业保险应由政府出资组建，可以由政策性银行参股或者牵头，同时引入社会资本。借鉴发达国家的农业保险经验，建立我国的农业保险制度。

第四，关注农村人力资本积累对乡村振兴的重大意义，金融服务和产品的创新除了满足产业发展的需求，还要满足当地人力资本积累或者吸引人力资本流入到农业的需求。对于一些具有丰富知识和技术等的"能人"下乡创业，或者农村青年留乡创业的情况，应该有针对性地开发出金融产品进行支持。

参考文献

［1］Patrick H. T. Financial Development and Economic Growth in Underdeveloped Countries ［J］. Economic Deve – lopment and Cultural Change, 1996 (14)：174 – 189.

［2］李春宵, 贾金荣. 农村金融发展与经济增长关系研究——基于协整检验和误差修正模型的实证分析 ［J］. 广东商学院学报, 2012 (6).

［3］张彦宏, 何清, 余谦. 中国农村金融发展对城乡收入差距影响的实证研究 ［J］. 中南财经政法大学学报, 2013 (1).

［4］田杰, 陶建平. 农村金融排除对城乡收入差距的影响——来自全国 1 578 个县（市）面板数据的实证分析 ［J］. 中国经济问题, 2011 (5)：56 – 64.

［5］董晓林, 徐虹. 我国农村金融排斥影响因素的实证分析——基于县域金融机构网点分布的视角 ［J］. 金融研究, 2012 (9)：115 – 126.

［6］杜晓山. 小额信贷的发展与普惠性金融体系框架 ［J］. 中国农村经济, 2006 (8)：70 – 78.

［7］许宏波, 谢升峰. 国外普惠制金融支持城乡统筹的经验及启示——基于美日英德的分析 ［J］. 金融视线, 2015 (12)：85 – 88.

［8］郑燕冰, 周敏. 农村普惠金融可持续发展研究 ［J］. 福建金融, 2015 (12)：19 – 21.

［9］刘会. 基于土地银行制度再思考的农村土地流转制度研究 ［J］. 电子科技大学学报（社科版）, 2017 (8)：69 – 78.

［10］侯明利, 贾弘睿, 赵胜长. 金融支持农村土地流转问题研究——来自新乡市的实践 ［J］. 经济研究导刊, 2016 (28)：19 – 21.

［11］章含和. 农村土地流转贷款业务的发展路径 ［J］. 经营管理, 2016 (10)：72 – 73.

［12］丁维岱. 互联网金融激活乡村振兴——池春水 ［N］. 中国城乡金融报, 2018 – 09 – 12 (B04).

［13］奥亚锋. 农村精准扶贫金融保障机制研究——以四川省达州市为例 ［J］. 广东蚕业, 2016 (4)：30 – 33.

［14］罗宛婷. 精准扶贫背景下村级电商金融服务平台的发展现状——以四川遂宁、山东聊城、湖北潜江为例 ［J］. 中国集体经济, 2017 (20)：67 – 68.

［15］王童, 蒋尧. 精准扶贫中财政金融扶贫机制研究 ［J］. 财税金融, 2015 (6)：70.

［16］刘西川. 乡村振兴战略与农业金融创新的"新思维" ［J］. 中国农民合作社, 2018 (9)：46 – 48.

［17］涂永红, 马九杰. 金融助力乡村振兴长效机制建设调研与思考 ［J］. 中国金融学, 2018 (2)：96 – 103.

［18］肖添. 美国农村金融体系建设对我国农村建设普惠金融的经验启示 ［J］. 时代金融, 2018 (3)：32 – 33.

附件　农户家庭金融需求调查问卷

农户家庭金融需求调查问卷

成都五洲智库工程管理咨询有限公司受西南财经大学"西部乡村振兴中的金融支持研究"课题组委托进行此次调查。

说明：此次问卷调查为匿名方式，本课题组承诺：调查信息与数据仅仅用于课题学术研究，我们不会将您的信息使用于任何商业或者未经您同意的范围。请您如实填写，谢谢配合！

一、农户基本特征

1. 户主年龄。（　　）岁

2. 户主文化程度。（　　）

A. 没上过学　　　　　　B. 小学　　　　　　C. 初中　　　　　　D. 高中、技校、职高

E. 中专　　　　　　　　F. 大专　　　　　　G. 本科以上

3. 户主是否当过干部？（　　）

A. 现在在任干部　　　B. 以前当过　　　C. 没担任过

二、家庭金融行为及需求

1. 家庭成员有没有银行账户（银行卡）？（　　）

A. 有　　　　　　　　B. 无

2. 你认为目前的银行等金融机构网点够不够？（　　）

A. 够了　　　　　　　B. 不够　　　　　　C. 差不多

3. 是否使用手机或网络付款？（　　）

4. 最常用的支付手段（　　）

A. 现金　　　　　　　B. 银行卡　　　　C. 微信或支付宝　　D. 网上银行

5. 过去1年是否向银行或其他机构申请过贷款？（　　）为什么没有对外借贷？（　　）

6. 在过去2年中，你是否发生过拖欠银行贷款本金或利息的行为？（　　）

7. 你认为银行发放的扶贫贷款，是否必须要偿还？（　　）

8. 你过去1年获得贷款的年利率是多少？（　　）你觉得现在银行的贷款利息高吗？（　　）

A. 高　　　　　　　　B. 不高

9. 你认为未来2年，最可能迫使你去借钱的事情是（　　）。

A. 盖房子或买房子　　B. 子女结婚　　　C. 子女教育　　　D. 治病

E. 买车　　　　　F. 生产投资　　　G. 其他

10. 如果你需要借款，最希望以哪种方式去借？请按照你喜好的顺序进行排序，将序号填写在括号里，没有列出的可以补充在"其他"里面。

亲戚朋友无利息借款（　　）

银行或信用社借款（　　）

民间私人有利息的借款（　　）

专门的私人放贷中介（　　）

其他：＿＿＿＿＿＿＿（　　）

11. 如果你有余钱，愿意买商业性的人身或医疗保险吗？（　　）